유럽 정당의
복지정치

복지국가를 위한 오스트리아, 독일, 네덜란드
기민당과 사민당의 경쟁과 수렴

마르틴 질라이프–카이저·질케 판 디크·마르틴 로겐캄프 **지음**
강병익 **옮김**

유럽 정당의
복지정치

성균관대학교
출판부

CONTENTS

AAW(Algemene Albeidsongeschiktheidswet) 네덜란드 일반장애법

ABW(Algemene Bijstandswet) 네덜란드 일반사회부조법

AKW(Algemene Kinderbijslagwet) 네덜란드 일반아동수당법

ALMP(Active Lobour Market Policy) 적극적 노동시장 정책

ANW(Algemene Nabestaandenwet) 네덜란드 일반유족급여법

AOW(Algemene Ouderdomswet) 네덜란드 일반노령연금법

ARP(Anti-Revolutionaire Partij) 네덜란드 반혁명당

ATS(Autrian Schiling) 오스트리아 실링(화폐단위)

BMAS(Bundesministerium für Arbeit und Soziales) 독일연방노동사회부

BMGS(Bundesministerium für Gesundheit und soziale Sicherung) 독일연방보건사회부

BMFSFJ(Bundesministerium für Familie, Senioren, Frauen und Jugend) 독일연방가
족노인여성청년부

CDA(Christen Democratisch Appel) 오스트리아 기독교민주당

CDU(Christdemokratische Union) 독일 기독교민주주의연합

CDU(Christelijk-Democratische Unie) 네덜란드 기민련

CHU(Christelijk-Historische Unie) 네덜란드기독교역사연합

CME(Coordinated Market Economies) 조정시장경제

CSU(Christlich Soziale Union) 독일 기독교사회연합

D66(Democraten 66) 네덜란드 민주당

ECJ(European Court of Justice) 유럽재판소

EMU(European Monetary Union) 유럽통화동맹

EU(European Union) 유럽연합

EVP(Evangelische Volkspartij) 개신교국민당

FDI(Foreign Direct Investment) 외국인 직접투자

FDP(Freiheitlich Demokratische Partei) 독일 자유민주당

FPÖ(Freiheitliche Partei Österreichs) 오스트리아 자유당

GDP(Gross Domestic Product) 총국내생산

JWG(Jeugdwerkgarantieplan) 네덜란드 청년고용보장법

KVP(Katholijke Volkspartij) 네덜란드 가톨릭국민당

LPF(List Pim Frotuijn) 리스트 삠 포루뗄링

MP(Member of Parliament) 국회의원

OECD(Organisation for Economic Co-operation and Development) 경제협력개발기구

ÖNB(Österreichische Nationalbank) 오스트리아 중앙은행

ÖVP(Österreichische Volkpartei) 오스트리아 국민당

PDS(Partei des Demokratischen Sozialismus) 독일민주사회당

PEMBA(Wet Premiefifferentiatie en Marktwerking bij de Arbeidsongeschiktheidsre
gelingen) 네덜란드 장해보험의 보험료차등과 시장경쟁에 관한 법

PI(Portfolio Investment) 간접투자

PPR(Politie Partij Radicalen) 네덜란드 급진당

PvdA(Partij van de Arbeid) 네덜란드 노동당

RCSP(Rooms-Katholieke Staatspartij) 네덜란드 로마가톨릭 국가당

REA(Wet op de Re-integratie Arbeidsgehandicapten) 네덜란드 장애인차별철폐법

SCP(Sociaal en Cultureel Planbureau) 네덜란드 사회문화기획국

SDAP(Sociaal Democratische Arbeiders Partij) 네덜란드 사회민주노동자당

SER(Sociaal-Economische Raad) 네덜란드 사회경제위원회

SPD(Sozialdemokratische Partei Deutschlands) 독일 사회민주당

SPÖ(Sozialdemokratische Partei Österreichs) 오스트리아 사회민주당

STAR(Stichting van de Arbeid) 네덜란드 노동재단

TAV(Wet Terugdring Arbeidsongeschiktheidsvolumen) 네덜란드 장해급여 청구자
수 축소법

TBA(Wet Terugdringing Beroep op Arbeidsongeschiktheidsregelingen) 네덜란드 장
해급여축소법

TZ(Terugdring Ziekteverzuin) 네덜란드 병결감축법

VDB(Vrijzinnig Democraticsche Bond) 네덜란드 자유정신 민주연합

VDU(Verband der Unabhängigen) 오스트리아 독립협회

VVD(Volkspartij voor Vrijheid en Democratie) 네덜란드 자유민주국민당

WAO(Wet op de Arbeisongeschiktheidsverzekering) 네덜란드 근로자장해보험법

WAZ(Wet Arbeid en Zorg) 네덜란드 고용과 돌봄에 관한 법

WBK(Wet Basisvoorziening Kinderopvang) 네덜란드 아동보육제공기본법

WIW(Wet Inschakeling Werkzoekenden) 네덜란드 구직자고용법

WW(Wet Werkloosheid) 네덜란드 실업보험법

WWB(Wet Werk en Bijstand) 네덜란드 노동 · 사회부조법

WWV(Wet op de Werkloosheidsvoorziening) 네덜란드 실업구호법

ZW(Ziektewet) 네덜란드 병가수당법

■ 감사의 글

이 책으로 이어진 연구프로젝트는 수년 전 마르틴 질라이프-카이저가 듀크 대학(Durham, NC)의 정치/사회학과 DAAD[독일 학술재단의 북미대학 교환교수 프로그램] 부교수로 재직 중일 때 시작되었다. 이 프로젝트는 이어서 브레멘 대학교 사회정책연구센터 질케 판 디크와 마르틴 로겐캄프와의 공동연구 프로젝트로 발전했고, 최종적으로 옥스퍼드 대학에서 완성되었다. 우리에게 최고의 연구시설과 활기찬 연구 환경을 제공해준 위 기관들에 감사드린다. 또한 2004년 옥스퍼드에서 개최된 유럽 사회정책분석 네트워크(ESPAnet) 회의와 2005년 시카고에서 열린 중서부 사회과학협회 회의에 참여하여 값진 의견과 제안을 해준 참가자들에게도 고마움을 전한다. 페터 브레제스(Peter Bleses), 데이비드 브래디(David Brady), 빌 요르단(Bill Jordan), 스테판 라입프리드(Stephan Leibfried), 헤르베르트 오빙거(Herbert Obinger), 요나스 폰투손(Jonas Pontusson), 데이비드 루에다(David Rueda), 에머리히 탈로스(Emmerich Tálos), 게오르그 포브루바(Georg Vobruba)를 포함해서 많은 동료 연구자들이 이 프로젝트의 여러 진행 단계에서 소중한 격려와 충고를 해준 데 대해 매우 고맙게 생각한다. 수년 동안 관련 원자료들을 모으고, 자료 분석과 최종 편집하는 데 도움을 준 많은 대학원생이 없었더라면, 이 프로젝트를 완성하는 것은 불가능했을 것이다. 이런 의미에서 이 책을 출간하는 데 도움을 준 로드 다콤베(Rod Dacombe), 제시카 하세(Jessica Hasse), 스테파니 헤네케(Stefanie Henneke), 아담 손더스(Adam Saunders), 율리아 스프렌(Julia Spreen)의 노고에 특히 감사한다. 마지막으로 재정적 지원을 아끼지 않았던 독일 프리츠 티센 학술후원재단(Fritz Thyssen Stiftung für Wissenschaftsförderung)과 영국 학술재단에 사의를 표하고 싶다. 언제나 그랬듯이 이 책의 모든 오류는 필자들의 몫임을 밝힌다.

서장

지난 30여 년 동안 복지국가 발전의 추진 동력을 분석한 연구들은 특정한 복지제노의 역사적 진화뿐만 아니라, 서로 다른 복지체제 간 다양성을 설명하는 데 커다란 공헌을 해왔다.[1] 이 많은 복지국가 분석 연구들은 계급과 사회적 환경(milieu)에 대해 역사적으로 뿌리 깊은 가설에 기초해서 서로 다른 이익을 추구하는 것으로 여겨져왔던 정당의 지속적인 역할에 대해 지적해왔다. 사회학에서는 점증하는 개인주의화(Beck 1992)와 시민적 혹은 공동체주의적 조직화의 역할 쇠퇴를 구별해왔던 반면, 경제학자들은 복지국가가 세계화에 적응하는 것이 '필연적'임을 주장해왔다.[2] 만약 이렇게 급속한 사회·경제적 변화가 주어진 것이라면, 우리는 정당에 대한 선호가 계속 동일하게 지속되리라고 가정할 수 있겠는가?

키르크하이머(Otto Kirchheimer)는 1965년 저술에서 선거에서 승리하는 데 계급기반 투표의 중요성이 줄어들고 미디어 선거의 중요성이 커져가는 데 주목하면서, 대부분의 서구 민주주의 국가에서 포괄정당(catch-all parties)으로 향하는 경로(trajectory)가 뚜렷하다는 점을 발견했다. 그의 연구는 대부분의 비교복지국가 분석보다 앞서서, 특정한 복지국가 제도설계(design)에서 정당이 해왔던 매우 중요한 역할을 경험적으로 보여주었지만,[3] 이것이 정책 수렴 개념이 무의미하다는 것을 뜻하지는 않았다. 슈미트(Manfred G. Schmidt)가 예전에 실제로 주장했듯이 기독교민주당(이하 기민당)은 많은 부분 자기정체성을 유지하면서도, 제2차 세계대전 이후 자본주의 황금기 동안 사회민주당(이하 사민당)화 과정을 보여주었다.[4] 아주 단순화시키면, 이러한 모습은 경제정책과 관련해서 보수주의자들의 '좌경화'와 정당정치의 중요성 쇠퇴를 암시하는 1972년 닉슨(Richard Nixon) 대통령의 "우리는 이제 모두 케인스주의자"라는 유명한 말과 필적할 만했다.

그런데 1970년대 중반 무렵부터 많은 연구자들에게 이 변화는 역전되었다. '신자유주의'가 자유주의 정당과 보수주의 정당들이 추구하는 복지국가 정책을 점점 더 지배하는 것은 물론이고, 사민당도 감염시켰다는 것이 통념이 되었다. 이러한 통념은 지구화의 충격이 증대되면, 점차 사민당이 대안정책 의제를 추구할 여지를 없애버릴 것이라는 사실에 의해 가중되었다.[5] 반대로 몇몇 정치학자들과 사회학자들은 정당이 특정 복지국가의 제도설계에 중요하다는 점을 지속적으로 주장해온 반면(Garrett 1998; Boix 1998), 다른 학자들은 복지국가 정책 형성에서 사민당의 분명한 역할에 대해 점점 회의적인 태도를 보였다(Kitschelt 1994).

기든스(Anthony Giddens)의 책 『좌파와 우파를 넘어서(1994)』(Beyond Left and Right) 이후 '제3의 길 토론'을 시작으로, 1990년대 말 신노동당과 다른 중도좌파 정당들의 수적 우세로, 연구[경향]들이 더욱 미묘한 차이를 보여왔다. 메르켈(Wolfgang Merkel)은 우리가 '다양한 제3의 길'을 목도하고 있다고 주장한 반면, 판 커스베르겐과 헤이머라이크(Kees van Kersbergen and Anton Hemerijck 2004, 183)는 유럽 대륙에 대한 제3의 길 접근법의 공통점이 분명하게 일자리 창출과 노동시장 참여에 대한 것이라는 점에서 북유럽 사민주의 전통과 공명한다고 말했다. 이러한 연구들은 대체로 구체적인 공공정책 산출 분석에 기초해서, 국가 간 비교 혹은 1980년대와 1990년대 초부터 이전 보수당이나 기민당 정부의 공공정책 산출 및 성과와 비교해왔다. 하지만 정책의 정체성 차이가 정당 프로그램(programatic)의 차이를 반영하는 것인지 불분명했다.

이 연구는 1975년 이후 오스트리아, 독일, 네덜란드의 사민당과 기민당 간 정책개발과 프로그램 수준에서 복지국가 개념에 대한 심층 분석을 토대로 한다. 우리는 이념형(ideal)[1] 복지국가 분류에 기초해서, 고용, 사회보장, 그리고 가족정책의 발전에 특별히 주목하고 있다. 우리의 가설은 이전 보수주의 복지국가에서 기민당과 사민당의 차별성은 사민당의 기민당화 과정으로 대체로 사라지게 되었다는 것이다.

대부분의 서로 다른복지국가레짐(welfare state regimes) 간 비교연구(예를 들어 에스핑-앤더슨 1990)에서 특정 복지국가체제(welfare state systems) 내 정당의 목적에 관한 비교연구는 거의 눈에 띄지 않았다. 이를 설명하기 위해, 이 연구는 '보수주의체제' 내에서의 정당 정책과 정책선호에 초점을 맞추고 있다. 보수주의체제군(群)은 '올바른' 복지 방식(welfare approach)을 위해 경쟁하는 사민당과 기민당, 두 복지국가 정당의 지배로 분류될 수 있다. 우리가 벨기에, 프랑스 그리고 이탈리아와 같이 잘 알려진 보수주의 복지국가보다 오스트리아, 독일, 네

---

1 ideal은 이상형 혹은 궁극적인 입장이라는 측면에서 '전형'(典型)의 의미도 가지고 있다. 여기서는 문맥에 따라 이념형, 이상형 또는 전형으로 번역했다. 이 책에서 idea(관념)는 정책 분석 방법으로서 만하임(Karl Mannheim)의 지식사회학(sociology of knowledge)에 근거하고 있다. 지식사회학이란 실재(reality)라고 생각되는 것은 사실상 사회적으로 구성되는 것-국제정치학에서는 '사회구성주의'로 이미 현실주의와 자유주의의 대립을 넘어서려는 대안 패러다임으로 제기된 바 있다-이라는 입장으로 이때 중요한 역할을 하는 것이 바로 '관념'이다. 저자들은 세 국가의 정책 결정 과정에서 사민당과 기민당의 수렴 혹은 분기 과정을 관념의 역할을 중심으로 다루고 있다.

덜란드를 택한 이유는 여러 가지가 있다. 이 나라들은 여러 가지 측면에서 매우 유사(Alber 1998)하기 때문에, 최대 유사사례 제도 비교를 수행하는 데 이상적이다. 프랑스는 국가주의적 전통과 프랑스 정치 체제에서 기독교 민주주의자들이 결코 우세한 적이 없었다는 특징이 고려되었다.[6] 벨기에의 경우 우리가 분석하고자 하는 시기에 단방국가에서 연방국가로 전환되었을 뿐 아니라 언어에 따른 분절과 균열을 가지고 있기 때문에 우리 연구에 포함시키는 것은 문제점이 있다(Woyke 1999). 이탈리아의 정치 지형은 1990년대 초부터 근본적으로 변화해왔다. 한때 여당이었던 기민당(the democracia christiana)은 정당 지배통치(partitocrazia)의 종말과 함께 붕괴했고, 그 이후 단지 주변적인 역할에 머물렀다. 1990년대의 사회정책 개혁은 대부분 정당의 중재에서 벗어나 있었던 사회적 협력자들(social partners)[2]에 의해 수행되었다(Trautmann 1999; Ferrera and Gualmini 2000). 마지막으로 분석 대상인 세 국가들은 비교복지국가 연구자들에 의해 강력한 '남성부양자(male breadwinner)' 국가로 분류되어왔다. 이 분류에 프랑스와 벨기에는 적용되지 않는다(Lewis and Ostner 1994). 사례 선택이 지대한 영향을 미친다는 것은 분명하다. 그래서 이 연구에서 제시된 이론적·경험적 발견은 무엇보다 사민당과 기민당 양당이 복지국가 정치를 지배하고 있는 보수주의 복지국가와의 관계에서 이해되어야 한다. 자유주의 복지국가나 사민주의 복지국가에서 사민당이 어느 정도로 독자적 발전을 이끌었는지 또한 경험적으로 명확하지는 않다.[7]

---

2 사회적 협력자들은 사회적 대화(social dialogue)에 참여하는 노조와 고용주, 혹은 각각의 정상 조직을 말하는데, 유럽의 노사관계 모델에 그 기원을 두고 있다. 유럽연합 내에서는 고용자단체인 BusinessEurope(유럽고용자총연맹(CEEP)의 후신)과 유럽기업중앙회(CEEP), 그리고 노동조합정상조직인 유럽노동조합총연맹(ETUC)이 사회적 협력자로 활동하고 있다.

복지국가 발전에 대한 정당의 영향력에 관심을 가졌던 대부분의 학자들은 정당을 명칭의 특성에 따라 범주화하거나 전문가의 판단에 근거해서 분석을 수행했다.[8] 하지만 정당의 이념적 특징이 갖는(ideational) 위상을 비교하는 연구(Hibbs 1977; Garrett 1998; Schmidt 2001)는 거의 없었다. 최근 다수의 정당정치에 대한 질적 연구는 '제3의 길' 정치에 집중되어 있다. 그러나 이러한 논의는 흔히 자유주의 정당과 사민주의 정당 간의 이분법을 가정하고 있어서, '새로운' 사회민주주의와 기독교 민주주의 정당 간의 관계를 대부분 무시하고 있다(Merkel 2001; Bonoli and Powell 2004; Lewis and Surender 2004). 결과적으로 '새로운' 사민주의적 접근으로 등장했던 것은 사실상 사민당과 기민당의 정책적 입장이 수렴되면서 만들어진 것이었다. 더욱이 루에다(Rueda 2005)가 보여주었듯이, 주로 정당 이익을 가정하고 이를 근거로 한 노동시장정책과 관련해서, 정당에게 기대된 정책 입장이 그들이 추구하는 정책적 접근과 반드시 일치하지는 않았다.

관념(idea)은 급속한 정책 변화를 이해하는 데 중요한 역할을 할 수 있다. 구조주의자들은 흔히 선호(preference)를 정치 과정에서 주어진 것으로, 그리고 외부에 있는 것으로 여기거나, 정당의 정책적 입장이 과거의 경험에 기초해 있는 것으로 전제하지만, 선호의 정체성과 정당의 정책적 입장이 시간이 흘러도 고정불변인 것인지에 관해서는 경험적으로 의문의 여지가 있다. 어떤 사회과학자들에게 정당의 프로그램은 단지 선전일 뿐이고, 정당의 실제적 선호를 분석하는 데 매우 제한적으로 활용된다. 어떤 정치학자들은 에델만(Murray Edelman 1964)의 '상징정치(symbolic politics)' 개념에 암묵적인 기반을 두면서, 정당 프로그램은 실제적인 정책선호를 드러내기에는 한계가 있다고 주장해왔다. 에델만은 정치를 두 가지 다른 차원으로 구별했다.

1. '현실' 정치세계는 폐쇄된 문 뒤에서 공개적인 조사 가능성도 배제한 상태에서 강력한 정치행위자들에 의해 결정되는 것이 특징이다.
2. 정치행위자들은 '상징정치'를 활용하여 대중이 소비하는(public consumption) 가상의 정치세계를 만들어낸다. 왜냐하면 정치적 의사결정의 근원이 되는 실제 이유를 알아내기 어렵게 하기 위해서다.

이론상 이렇게 정치를 구별하는 것은 매우 그럴듯할 수 있다. 그러나 경험적 연구는 정당의 프로그램이 정치적 수사 이상으로 구성되고, 예시적 가치를 가질 수 있음을 보여주었다. 이러한 '위임명령이론(mandate theory)'[3]에 따르면, 집권정당(들)은 일반적으로 그들의 원래 선거공약과 일치하는 정책을 추구한다(예를 들어 Klingemann 외 1994). 선거공약, 정당강령과 정책 프로그램은 보통 각각의 정당[연립정부를 구성하는 정당]에 의해 집단적으로 합의된 것으로, 여러 가지 점에서 정당선호의 대표성 있고, 권위 있는 주장을 담고 있다. 더욱이 선거공약, 정당강령, 정책 프로그램은 일화를 다루는 뉴스 보도 혹은 많은 질적 연구에서 널리 퍼져왔던 비체계적인 전문가 인터뷰 사례들을 통해 모아진 것보다는 정당의 정책입장과 관련해 더 믿을 만한 원자료들이다. 최종적으로 우리는 정당이 시간이 지남에 따라 특정한 정책입장을 변화시키거나 지속시키는 이유에 대해 설명하거나 추측하려고 하지 않는다. 우리의 연구 초점은 훨씬 더 제한적이다. 정당

---

3 선거에서 승리한 정당에게 선거 공약, 정책, 프로그램을 이행할 수 있는 대중적 위임이 부여된다는 대의제 민주주의(representative democracy)를 설명하는 이론 중 하나다.

의 지속적인 차이를 전제하기보다는 경험적으로 정당이 여전히 복지국가 정책에서 차이를 의도적으로 만들려고 하는지를 세밀하게 연구하는 데 목적이 있다.

우리 분석에서의 준거점으로 사용된 범주들은 역사적 경험과 2차 문헌분석에서 도출된 전형들(ideal types)에 기초하고 있다.[9] 우리는 전형적 복지국가 패러다임을 사회민주주의, 기독교민주주의, 자유주의 세 가지로 구분하는데, 각각은 지난 2세기에 걸쳐 주요 유럽 정치운동을 대표하는 것이다.[10] 통념과는 달리, 사회민주주의의 최상의 목표를 '시장을 거스르는 정치'(Esping-Andersen 1985)로 정교하게 특징지을 수는 없다. 1950년대와 1960년대 시장과 자본주의경제에 대한 암묵적인 수용은 19세기 후반 '수정주의'로 출발한 사민당의 장기간에 걸친 변화의 결과였다. 사민당은 포괄적인 자본주의의 변화를 시도하기보다는, 자본주의 경제 틀(frame) 내에서 거시 경제적 효율성과 완전고용뿐만 아니라 사회정의의 성취에 주력했다. 케인스주의 완전고용 정책,[11] 산업사회와 연계된 사회적 위험을 최소화하기 위해서 보편적 사회정책을 통한 국가 개입, 시장규제뿐만 아니라 재분배적 조세와 급여체계(benefit system)는 핵심적인 정책수단이었다. 더욱이 사민당은 시장의 부정적 효과를 흡수하고 더 높은 수준의 사회정의를 촉진하기 위해 복지국가를 기획했다. 복지국가는 사회적 위험에 대항하여 개인을 보호하는 국가의 일차적 책임성으로 이해되었다(Sassoon 1996; Huber and Stephens 2001; Moschonas 2002).

기민당을 복지국가 정당으로 간주할 수 있지만, 기민당이 사회정책에 접근하는 방식은 사민당의 접근법과는 매우 다르다. 기민당의 관점에 따르면 국가의 역할은 다음과 같이 요약될 수 있다.

이상적인 국가는 복지국가인데, '복지국가의 책임성은 서비스 자체를 제공하기보다는 개인 혹은 사회집단에 대한 책임성을 분명하게 하고 강화시키는 데 있다.' (…) 예를 들어 완전고용을 제도화하는 공약은 '자기책임성' 강화 교의에 역행하는 것이다(van Kersbergen 1995: 181).

그러므로 기민당의 관점은 보충성(subsidiarity)의 핵심 원칙에 의해 정해진, 권리에 반(反)하는 책임성을 더욱 분명하게 강조하는 것으로 가장 잘 표현할 수 있다. 이어서, 더 넓게 보면 기민당의 관심은 사회와 국가에 비해서 가족과 다른 사회 집단들에 있다. 사회 서비스의 제공은 이상적으로는 공동체의 제도뿐만 아니라 가족을 통해서 이루어져야 한다. 사회적 이전급여(social transfer benefit)는 보험원리에 기초해 있으므로 시장의 불평등성은 사회정책의 영역으로 확장된다. 노동자 간 재산권(property ownership)의 장려는 기민당이 사회 통합의 목표를 성취하는 데 있어 핵심 정책이다. 이 밖에 고용정책은 대체로 공적으로 규제된 틀 속에서 사회적 협력자들의 책임으로 인식된다(van Kersbergen 1995: 174-191; Hartwich 1998; Huber and Stephens 2001).

자유주의 정당의 이상적인 [정책] 프로그램 해설(programmatic description)을 정식화하는 것은 다음 두 가지 중첩된 이유 때문에 훨씬 어렵다.

1. 군소정당에 대한 이전의 연구들이 기독교민주주의에 대한 연구보다 훨씬 더 빈약하다.
2. 자유주의 정당군(群) 내에서 최소한 세 가지 이념적 흐름 혹은 유형, 즉 '구(old) 자유주의', '자유주의적 보수주의', '자유주의적 급진주의'로 구분할 수 있다.

'구'자유주의는 대체로 '야경국가'의 개념과 연관될 수 있는 반면, 자유주의적 급진주의는 사민주의의 개입주의 경향과 더 많은 공통점을 지닌다고 한다. 자유주의적 보수주의는 양 유형 사이 어딘가에 존재한다(Smith 1988). 분석 목적을 위해서, 우리는 여기에서 시장공급형(market-generated) 복지에 우선성을 부여하는 자유주의의 이상적인 핵심 궤적에 초점을 맞춘다. 자유주의 경제정책은 일차적으로 가격 안정과 경쟁 정책에 주안점을 두는 반면, 공적 이전의 사용과 사회서비스는 일반적으로 자산조사에 기초해서 제공되기 때문에 극빈층(truly needy)에게만 한정되어 있다. 평등한 결과와는 반대로 형식적인 기회의 평등과 공교육을 추진하는 것이 주요 사회정책 수단인 것이다. 가족정책은 보통 사적인 문제(private affair)로 간주된다.

표 0.1은 1970년대 중반 유럽의 세 가지 주요 정치운동의 복지국가 정책에 대한 전형적인 입장(ideal position)을 개관한 것이다. 과거에는 이와 같은 정당 간 차이들이 정책선호에 대한 비교분석에 유용했지만, 시간이 지날수록 이러한 차이들이 지속되었다고는 생각할 수 없다. 공공지출 자료들에 기초한 최근의 양적 연구(Huber and Stephens 2001; Kittel and Obinger 2003)는 정당 중요성의 쇠퇴를 지적하고 있는 것으로 보인다. 어느 정도 이러한 결과의 연장선상에서, 수많은 질적 연구도 사민당이 '신자유주의'(Crouch 1997; Meyer 1999)가 되어가는지 혹은 사민당이 점점 더 다양한 방식을 추구(Merkel 2001)하는지 의문을 제기해왔다. 그러나 이러한 연구들이 프로그램적 접근에만 초점을 맞추고 있는 것은 아니고, 대체로 공공지출이나 공공정책과 [연립]여당과의 관계를 분석한다.

정당들이 복지국가 발전 과정에서 여전히 서로 다른 정체성을 만들고 싶어 하는지에 관해서는 대체로 이론(異論)의 여지가 많다. 이론

적으로 기민당과 사민당의 관계와 관련해서 (1)서로 다른 정체성의
지속 (2)정책 수렴, 그리고 (3)정책 확산을 통한 수많은 프로그램적
발전은 가능하다. 정책 수렴은 기민당이 사민당에 수렴되거나 그 반
대의 경우처럼 일방적인 과정을 통해서, 혹은 양당 모두 중앙을 향해
움직이는 대칭적 흐름 속에서 발생할 수 있었다.[12] 정책 확산의 측면
에서 우리는 궁극적으로 특정 정당 계열(party family)이 해체되는 어떤
발전을 상상해본다. 이와 같이 전개되어왔던 세 가지 전형적인 복지
경로에 따른 유형은 다양한 정책적 차원에 따라 지속되는 정당 차별
성, 수렴 혹은 확산을 우리에게 확인시켜주는 준거점으로 활용될 것
이다.

이 책은 다음과 같은 방식으로 짜여 있다. 먼저 우리는 역사적 시
각에서 복지국가를 개략적으로 분류하기 전에, 세 국가의 정당 발전
과 간략하게나마 [정치]제도 확립(institutional setting)의 역사를 개관할
것이다. 다음으로 1970년대 이후 복지정책 발전에 대한 자세한 분석
을 다룬다. 이 세 국가들은 에스핑-안데르센의 '복지국가 지형 동결
론(frozen welfare state landscapes, Esping-Andersen 1996)'[4]과는 반대로 상
당한 변화를 겪었다. 제4장에서는 사회경제적 도전, 정치제도와 [정부
의] 정당 성격(partisanship)을 면밀하게 분석한다. 이것은 비교복지국가
분석에서 자주 사용되는 변수들인데, 지금까지 보아왔던 복지국가의

---

4 잘 알려진 대로 에스핑-안데르센은 탈상품화(decommodification)와 계층화(stratification)를
기준으로 하여 국가와 시장, 그리고 가족의 조합을 통해 세 가지 복지국가 레짐으로 분류한
바 있다. 자유주의 레짐, 사회민주주의 레짐, 보수주의(조합주의) 레짐이 그것인데, 그의 이
러한 분류는 이후 페미니스트들로부터 젠더가 복지국가 레짐에 미치는 영향을 간과했다거나,
동아시아는 이 세 가지 분류에 포함될 수 없다는 비판에 직면하게 되었다. 그는 이후 저작을
통해 이와 같은 비판을 일정부분 받아들이면서도 동아시아나 남미국가들의 발전 경로를 고려
하더라도 그의 분류에 결정적인 수정을 가할 정도는 아니라는 점을 밝혔다. 복지국가 지형의
동결론이라고 한 것은 이를 지칭한 것이다.

변동을 설명하는데 비교복지국가 분석은 적용 가능성이 제한적임을
보여준다. 기민당과 사민당 간 핵심적인 의회 내 논쟁뿐만 아니라,
강령에 대한 질적 분석에 기초하여, 우리는 정당 차별성의 쇠퇴를 이
끌고 그동안 보아왔던 정책 변화를 설명할 수 있을 정도의 새로운 해
석 방식과 정당선호가 등장했다는 점을 주장하고 있다. 우리의 결론
은 세 보수주의 복지국가가 자유주의적 공동체주의 복지국가로 전환
되었다는 것이다.

표 0.1 정당별 복지국가에 대한 이상적인 목표와 정책수단

	사회민주당	기독교민주당	자유당
정치적 목표	사회정의와 자율성; 완전고용; 경제적 효율성	사회적 자본주의; 사회적 안정과 통합촉진; 사회적 위험에 대비한 보험	경제성장; 균등한 기회; 빈곤퇴치
경제에 대한 국가의 역할	중앙 집중과 포괄적 [개입]	사회집단의 책임성을 보조 (보충성의 원칙)	부차적
경제와 고용 정책	케인스주의 수요관리; 공공소유; 경제계획; 협력적 임금정책; 포괄적이고 적극적 노동시장정책을 통한 강력한 노동의무 부여	공급 측면의 수단 강조; 완전고용에 대한 명시적 공약은 없음(일차적으로는 사회적 협력자들의 책임); 강력히 규제되는 해고보호 정책; 가격안정과 연동된 통화정책	공급 측면의 수단 강조; 독점금지·차별금지 외에 직접적인 국가 개입은 없음; 가격안정과 연동된 통화정책
사회정책	보편주의; 사회적 시민권; 이전(transfer)과 조세체계를 통한 수직적 재분배	사회보험; 시기에 따른 재분배 우선; 직장 지위 보호; 사회적 협력자 간 협정을 통한 거버넌스	균등한 기회와 공교육; 모든 사회 서비스와 전달체계의 사적 제공; 빈민을 위한 공적 자산조사 프로그램
가족정책	개별 가족 구성원에 대한 지원; 사회 서비스의 공적제공을 통한 기회균등의 촉진 증대	제도로서의 가족지원; 전통적인 노동분업; 사회 서비스 제공자로서의 가족을 강조	관련 정책 없음; 사적 영역의 문제

1

정치제도와 정당 :
역사적 배경

오스트리아, 네덜란드, 그리고 독일의 정당체제는 각각의 정당 경쟁뿐만 아니라, 경제와 사회정책 영역에서 합의지향적 거버넌스(governance)의 경향성 때문에 다수의 다른 나라의 정치체제와 다르다. 세 국가 모두에서 기독교민주주의는 전후 복지국가의 발전 과정에서 결정적인 역할을 해왔다. 제도 분석에서 보여진 바와 같이, 정당은 진공 상태에서 작동하지 않는다. 게다가 정당의 정책선호와 통치 가능한 방식은 대부분 정당 발전의 제도적 그리고 문화적 맥락에 의해 결정된다(Steinmo et al. 1992). 그래서 우리는 기민당과 사민당의 발전을 논의하기에 앞서, 특히 경제와 사회정책 결정에 초점을 맞춰 세 국가별 [정치]제도적 맥락의 간단한 개괄로부터 시작한다. 이 방식으로 우리는 각각의 복지국가에서 경제와 사회정책 결정에 관한 복합성의 배경을 설명함으로써, 곧 뒤따를 분석의 프레임화를 통한 역사적 준거점을 수립하고자 한다.

제2차 세계대전 이후, 오스트리아의 전반적인 거버넌스 양식은 사회경제적 이익집단과 함께 정당 간 합의구축을 통한 정치적 의사형성 과정에 의해 결정되었는데, 이는 오스트리아를 협의민주주의(consociational democracy)의 가장 모범적인 사례로 만들었다(Lehmbruch 1967; Lijphart 1977; Katzenstein 1984; Campbell 2002). 정당체제 수준에서 이러한 민주주의에 대한 접근법은 오스트리아 국민당(ÖVP; 기민당 계열; 이하 국민당)과 오스트리아 사회주의당(SPÖ; 이하 사민당)의 장기간 대연정(1945-1966)에서 잘 표현되었다. 이와 같은 민주주의 방식을 택한 핵심 이유 중 하나는 제1공화국에서 결국 사민주의세력과 기독교사회세력을 내전으로 이끌었던 진영성향의 원심력을 극복하기 위한 열망이었다. 거대 양당 사이의 불신을 극복하기 위해서, 상호통제 메커니즘과 각각의 영향권을 공고화하려는 노력이 전개되었다. 이렇게 해서, 국민당과 사민당은 대연정에서 함께 일함으로써 실용성을 지향하는 합의 방식을 따를 수 있었다(Lehmbruch 1967; Scharpf 1987; Kriechbaumer 1990; Sickinger 2001). 경제정책에 대해 양당 간 협약이 체결될 수 없을 경우, [정책]결정은 정치적 의제로 넘어갔고, 1950년에 설립된 임금과 가격 균등위원회(Paritätische Kommission für Lohn-und Preisfragen)의 사회적 협력자들에게 맡겨져 양당 사이에 구축되었던 세부적 권력관계는 유지되었다. 1966년 대연정이 종식된 이후에도, 합의지향적 거버넌스는 지배적 양식으로 지속되었다(Katzenstein 1984; Fisher 1997; Sickinger 2001).

합의 거버넌스 체계는 고도의 조직적 응집력을 동반한 매우 중앙집중화된 이익조정체계를 통해 지탱되었다(Tálos and Kittel 2001; Traxler and Zeiner 1997). 오스트리아의 '사회적 협력주의'(Sozialpartnerschaft)로 불리는 사회경제 집단과 국가행위자 간 이익조정 과정은 국가행위자와 서로 다른 이익집단 사이의 밀접한 결합 범위와 그 정도에 의해 다른 국가의 조합주의체제와 구별된다. 사회적 협력자는 다양한 자문위원회에 소속되어 있고, 많은 쟁점에 대해 그들의 전문적 의견이 요청된다(Tálos 1985, 1993). 높은 인적 중첩도뿐만 아니라, 국가행위자와 사회경제 집단의 대표들 사이의 비공식 접촉망 또한 이익집단과 정당 간 긴밀한 결합에 더욱 기여했다(Gerlich 1985: 118; Tálos and

Kittel 2001: 73). 최종적으로는 오스트리아 국립은행이 이 제도망에 통합되었는데, 이로써 [오스트리아 국립은행은] 독립기관으로 인정받을 수 없게 된다(Scharpf 1987).

　오스트리아가 긴밀하게 결합된 정치행위자들의 체제이고 연방국가라는 사실에도 불구하고, 오스트리아 연방정부는 실제로도 그렇고 헌법상으로도, 공식적인 정치제도체제 내 지배적인 행위자다(Tálos and Kittel 2001; Pelinka and Rosenberger 2000; Müller 1997). 다수의 연방 정치체제의 특징인 명목상 많은 수의 잠재적 거부권 행사자들(veto player)은 정치적 의사결정에서 단지 부차적인 역할만을 할 뿐이었다 (Obinger 2001). 긴밀하게 결합된 정치행위자들의 체제(정부, 의회와 정당들) 내에서는 집권당[들]이 주요한 역할을 한다(Tálos and Kittel 2001: 51; Müller 1992; Fisher 1997; Pelinka 1988). 집권당은 인적 구조의 중첩뿐만 아니라, 고도의 정당 규율과 응집력에 기대어 정부와 의회 간 제도 행위자를 중재하는 역할을 한다(Müller 1997; Tálos and Kittel 2001; Fisher 1997). 가장 두드러진 사례는 연방수상이다. 수상은 항상 각각의 최대 연립정당의 당수였는데, 당수[란 지위]는 동등한 권한을 가진 내각 안에서 형식적으로 취약한 수상의 지위를 보완하고 정당 리더십의 영향력을 강화한다. 연립정부 내 정당의 역할은 기초연정협약과 각각의 정책에 책임을 지는 연정위원회에 의해 강화된다. 연정협약은 향후 정책발안의 세부적 윤곽을 제공하는데, 당내 집중적인 심의와 투표를 거친다. 결국 여러 정당 조직은 공식적 제도 영역에서 이루어지는 제안에 앞서 의사결정 과정에 참여한다. 그래서 흔히 연정위원회는 특히 과거 대연정 시기의 사례처럼, 사실상 정부의 의사결정기구로 구성된다(Rudzio 1971; Müller 1992). 이것이 오스트리아 정치를 정당에 의해 '주도되는'(dominated) 체제로 특징짓는 데 기여해왔다(Tálos and Kittel 2001: 51).

권위주의 정부와 독재의 경험 때문에, 전후 서독헌법의 입안자들은 중앙정부 권력을 효과적으로 제한하는 다층적 거버넌스 과정으로 이루어진 복잡한 정치체제를 고안했다. 연방제, 양원제, 헌법재판소, 독립적인 중앙은행, 그리고 사회적 협력자들의 자율적 임금결정(Tarifautonomie)의 제도화를 포함하는 여러 가지 제도 메커니즘들이 다수제 의회규칙을 축소하기 위해 수립되었다. 이러한 제도 효과로 카첸슈타인(Katzenstein 1987)은 독일을 반(半)주권국가(semi-sovereign state)[5]로 특징지었다.

통화정책은 설립부터 낮은 물가상승률을 달성하는 데 초점을 맞춰 온 연방은행의 일차적인 몫이었다. 이를 통해 연방은행은 선출된 정부와 선출된 정부의 효과적인 케인스주의 거시경제정책 추진 권한을 구조적으로 제약했는데, 이 제도는 정부가 은행 통제 법률을 개정할 권한이 있었다면, 바뀌었을 것이다. 하지만 독일은 1920년대 초인플레이션(hyperinflation)을 경험했기 때문에, 연방은행의 독립성을 축소하는 어떠한 시도도 매우 문제가 될 것이라는 점을 인식하고 있었다(Frowen and Pringle 1998 참조). 소득정책은 자율적 임금결정의 제도적 역할이 기본법(헌법)에 명시되었기 때문에, 대체로 정부의 개입 없이 결정되었다. 지역과 부문을 기초로 조직된 임금협상체계 속에서 주요 사용자와 노조가 소득정책을 협상했다. 정부는 임금을 동결할 권한이 없기 때문에 정부가 소득정책에 영향력을 발휘할 수 있는 유일

---

5 카첸슈타인은 다수인민의 의사(행정부와 의회의 다수)가 제도적으로 제약되는 정도에 따라 헌정구조를 주권국가와 반주권국가로 나누었다. 이때 주권국가란 단방제, 다수제, 적은 수의 거부권 행사자의 헌정구조를 가지고 있어, 중앙정부의 정책변경과정이 용이한 반면, 연방제, 합의제, 많은 수의 거부권 행사자가 존재하는 반주권국가의 중앙정부는 정책변경 과정에 심각한 제약에 직면한다.

한 방법은 임금을 올리는 것이 정부는 최저임금을 도입하거나 사회 부조 급여수준을 결정함으로써 간접적으로 최저임금 결정에 관여할 수 있다. 또한 노조와 사용자단체 사이의 단체 협약을 개별 산업부문 간 연계하여 선언(일반적구속력확장선언, Allgemeinverbindlichkeitserklär ung)할 수 있고, 이를 통해 하향식 임금경쟁을 제한할 수 있다. 이 제도적 합의는 협력적 케인스주의 거시경제 방식을 추구하려는 정부의 자율성을 심각하게 제한한다. 결과적으로 경제정책을 결정하는 하나의 메커니즘으로서 거시적 조합주의(corporatism)를 활용하는 것이 1960년대 후반의 짧은 기간을 제외하면 독일에서 효과적으로 작동되지 않았다는 점은 놀랄 만한 일이 아니다(Reutter 2004 참조). 게다가 연방헌법재판소는 위헌법률심사 과정을 통해 정부 개입의 헌법적 경계를 결정함으로써, 정부의 권한을 제약할 수 있다(Schoz 1999; Lhotta 2003).

연방정부는 경제와 고용정책 결정에서 이렇게 권한을 제한받고 있지만, 자격 기준과 다양한 사회적 이전 정책의 급여수준을 설정하는 데 주요한 행위자다. 해당 관료조직의 행정 및 관리 측면에서, 노조와 사용자단체의 대표가 중요한 역할을 하느냐의 문제는 자치(self-governmance)체계에 달려 있다. 그러나 전체적인 입법과정이 전개될 때, 노조와 사용자에게 관련 국가 기구와의 합의는 참고사항일 뿐이다.[13] 노조와 사용자를 거부권 행사자(Tsebelis 2002)로 간주할 수 없다고 하더라도, 그것이 반드시 연관된 거부점(veto point, Immergut 1992)을 만들 수 없다는 것을 의미하지는 않는다. 공식적으로 사회정책의 가장 중요한 요소를 결정하는 것은 다수제에 기초해 정치적 위임을 받은 국가다.

연방체제는 입법결정 과정에 대한 연방정부의 권한을 매우 제약한다. 첫째, 주(Länder)정부를 대표하는 상원은 입법제안서에 사회부조와 같이 주에 직접적으로 영향을 주는 행정 혹은 예산문제를 포함시켜야하는 절대적 거부권뿐만 아니라 모든 입법과정에 대한 정지권(suspensive veto power)을 가지고 있다.[14] 하지만 강력한 비례대표 요소를 가진 선거제도 때문에 연립정부를 형성할 필요성과 양원 간 이견을 조정할 필요성으로 합의지향적 거버넌스 구조로 나가게 되었다. 이것은 전후 독일의 가장 핵심적 사회정책 결정이 최종적으로 양대 정당의 지지에 의한 것이었다는 사실로 반영된다(Alber 1989).

독일 정당은 후보선출과 선거경쟁 임무를 가질 뿐만 아니라, 헌법상 정치적 의지(political will)를 형성하는 데 특권적 행위자로 간주된다. 정당은 한편으로는 이익결집을 통해 정치적 의지를 형성하는 데 기여하고, 다른 한편으로는 대체로 당원 간 그리고 시민사회 내 정부 행위에 대한 정당성을 도모하는 정부의 결정적 도구인 전달 벨트로 규정될 수 있다. 오랜 기간 동안, 여러 정당들은 관련 이익집단 및 결사체(associations)와 연계된 구체적 사회 환경에 근원을 두었다. 노조 가입제도는 유권자가 사민당을 지지할 것이라는 믿을 만한 지표였던 반면, 종교와 관련성 깊은, 특히 가톨릭(Cathoricism)은 유권자들에게 기민당을 향해 유사한 지향성을 제시했다(Alemann 1992). 원내정당은 일반적으로 개별의원의 입법선호가 정당지도자의 입법선호에 종속되는 블록투표를 일상적으로 한다. 정당노선에서 이탈하면 조직으로부터 제명될 수 있다(Ismayr 1992). 결국 공식적인 정부기구의 외부에 위치하고 보통 원로 정당지도자들로 구성되는, 연립정당의 실무집단은 최종투표를 위한 적절한 정당 통로로 취해진 정치협약을 중개하는 핵심 조직이다(Kropp 2003). 존타이머(Sontheimer 1984: 159)가 결론지었듯이, '모든 권력은 정당에 의해 중재된다.' 이와 같은 규정은 독일을 '정당국가'로 표현한 헤니스(Hennis 1998)에 의해서 다시 거론되었다.

네덜란드는 1850년대 중반 이후 지주화(pillarization)가 합의의 핵심 요소인 오랜 정치전통을 가지고 있다. 지주들(pillars)은 종교집단과 정당, 결사체, 그리고 클럽같은 정치조직과의 연결, 즉 서로 다른 사회영역에 있는 조직 간 연계망(network)으로 이해되어왔다. 그래서 집단 간 분화는 대체로 종교와 이념 균열, 그리고 다양한 지주 안에서의 논쟁에 주로 제한되는 경제적 갈등에 기초했다(Cox 1993; Hendriks 2001). 지주화는 협의주의(consociationalism)의 핵심 요소를 이루었다(Lijphart 1968). 협의민주주의는 다양한 사회집단의 포용성과 비례성의 규칙에 기반하고 정책결정과 실행에서 고도의 집중화된 과정을 통한 엘리트 협상(cartels)과 합의지향 방식의 비공식 연계망의 중요성을 특징으로 한다. 이 거버넌스 모형이 1960년대부터 주로 사회문화적 변동으로 촉발되어 서서히 와해되었지만, "수용적 문화가 견고하게 되어 그 존재이유(raison d'être)는 유지되었다"(Andeweg 1999: 132; van Waarden 2002: 45; Mair 1994: 118). 판 바르덴(Van Waarden 2002)은 지주화 시기의 부산물로 이해될 수 있는 다섯 가지 요소들을 분류했는데, 다음과 같은 요소들이 포함된다. 결사체와 클럽의 핵심적 중요성; 국가 간섭으로부터의 자율성을 보장해주는 보충성; 위원회, 회의, 자문기구를 포함하는 '집단적' 통치양식, 자문·협상·합의의 핵심 역할; 그리고 정책공식화의 '탈정치화'(Van Waarden 2002: 46, 48). 이러한 탈정치화된 정책의 공식화는 정책결정 과정에서 '경험적 증거'의 강조에 기초해 있다. 반면 동시에 '이념적' 요소들은 외양적으로는 축소된다(van Kersbergen 1997 참조).

네덜란드 정치체제는 이러한 엘리트 협력과 지주화 구조에 기초해 있었기 때문에, 1945년 이후 가장 포괄적으로 제도화된 협력과 협상체제 중 하나로 발전해왔다(Schmitter 1979; Panitch 1979; Lehmbruch 1979). 그러나 네덜란드는 자유주의적 조합주의의 특별한 사례로 분류된다(Katzenstein 1985: 104f.). 취약한 노동운동과 강력한 사용자단체 때문이다. 제도화된 네덜란드 조합주의[체제] 내부에서 가장 중요한 조직적 발전은 삼자로 구성된 사회경제위원회(SER)[15] 설립과 1950년 사회보험 행정이 양대 기업협회로 이전됨으로써 달성되었다(Visser and Hemerijck 1998: 169; Cox 1993: 118f.; van der Veen and Trommel 1999 참조). 사회경제위원회의 정치적 중요성은 모든 사회 및 경제문제에 대해 협의해야 한다는 정부의 법적 의무에 근거해 있었다(Visser 2000: 436).[16] 정부는 사회경제위원회의 권고를 반드시 따를 의무는 없기 때문에, 사회경제위원회가 공식적으로는 거부권 행사자로 간주되지 않을 수는 있을지라도, 전문가들은 1970년대까지 사회경제위원회의 정치적 영향력을 고려할 만한 것으로 인정했다(Andeweg 1989: 46; Hemerijck and Kloostermann 1995: 288; Klamer 1990: 49 참조).

앞서 개괄적으로 살펴본 독일 사례와 같이, 네덜란드 중앙은행도 언제나 중요한 정치행위자였다. 통화정책 결정권한은 중앙은행에 있었는데, 재정부장관에게 공식적인 개입권한이 있었음에도 불구하고, 1948년 이후 광범위한 자율성을 행사했다(Kruzer 1993). 중앙은행은 설립 이후, 케인스주의 거시경제정책을 추진하려는 선출된 정부의 권한을 제한함으로써 낮은 인플레 달성을 위해 복무했다. 가격과 통화안정을 위한 중앙은행의 노력은 네덜란드의 수출지향적 경제 전략을 지원하는 데 큰 도움을 주었다(Braun 1989: 78ff.).

조합주의를 많이 강조하는 것은 정책결정 과정에서 네덜란드 정당의 중요성을 조명한 연구들이 상대적으로 거의 없었다는 것을 의미했다. 지주화의 시기에 정당들은 지주를 구성하는 다른 조직뿐만 아니라 언론, 노조, 사용자 조직과 교육기구로 만들어진 더 폭넓은 네트워크에 밀접하게 연계되어 있었다. 결국 다른 국가와는 달리, 네덜란드 정당들은 분리된 조직이 아니라, 지주 중에서 정치 영역을 대표했다(Andeweg and Irwin 1993: 68f.). 하지만, 탈지주화 과정에서 정당은 네덜란드 정치체제에서 점점 독립적인 조직이 되어갔다(Rochon 1999: 69). 당원 조직의 약화, 전문가 조직의 영향력과 언론의 역할 증대에도 불구하고, 네덜란드 정당은 정치 영역의 정책결정 과정을 지배해왔다(Andeweg and Irwin 1993: 70).

오스트리아, 네덜란드 그리고 독일 정치체제의 간략한 분석은 정책결정 과정에서 정당이 그들의 권한을 심각하게 제한할 수 있는 복잡한 제도역학의 망에 연계되어 있음을 보여주었다. 하지만 제도적 제약 요인이 존재함에도 불구하고, 정당은 이들 각 나라에서 경제 및 사회정책 방향을 결정하는 데 주요 행위자로 인식되어왔다. 선진화된 정치경제 체제에서 복지민주주의 국가와 다른 민주주의 체제 간 차이는 정당체제에서 나온다는 주장이 있다. 이들 정치체제에서 경쟁이란 양대 '복지국가 정당', 즉 기민당과 사민당 간 강력한 선거 경쟁으로 규정되기 때문에, 포괄적 복지국가의 존재와 관련한 이념 논쟁보다는 사회정책의 확대가 이루어지는 방식에 중심을 두어왔다. 이것은 1970년대 세 국가 모두의 사회 지출이 몇몇 스칸디나비아 복지국가의 지출을 넘어서 가장 높았다는 사실에 의해 어느 정도 반영되었다(Kaufmann 1997: 50).

1940년대 후반부터 1960년대 후반까지 오스트리아의 정치체제는 매우 안정적이었다(Lehmbruch 1967). 정치 스펙트럼은 19세기에 형성되었던 세 이념 진영이 장악했다. 사회주의 진영은 정치적으로는 사회민주노동자당으로 조직되었고, 노동자들의 이익을 반영했다. 독일의 자유주의와 민족주의 진영이 상층 중간계급을 수많은 군소정당에 우선적으로 통합시켰던 반면, 오스트리아의 기독교 보수주의 진영은 처음부터 기독교사회당[이하 기사당]을 조직했고, 농민, 소상인, 그리고 공무원의 이익을 대변했다. 오스트리아 정치의 이러한 특징은 비교적 1970년대까지 지속되었다(Gerlich 1983, 1987; Kriechbaumer 1995: 103). 기사당이 선호하는 사회정책은 전통적으로 사회 및 경제적 문제들이 주로 산업생산의 팽창에서 나왔음을 강조했던 보수주의의 자본주의 비판에 근거해 있었다. 이러한 발전의 이윤 형성 지향이 조합주의 노선을 따라 조직되는 사회의 연대를 위협한다고 주장했다. 무엇이 산업노동자들의 사회적 빈곤화와 '자연적' 사회질서를 위험에 빠뜨리는 것으로 보느냐를 설명하기 위해서, 기사당은 다양한 압력수단과 병행해서 사회정책의 확대를 지지했다(Tálos 1981).

반면, 오스트리아의 마르크스주의 전통은 혁명적 이념과 개혁적 실천의 조합에 뿌리를 두었는데, 개혁주의 추진은 사민주의운동으로 나타났다. 1945년 이후에 창당된 오스트리아 사회주의당(SPÖ)[17]은, 그 주요 목적이 노동조건, 임금 수준, 그리고 수급권(benefit rights) 개선을 위해 자본 축적의 부작용을 완화하는 데 모아졌다(Tálos 1981). 1945년부터 1966년까지 사회주의당은 총선에서 기독교민주주의 계열의 오스트리아 국민당(ÖVP)에 뒤져, 대연정에서 하위 파트너 역할을 떠맡았다. 그러나 1970년부터 1982년까지 당의장이자 총리인 크라이스키(Bruno Kreisky)가 이끈 사회주의당이 선거에서 승리함으로써, 사민주의 세력으로 단일 정당정부를 형성하는 것이 가능했는데, 이를 통해 이전보다 정책결정에 대한 더 강력한 영향력을 얻었다.

1926년에 최초로 도입되었던 '린츠 프로그램'(Program of Linz)이

1950년대 말까지 사민주의 세력의 공식적인 정책의제를 계속 규정지어(frame) 왔다. 민주적 수단을 통한 노동자들의 사회적 조건을 개선하는 방식뿐만 아니라 계급투쟁 수단을 통한 자본주의 종식의 요구도 있었지만(SPÖ1993[1926]; Tálos 1981, Leser 2002; Ucaker 1997), 사회주의당은 정책을 통한 실용적 방식을 고수했다(Leser 2002; Tálos 1981). 특히 사회주의당은 완전고용과 경제성장 정책을 경제의 최우선 목표로 추진했다. 이러한 목표를 충족시키는 것이 현행 임금소득자 중심의 사회보장체제의 궁극적 확대를 위한 필요조건으로 간주되었다. 결과적으로 재분배는 그 다음 중요성을 갖게 되었다(Tálos 1981; Ganglbauer 1995; Cerny 1997).

국민당에 대해 얘기해보자. 1945년부터 1966년까지의 총선에서 가장 많은 비례득표를 했던[18] 국민당은 이념적으로 기독교사회진영의 전통에 있었는데, 특히 가톨릭 사회교육에 의한 사회협력적 세계관에 관련해서 그랬다. 국민당은 한편으로는 프티부르주아 및 사회개혁 경향과, 다른 한편으로는 보수적 경향 간 정책적 갈등을 조정하는 데 목적을 삼았다(Wohnout 2001). 이런 방식으로, 국민당은 다양한 사회경제집단 혹은 정당 구조(party framework)에 통합되었던 노조(Bünde) 간 사회적 조정을 달성하는 데 중점을 두었다. 국민당의 기본적 세계관은 1970년대 중반까지 변화가 없었지만, 정치전략은 다음의 세 단계로 분류할 수 있는 몇 가지 변화를 겪었다.[19]

전후 얼마되지 않은 기간동안 국민당은 자신을 '중도좌파정당'으로 생각했기 때문에(Binder 2001: 407) 자본주의 체제에 대해 매우 비판적이었다. 국민당은 경제의 민주적 통제를 요구한 동시에 자기 책임성과 노동자의 재산소유권을 증진시켰다. 이를 통해 두 가지 핵심 원리, 즉 가톨릭의 사회교육에서 파생된 원리, 그리고 연대주의와 개인주의 원리를 조정하는 데 목표를 두었다. 1950년대 국민당은 사회적 시장경제 내에서 시장원리를 강조하고 재산소유권의 활성화를 우선하는 더욱 자유주의적인 방향으로 이동했다. 1960년대는 기술관료주의로 규정되었는데, 대체로 '과학적' 지식에 정책의 중점을 두었다. 이 전략은 또한 사회와 경제정책 영역에도 반영되었다. 1970년대 초 국민당은 케인스주의 수요관리와 혼합된 공급 측 접근법과 사회정책의 확대 구상에 기반을 둔 정책을 추진했다. 이 정책설계가 국민당에 의한 추진방식에 크게 근본적인 대안은 되지 못했다(Müller 1997; Luther 1992; Kriechbaumer 1990; Müller and Steininger 1994). 결국 반대이념은 다른 세계관을 낳았지만, 구체적인 정책 차이의 중요성은 양당에 의해 채택된 실용주의의 정도가 커지면서, 시간이 갈수록 희미해져갔다(Gottweis 1983: 53; Busek 1992: 354ff.; Müller 1997: 265; Ettmayer 1978: 173f.). 궁극적으로 경제와 사회정책에 대한 접근법에서 정당 간 이념적 차별성은 상당히 좁혀졌다(Luther 1992: 61; Müller 1997: 278ff.). [오스트리아] 독일민족주의 진영과 자유주의 진영은 사민주의와 기독교보수주의 진영보다 군소정당에 의해 상당 부분 대표되었고, 선거에서의 중요성도 덜했다. 처음에는 독립협회(Verband der Unabhängigen, VdU)가 독일국민당으로 계승되었는데, 이 정당이 1955년에 창당한 오스트리아 자유당(Freiheitliche Partei Österreichs, FPÖ)의 전신이었다(Nick and Pelinka 1996; Müller 1997; Luther 1997; Siaroff 2003: 276).

요약하면, [오스트리아] 정당체제는 사민당과 국민당에 의해 지배되는 '2.5정당체제'(Pelinka and Rosenberger 2000: 134; Siaroff 2003 참조)로 특징지어질 수 있었다. 양대 주요 정당의 강점은 그들의 광범위한 하위문화적 근원, 양 진영과 제휴하고 있는 다양한 문화 및 복지단체들, 정치인을 충원하고 정책을 형성하는 전통적인 정당의 기능을 넘어 사회통합 기능을 제공하는 여타 요소들에 기반해 있었다(Nick and Pelinka 1996; Leser 2002). 국민당과 사민당에 대한 예외적인 높은 투표 집중도는 1970년대 중반까지 의회의 초다수제(supermajorities)를 발생 시켰다. 정당체제의 안정성은 상대적으로 높은 조직적 집중도에 의해 강화되었다. 1980년대까지 성인 인구의 약 1/3이 당원이었고(Nick and Pelinka 1996), 두 거대 양당의 득표 중 낮게는 80%에서, 높게는 95%를 각 정당의 당원 투표가 차지했다(Pelinka and Rosenberger 2000). 이 숫자는 유권자 간 득표 경쟁이 상대적으로 낮고 정당 충성도가 특히 높았다는 점을 보여준다(Pelinka 2003; Pelinka and Rosenberger 2000; Müller 1997). 사회의 지평을 확장시키는 거버넌스에 대한 협의주의적 접근은 양대 주요 정당이 교육과 주택 부문뿐만 아니라 국영산업, 관료사회에서 고위직의 비례적 분배에 기초한 후원체계를 추구할 수 있게 해주었다(Kriechbaumer 1990; Gerlich 1983).

독일의 중도당(기민련, CDU)과 사민당(SPD)[20]은 통일 직후인 1870년대에 창당되었다. 독일제국 시기의 권위주의 지배에도 불구하고, 1918년 [바이마르]공화국이 선포될 때까지 양당은 의회의 주요 반대세력을 형성하면서, 선거에서 상당한 성공을 거뒀다. 사회정책과 경제정책의 측면에서, 중도당은 복지국가 구축을 통한 사회통합 프로그램을 옹호했다. 중도당은 계급투쟁의 추상적 관념을 거부하는 동시에, 산업노동자들의 안녕과 사용자와 노동자 간 관계 개선을 위한 본질적 개혁(improvement)을 제시했다(Becker 2003: 103, 106 참조; Stjernø 2004: 205ff.). 사민당은 라살레(Ferdinand Lasalle)와 마르크스(Karl Marx) 가 주도한 초기 두 노동운동이 통합함으로써 1875년에 창당되었다. 창당 이후 불과 3년 만에, 사회주의 세력과 회합에 대한 비스마르크의 금지령이 내려졌고, 사민당은 급진화의 과정을 겪게 되었다. 1890

년 사회주의 활동 금지령이 내려진 지 얼마 되지 않아, 사민당은 『공산당 선언』에 영감을 받았지만, 혁명적 메시지와 용어들이 놀라울 정도로 적었던 새로운 강령(에르푸르트 강령, Erfurter Programm)을 채택했다. 하지만 사민당은 동시에 그들의 사회주의 달성의 장기적인 목표와는 무관한 노동계급의 조건에 대한 즉각적인 개선을 요구했다(SPD 1891; Berman 1998: 72ff. 참조).[21]

바이마르 공화국(1918-33) 기간 동안, 정당체제가 매우 분절화되어 연립정부 형성은 필연적이었다. 중도당은 이들 연립정부에서 핵심 정당이 되어, 모든 집단—특히 대가족에 대한 추가적 공공지원 제공의 필연성을 강조하면서—을 위한 사회적 보호의 확대 요구를 계속해 나갔다. 경제정책의 측면에서, 중도당은 재산권 원칙과 시장 체제를 지지하면서도, 사적재산에 기초한 권력 '남용'을 제한하기 위한 규제제도의 확대를 요청했다(Zentrum 1918). 사민당은 한편으로는 계급투쟁의 활성화를 지속하면서, 다른 한편으로는 일상적 개혁을 지원했다. 포브루바(Vobruba 1991: 14)는 이러한 정책적 입장을 '사회민주주의 딜레마', 즉 노동계급의 삶의 조건에 대한 단기적 개선을 이끄는 개혁 촉진과 동시에 사회주의 목표는 먼 미래로 미루어 둔다는 신조어로 표현했다. 사민당이 노동계급 이외에도 다른 사회경제적 집단을 포용하고자 노력했지만, 고립을 성공적으로 극복하고 지속가능한 계급 타협을 형성할 수 없었다. 이것은 바이마르 공화국의 민주주의 붕괴에 암묵적으로 기여했다(Stjernø 2004: 101; Berman 1998: 180-183).

지금까지의 주요 이념적 입장의 간략한 개관을 통해, 제2차 세계대전 후 독일을 지배한 두 주요 정당의 전임(predecessor) 정당 사이에 공공사회정책에 대한 지지가 뿌리 깊다는 점을 알 수 있다. 연합군에 의해 독일이 파시즘에서 해방된 이후, 곧 정당 개혁이 시작되었다.

처음에는 정당체제가 다시 한 번 분절화되었다. 그러나 선거제도 개혁, 기민당과 사민당의 성공적인 통합전략 그리고 공산당을 금지하는 헌법 규제를 통해, 기민, 사민, 그리고 자유당의 삼당 체제가 출현했다(Jesse 1992).

새롭게 창당된 독일기독교민주주의연합(Christlich-demokratische Union Deutschlands; CDU; 기민련)은 대체로 중도당의 계승 정당으로 규정될 수 있다. 그러나 기민련은 가톨릭 유권자만을 대변하는 것을 목적으로 하지 않고 개신교를 하나의 단일한 정치운동으로 통합하는 활동을 해, 포괄정당(catch-all party)의 최상의 사례가 되었다(Kirchheimer 1965). 선거적 시각에서, 이 전략은 매우 효과적이었다. 왜냐하면 기민당은 바이에른 주의 자매정당(Bavarian sister party)인 기독교사회연합(Christlich-soziale Union, CSU; 기사련)과 제휴하여 1966년에서 1969년 사이 사민당뿐만 아니라, 독자적 혹은 수많은 군소정당과 연립정부를 형성하며 약 20년 동안 집권했다. 사민당에 의한 일련의 패배로 점철된 1969년에서 1982년 사이, 자유민주당(Freihietlich Demokratische Partei, FDP, 이하 자민당)과 연합함으로써 기민련의 운명이 상당히 변화했다.

강령상, 기민련은 가톨릭 사회교육의 전통에 뿌리를 두고 있었지만, 초기 당강령은 작업장에서의 공동결정원칙에 대한 지지뿐만 아니라, 사회화의 요구와 경제계획에 대한 호소도 담고 있었다(CDU 1947). 그러나 1948년부터 기민련은 이후 독일 정치경제를 규정하는 대표 용어로 알려지게 되었던 사회적 시장경제(Soziale Marktwirtschaft) 노선을 수립했다(Nonhoff 2004). 기민련은 경제를 지배하는 주요 원리로 시장에 강조점을 두고 있었지만, 발전은 '경제의 사회적 책임'에 초점을 두어야 한다는 점에 동의했다(Düsseldorfer Leitsätze; Lappenküper

2004: 27에서 인용). 기민련은 선거강령에 계속해서 비스마르크 원칙과 제도 위에 구축된 '사회국가'의 확장을 요구했다(CDU 1953). 이 제도와 원칙들은 사회적 시민권에 기초한 사회보장체계의 도입에 관한 잠깐의 논쟁 이후, 1949년 의회법에 의해 복원되었다. 경제정책의 관점에서 기민련은 1960년대 후반 경제침체기에 정부의 좀 더 적극적 역할을 지지하며 일정 정도 '좌'로 옮겨갔다(베를린 강령, Berliner Programm 1968, Lappenküper 2004: 28에서 인용).

사민당은 1940년대 후반 시민권에 기초한 사회보험체제의 도입에 대한 초기 논쟁에서 패배한 후, 비스마르크식 복지국가를 이전에 배제된 집단까지 확대하는 데 지지를 보냈다. 처음 두 번의 연방의회선거를 야당으로 치러야 했던 사민당은 본질적인 강령 개정 작업에 착수했다. 사민당은 고데스베르그 강령(Godesgerger Programm)을 통해 핵심적인 경제조직 원칙으로 시장을 분명하게 수용한 동시에, 경제계획의 관점에서 강력한 국가 책임성을 인정했다. 사민당은 경기 역행적(anti-cyclical) 케인스주의 경제정책의 촉진과 거대기업 내 공동결정체제의 강화에 더해, 교육과 주거문제, 더 높은 수준의 사회적 투자도 강조했다(Alber 1989: 63 참조).

1956-61년과 1966-69년의 의회 회기를 제외하면, 자민당은 서독에서 처음엔 기민당과, 그리고 그 다음 사민당(1969-82)과 연립정부를 구성했던 정당정부의 하위 파트너였다. 이런 의미에서 포어랜더(Vorländer 1992: 266)에 따르면, 자민당은 '연립정부와 정당정부의 원형'을 만들었다. 강령상, 자유당은 두 가지 이념, 즉 자유민주주의적 흐름과 국가민주주의(National Democratic) 흐름의 이념을 연계시키는 문제에 직면했다. 일정 기간 동안 경제적 자유주의가 이념상 '왼쪽'으로 이동하기에 앞서 쟁점들을 묶어내는 역할을 했는데, 자민당

이 궁극적으로 1969년에서 1982년 사이 사민당과 연립정부를 구성할 수 있도록 했던 사회적 자유주의에 밀착되어 있었다.

다른 OECD 국가와 마찬가지로, 네덜란드 정치에서 기민당은 중도정당의 위상을 점했다(Braun 1989: 175 참조). 기민당의 선거결과가 전후 시기 초반 약 50%에서 1970년대 약 30%로 떨어졌음에도 불구하고(Thomassen 2000: 22), 1917년에서 1994년 사이 기민당을 파트너로 하지 않고는 연정이 구성될 수 없었다(Lepszy and Koecke 2000: 128, 134; Thomassen 2000: 22). 국제적 관점에서 기독교민주주의 운동이 세 개의 거대 정당,[22] 즉 한정된 기독교 유권자들의 지지를 얻기 위해 서로 경쟁하는 가톨릭국민당(KVP), 개신교 역사연합(CHU), 그리고 개신교 반혁명당(ARP)으로 분화되었기 때문에, 이는 훨씬 더 주목할 만하다. 개신교 반혁명당은 1879년 첫 번째 네덜란드 대중정당으로 창당되었다. 이념적으로 이 정당은 사회정책에 대해 상대적으로 진보적인 접근법을 장려했다. 결국 1908년 좀 더 자유주의적이고 보수적인 세력들이 떨어져 나와 개신교 역사연합으로 알려진 자신들의 정당을 결성했다. 개신교 정당들의 정치적 분열로, 가톨릭국민당이 전후 가장 영향력 있고, 가장 큰 기독교 정당이 되었다. 형식으로 말하면, 가톨릭국민당이 로마가톨릭국가당(RCSP)의 계승 정당으로 1945년에 창당되었기 때문에 상대적으로 신생 정당이었다. 그러나 전임 정당과는 달리, 비가톨릭인들도 이들에게 투표하게 할 만큼 가톨릭국민당은 계급과 종교적 파벌을 넘어 진보적이고, 국제적이며, 통합적 정체성을 지니고 있었다(Lepszy and Koecke 2000: 124-134, Zimmermann 1986: 113).

이념적으로, 세 정당은 공동체주의 원칙의 기반 위에 공통의 기초를 가지고 있었는데(Lepszy and Koecke 2000: 235ff.), 이것이 결국은 이 정당들을 하나의 기민주의 정당, 즉 CDA(Christian Democratic Appeal)로 알려진 네덜란드 기민당으로 통합되게 했다. 공식적인 1980년의 정당 통합은 수년간 형성되고 다양한 강령적 쟁점에 대한 광범위한 논의를 요구했던 기나긴 과정의 결과였다. 이념 논쟁의 핵심에는 경제 및 사회정책에서 정당의 미래 방향뿐만 아니라, 정치와 정책결정에서 성경의 역할이 있었다. 이들 전임 정당의 역사에서 예상할 수 있듯이, 논쟁은 주로 케인스주의 경제정책을 지지하는 노동조합운동에 밀접한 세력과 더욱 자유주의적인 기독교민주주의 세력 사이에 벌어졌다(Braun 1989: 176f. 참조; Lepszy and Koecke 2000: 145; Zimmermann 1986: 167). 전임 정당과 유사하게, 네덜란드 기민당은 자신을 정당의 좌우 연속선상에 위치시키는 데 반대했다(Koole 1995: 87). 앞으로 보게 되겠지만, 처음 강령에서의 타협(programmatic comprise)은 이상적 기독교민주주의 노선에서 상당히 벗어난 것이었다. 하지만 기민당은 항상 중범위 수준에서 삼자협력제도를 강력하게 추진했고, 전통적으로 협의민주주의를 가장 분명하게 지지한 것으로 인정받았다. 요컨대 기민당에게 협의주의는 분권화된 의사결정 과정의 연속성뿐만 아니라, 사회주의 명령경제를 방어하고, 산업정책에서 합의를 보장하며, 비상시 국가에 복지국가의 개입 기회를 제공하는 도구였다. 이 모든 요소들은 가톨릭철학의 '유기적인' 개념과 동일선상에 있다(Braun 1989: 211f.).

1946년 사회민주노동자당(SDAP)이 기민련(CDU)과 자유정신 민주연맹(VDB)과 합당하여 사회민주노동당(PvdA, 이하 노동당)을 만들었다. 노동당은 1970년대까지 전국선거에서 평균 약 30%를 득표했다(Braun 1989: 165 참조). 노동당이 원래 사회주의 정당인 사회민주노동자당의 이념적 전통 위에 서 있었던 반면, 정치이념은 정치담론의 중심에 개인을 위치시키는 자유주의적 인본주의(liberal humanism)에 기초해 있었다. 즉 '개인지향적 사회주의는 사회주의 생산양식을 하나의 필연성으로 이해하는 모든 이들의 단결을 목표로 하는 동시에, 인간 개성의 가치와 중요성을 강조한다. 예컨대 개인이 가지고 있는 인격은 적이라도 존중되어야 한다는 것이다'(Koole 1995: 226). 이러한 이념적 위상은 기독교 사회관의 공통성을 반영했고(van Kersbergen 1997 참조), 1970년대까지 기민당 헤게모니의 지표로 해석될 수 있는 기독교민주주의와 사회민주주의 간 폭넓은 정책적 합의를 이끌었다(Schmidt 1982: 182).

하지만 1960년대 후반부터 노동당 내 신좌파 세력이 이끄는 급진화 과정이 나타났다(Koole 1995: 234). 결국 노동당은 전후 20년간 추진했던 정책적 협력 전략을 중단했고, 원외 좌파 반대세력과 협력하기 시작함으로써, 기민주의 세력과 자유주의 세력 간 정치 논쟁을 극단으로 몰아갔다. 1970년대 초 노동당은 좌파자유주의 정당인 민주66(Democrats 66), 급진당(PPR)과 함께 '진보 블록'을 형성했고, 1972년에는 공동선거강령을 통해 진보인민당(Progressive People's Party)의 창당 추진 의지를 밝혔다.[23] 이 양극화 전략의 핵심 목표는 중도적 성격의 기민당 창당을 막고, 정치환경을 두 개의 적대진영으로 분리하는 것이었다(Koole 1995: 59). 즉 "[노동당의] 목표는 (사회의) 다른 지주들의 정치행위자와 광범위한 협력을 더 이상 구축하지 않고, 새로운 동맹 파트너와 자신의 정치적 기반을 확대함으로써 다수의 지위를 획득하는 것이었다"(Lepszy and Koecke 2000: 136). 이념적으로 노동당은 케인스주의 경제 접근법을 기초로 한 복지국가 확대를 추진했고(van Praag 1994: 137), 분명한 반자본주의적 은유를 활용하여(van Prasg 1994: 138) 민주적 사회주의의 목표를 선전했다(Wolinetz 1993: 9).

네덜란드 정당체제에서 제3의 정치세력은 자유주의적 보수정당인 자유민주국민당(VVD, 이하 자민당)이다. 전후 자민당은 전국선거에서 최초 8%에서 12% 사이의 득표를 했다. 하지만 1970년대 초부터 자민당은 다른 자유주의 정당과 비교할 때, 선거결과에서 총투표의 15%에서 20%를 득표함으로써 상당한 개선을 이룰 수 있었다(Lepszy and Koecke 2000: 247). 전통적으로 자민당은 사민당[노동당]의 정치적 경쟁자였다(Daalder 1987). 1959년에서 1977년까지, 자민당은 궁극적으로 자유주의적 경제정책을 추구하며, 명시적이고 근본적으로 노동당과의 어떠한 협력도 반대했다. 1970년대 이후, 자민당은 복지국가 축소뿐만 아니라, 누진적 소득세의 폐지를 포함하는 자유시장 개혁을 위해 싸웠다(Braun 1989: 171 참조; Koole 1995: 305). 다른 사회쟁점과 관련하여, 자민당은 기민당의 오른쪽에 위치했다(Keman 1996: 223).

자유주의 좌파인 민주66(이하 민주당)은 네덜란드 정당체제 내 제4의 정치세력이다. 민주당은 1966년에 창당했고, 전국선거에서 평균 6~8%를 득표했다. 처음에 민주당은 어떠한 이념적 위상 짓기도 거부하며, 과학적 접근을 통한 사회문제 해결을 목표로 하는 실용적 정당으로 스스로를 위치시켰다(Koole 1995: 310). 민주당은 노동당, 급진당과 함께 '진보 블록'에 참여함으로서, 네덜란드 정당체제에서 중도좌파로 분명하게 자리 잡았다. 1975년 네덜란드에서는 노동당과 두 기민정당인 가톨릭국민당과 반혁명당뿐만 아니라, 두 군소정당인 민주당과 급진당으로 구성된 연립정부가 집권하게 되었다. 이 연립정부는 대체로 '급진화된' 노동당이 주도하는 내각 다수의 면면 때문에, 일반적으로 네덜란드 역사에서 가장 좌파적인 정부로 인식된다(Braun 1989: 201).

세 국가의 [정치]제도적 틀이 중요하긴 하지만, 우리는 정당을 핵심적인 정책행위자로 본다. 특히 기민당은 1970년대까지 이들 국가들에서 정치를 주도했다. 그러나 정부를 구성하기 위해서, 그들은 다양한 연정 파트너에 의존해야만 했다. 독일과 네덜란드에서는 기민당은 정부 구성을 위해 자유주의 정당과 협력했던 반면, 오스트리아에서는 사민당이 같은 기간 동안 대부분 하위 연정 파트너의 역할을 했다. 1970년대 이들 세 나라에서 사민당이 상당한 득표력을 발휘하여 연정 구성을 가능하게 함으로써 이러한 상황은 변했다.

2

보수주의 복지국가의 형성 :
역사적 시각

오스트리아, 독일, 네덜란드의 특정한 복지제도 구성과 결합되어 있는 기독교민주주의 정치적 지배력 때문에, 많은 주요 연구자들이 이들 국가들을 '보수주의적' 혹은 '기독교민주주의'[24] 복지국가로 분류했다(Esping-Andersen 1990; van Kersbergen 1995). 다시 말하지만, 이러한 복지국가들은 이념형으로 다양한 계급이나 직능집단 간 개별적 재분배가 거의 이루어지지 않고 직업군에 따라 분화되는 소득비례형 (earing-related) 사회보험체계에 기초해 있다. 사회 서비스는 일차적으로 가족, 예컨대 남성부양자의 배우자에 의해 제공된다(Lewis 1992). 보충성의 원칙(the principle of subsidiarity)[6]에 따라 국가는 하나의 제도나 또 다른 자발적 조직으로서 가족이 사회 서비스를 제공할 수 없을 때만 개입한다. 판 커스베르겐(1995)에 따르면, 기독교민주주의 복지국가는 완전고용에 대한 제도적 의무를 지지 않는다. 왜냐하면 완전고용은 이들 체제에서 강조되는 '자기 책임성'과 갈등을 일으킬 것이기 때문이다. 하나의 복지국가를 이러한 레짐 유형으로 나누는 것이 서로 다른 복지체제 사이의 광범위한 다양성에 대한 이론적 분석에는 유용하지만, 이러한 이념형 분류와 실제 세계는 관계가 없다는

6　사회보장에서 보충성의 원리란 먼저 개인이 자신의 능력과 자원을 최대한 동원하여 자신의 복지를 해결하려고 노력한 이후, 그래도 복지가 충족되지 않을 때, 국가 또는 사회가 그 부족한 만큼의 복지를 충족시켜주어야 한다는 논리다.

점도 반드시 유념해야 한다. 그래서 다음 단락부터 우리는 1970년대 중반까지 보수주의 복지국가의 실제적 발전 궤적을 개괄적으로 보여주고자 한다.

오스트리아: 사회보험이 더 추가된 케인스주의

오스트리아는 정치행위자들이 포함된 최소 공통분모에 기초(Tichy 1996: 220)해서 "세계경제 불안정성의 '난관을 극복'하는 실증적 개념"(Marterbauer 1998: 8)을 추구했다. 목적의식적으로 어떤 일관성 있는 경제학적 접근으로서 확립된 것은 아니었지만, 1970년대 고용정책의 성공으로 많은 연구자들은 나중에 오스트리아 모델을 오스트로 케인스주의(Austro-keynesianism)로 불렀다(Winkler 1988; Marterbauer 1998). 공급과 수요 측면 운용원리의 양자 조합으로 구성된 오스트로 케인스주의의 정책 목표는 완전고용, 경제성장, 그리고 낮은 인플레이션이었다(Worgötter 1993; Tálos 1987). 거대 공공부문은 상대적으로 정부가 노동수요와 공급을 효과적으로 조절할 수 있는 지렛대를 제공했다. 그러나 그러한 거대 공공부문이 경제를 효과적으로 조절할 수 있도록 거대 공공부문을 만들려는 지배적 시각에 의해 수립된 것은 아니었다. 더욱이 거대 공공부문은 오스트리아의 기초산업, 거대은행, 그리고 전기회사들이 전쟁배상금으로 몰수되는 것을 막는 수단이었다(Lauber 1997; Pelinka and Rosenberger 2000). 1946년과 1947년의 국유화법으로 1970년대 후반 전체 고용인구의 9%, 특히 제조업 부문에서 25%라는 큰 몫을 차지하는 공공부문이 조성되었다. 국유화된 철도와 우편 서비스에 고용된 노동자들을 추가하면, 공공부문의 고용인원은 전체 오스트리아 고용인구의 28%를 차지했다(Guger 1998: 47). 공공부문 고용과 조기퇴직의 양자 촉진을 통한 노동공급의 조정은 정부가 완전고용을 이룩하기 위한 노력의 가장 핵심적인 노동시장정책으로 기능했다. 이러한 방식으로, 거대 공공부문 유지정책은 1970년대 내내 오스트리아 경제정책의 핵심적인 역할을 했다(Marterbauer 1998; Unger 1999, 2001).

소득정책 결정을 사회적 협력자들로 이전시키는 것과 맞물려, 경제 관리에 대한 오스트로 케인스주의적 접근은 재분배를 억제하고 경제성장 촉진에 초점을 맞추는 임금정책을 촉진시켰다(Lauber 1992; Guger 2001). 1952년 이후, 소득정책은 가격안정을 지향하는 통화정책에 의해 강화되었다(Lauber 1996: 129). 브레튼우즈 체제가 종식된 이후, 오스트리아 통화는 유럽공동변동환율제뿐만 아니라, 주요 무역 상대국의 통화제휴에 묶여 있었고, 결국 독일 마르크화에 고정되었다(C. Fischer 1997: 138ff 참조). 이러한 통화정책은 기업이 생산성을 향상시키고 적극적으로 구조개혁을 도모하도록 압력을 증대시켰다. 수출부문과 관련된 불이익을 감소시키기 위해서, 생산성 증대와 통화변동에 맞춰진 임금정책은 오스트리아 경제정책의 핵심이 되었다(C. Fischer 1997: 155; Lauber 1996, 1997). 소득재분배 정책은 투자와 경제성장에 부정적 영향을 끼쳐서, 더 높은 수준의 실업 가능성을 증대시킬 것이란 이유로, 노동조합은 더 많은 공공지출과 함께 조세체계를 통한 재분배가 국가의 책임이라고 믿었다(Guger 2001).

정부는 경제 하강기에 재정확대정책을 추진함으로써 대체로 위와 같은 경로를 따랐다. 오스트리아 정부의 접근방식은 두 가지가 중첩되어 있었다. 우선 정부는 높은 수준의 과세와 사회보험기여금을 통한 재원으로 보편적 복지를 제공했는데, 그 목적은 경제안정에 일조하는 것이었다. 다음으로 국가는 사회간접자본에 대한 직접적인 국가투자와 더불어, 감가상각, 저리융자, 그리고 수출보증을 통해 사적 투자를 촉진시켰다. 국가보조금 또한 경제위기 시 수요 향상뿐만 아니라 적절한 임금정책을 위해 노조에게 보상을 추진하는 공공부문 기업에 제공되었다(Marterbauer 1998; Lauber 1996; Guger 2001). 케인스 이론에 따라, 정부 관료들은 경기상승기 동안 공공적자를 줄이려고 노력했다.

1970년대 후반까지 경제와 고용정책 영역에서 오스트로 케인스주의자들의 방식이 대체로 성공했기 때문에, 적극적 노동시장정책(ALMP)은 단지 주변적 역할만 했을 뿐이었다. 노동시장정책은 크게 실업자들에게 공공부문의 고용 서비스와 이전급여를 제공하는 데 제한되었다. 1968년 오스트리아 정부는 실업자들의 이동성 증대를 목표로 하는 적극적 노동시장정책 수단을 도입했다. 이러한 입법 변화에도 불구하고 노동 활성화(activation of labour)[7]와 연계된 지출은 1970년 국민총생산의 0.05%에서 1975년 0.13%로 늘어났을 뿐이었다(Wösendorfer 1980: 104). 이러한 경제 및 고용정책에 대한 접근법은 보수주의 복지국가의 이상에서 현저하게 벗어나 사회민주주의 복지국가의 이상을 훨씬 더 가깝게 반영하는 것이었지만, 사민당의 균등급여의 보편적 사회보험 모델을 도입하자는 제안은 성공적

---

7 사회정책에서 activation은 노동시장 밖에 머물며 실업급여에 의지하던 수급자를 노동시장 안으로 유인하는 정책이나 프로그램을 의미하는 용어로 쓰인다. 광의의 의미로 '근로연계복지' 개념을 담고 있는 이 용어는 주로 유럽에서 잘 쓰이고 있는데, active welfare, welfare to work 등과 혼용되기도 한다. 반면 미국의 전형적인 사회정책의 산물인 workfare(work for welfare)는 복지급여를 근로의무에 강제적으로 연계시키는 징벌적 요소가 강하다. 프랑스의 에세시옹(insertion) 정책은 wokfare나 activation과는 달리 노동시장에서 일자리를 갖도록 하는 것에 중점을 두는 것이 아니라, 사회적으로 배제된 사람들을 노동시장이나 사회생활에 재통합시키는데 목적이 있다는 점에서 차이가 있다.

이지 못했다. 오스트리아 정부는 1955년 일반사회보험법(Allgemeine Sozialversicherungsgesetz)을 채택함으로써, 전전기간 운영했던 전통적인 사회보험 모델을 유지하기로 결정했다(Tálos 2002).

오스트리아 사회정책의 초석은 산업화의 사회적 결과를 완화하기 위한 노력으로, 19세기 후반 보수당의 타페(Taffe) 정부에 의해 확립되었다(Tálos 1981). 오스트리아 복지국가 헌법은 조합주의 계보에 따라 조직된 사회의 이상과 일치하여, 보험재정의 형평성(actuarial equity) 원칙에 의해 운영되는 사회보험을 통한 선택적 지위 보존을 목표로 했다(Tálos 1981: 42ff). 결국 사회보험 재정은 고용주와 피용자 간 동등한 기여를 통해 충당되었고, 총 세입에서 나오는 보조금은 제한되었다. 사회보험체계의 궁극적인 목적은 소득과 [복지]급여 수준 사이의 연계를 지원함으로써, 개인의 표준생계(standard of living)를 유지하는 것이었다. 최소급여는 사회보험체계의 설계에서 단지 주변적 역할만을 할 뿐이었다. 1980년대 초 연금의 최대 액수가 이전 소득의 80%였고, 실업급여는 이전 임금소득의 58-74%(가족 규모에 따라)를 대체했다. 그래서 사회부조는 자조, 가족의 지원 혹은 제3자의 조력을 포함해서 가능한 다른 모든 지원수단들이 불충분하다고 여겨질 때, 뒤따르는 것이었다(Pratscher 1992).

비록 1970년대 28개의 자치사회보험 기구들이 복지체제의 관리와 행정을 책임졌지만, 연방정부는 궁극적인 입법과 통제권한을 유지했다. 사회적 협력자들에 의한 자치는 전통적인 관련 사회행위자의 제도 연관성을 반영한 것이었다(Tálos 2002: 13). 이것은 기민당의 보충성의 원리에 부합하는 것이었고, 사회보험체계의 임금노동지향적 설계를 강조하는 것이었다(Tálos and Wörister 1998: 220). 실업정책과 관련해서는 특별하게 자치의 원칙이 매우 제한적이었는데, 실업 문제는 직접적인 국가책임 안에 있는 거시 경제적 현상으로 인식되었기 때문이었다(Tálos 1981: 209).

　사회보험체계는 남성노동자의 부양자들에게 상대적으로 관대한 급여를 제공하는 전통적인 성별노동분업을 뒷받침했다(Wroblewski and Leitner 2003). 유족급여도 비교적 후했다. 이러한 설계는 많은 여성들에게 이전의 배우자 고용기간을 넘어서 적절한 수준의 노후 안정을 제공했다(Tálos and Wörister 1998; Mairhuber 1999). 하지만 유의해야할 것은 홀아비들에게는 이에 상응하는 급여가 제공되지 않았다는 점이다. 전통적인 남성부양자 모델 지원에 초점을 둔 사회급여와는 모순적이게도, 출산휴가에 대한 소득비례급여 역시 배우자[어머니]에게 지급되었는데, 이것은 8주 기간 동안 직전 소득 수준에서 소득이전이 이루어졌다. 추가적인 자산조사형 출산수당(maternity benefit)은 편모 실업급여와 기혼모 실업급여의 절반 수준에서, 이전의 고용조건으로 12개월 동안 이용할 수 있었다. 이 수당은 여성들이 아동보육 시설이 없어, 일을 할 수 없을 때, 2년을 더 연장지급 할 수 있었다. 그러나 1974년 이 소득비례 출산수당은 이전 직장을 유지한다는 전제로 고정급여로 대체되었다(Fix 2001; Gisser et al. 1995; Münz and Neyer 1986). 아동보육시설 제공은 연방정부에서 관할하지는 않았지만, 1960년대 중반부터는 공식적으로 국가와 지방자치단체에서 운영했다. 1970년대 초에는 유아에서 3세까지의 1.4%만, 그리고 3세에서 6세까지의 아동 중 25%만이 기관의 아동보육 시설을 이용했다(Fix 2001: 60, 75).

　※요약 : 1970년대 오스트리아의 알프스 복지 모델은 주로 사회보험의 선택적, 현상유지 체계와 완전고용 성취에 초점을 맞춘 고용정책으로 구성되었다. 이 조합은 완전고용이 목표인 사민당과 소득비례의 현상유지 사회정책이 목적인 기독교민주당 간 협약의 결과였

다. 보육은 여성의 일차적 책임으로 인식되었다.

독일 : 이상적인 기독교민주주의 복지국가?

독일은 케인스식 경제정책 접근법을 실행하지 않으면서 완전고용 경제를 자랑스럽게 내세울 수 있었다. 1950년대와 1960년대의 '경제기적'의 결과로, 독일의 실업률은 급격하게 떨어졌는데 1964년과 1973년간 평균 0.7% 수준이었다(Seeleib-Kaiser 1996: 126-127). 독일은 수출에 강력한 중점을 두는 공급 측면의 접근에 크게 의존했다. 수출부문은 마침내 이른바 경제기적의 기간 동안 경제 회복의 중추가 되었다. 경제정책에 대한 이러한 접근은 1967년 공식적으로 경제와 고용정책의 가이드라인이 된 안정과 경제성장법(Stabilitäts-und Wachstumsgesetz)의 실행으로 확대되었다. 이 법은 경제성장, 낮은 인플레, 대외무역 균형의 상쇄와 높은 수준의 고용유지를 목표로 했다(Abelshauser 1983: 85-118 참조). 그러나 독일연방은행의 엄격한 통화정책으로 거시경제 수요관리는 독일의 고용 및 고용시장 정책에서 핵심적인 요소가 되지 못했다. 1969년 고용촉진법(Arbeitsförderungsgesetz)의 핵심 요소는 구조적 실업을 줄이고 '질 낮은' 고용의 폐지를 목표로 하는 직업훈련과 재교육 프로그램을 도입하는 것이었다. 적극적 노동시장 정책은 주로 기술 향상을 위한 공급 측면의 수단으로 개념화되었고, 국가 재정이 투입되는 실업자들이 활용할 수 있는 직업의 수를 확대시키는 수요 측면의 도구는 아니라고 인식되었다(Seeleib-Kaiser 1996 참조). 비록 사민당이 주도하는 정부가 1970년대 제1차 오일 쇼크 이후에 몇 가지 투자정책을 경험해보긴

했지만, 경제와 고용정책에 관한 전체적인 접근법은 재정과 통화안 정을 이루는 목표로 채워졌다(Scharpf 1991: 117-143). 마지막으로 단 체협상제도는 국가의 영향력 아래 사회 및 고용정책에 대한 하나의 복잡한 접근수단인 반면, 사회부조는 하나의 의사(疑似)최저임금을 구성하고 있었다는 점이 지적되어야 하겠다(Seeleib-Kaiser 2001: 81).

19세기 말 사회보험체계의 제도화로, 독일제국은 사회정책 혁신 의 세계적 선구자가 되었다.[25] 하지만, 이 법칙에서 예외는 상대적 으로 실업보험체계의 늦은 제도화였다. 여러 해 동안 독일에서 실업 의 위험은 보험화할 수 없는 것으로 인식되어 왔었다. 이러한 인식은 바이마르공화국 시절 바뀌어서, 1927년에 실업보험체계가 도입되었 다. 사회보험은 고용주와 피고용자 모두의 기여로 재정이 충당되었 고, 급여는 과거 소득에 기초했다. 임금복지체제(wage welfare system)의 이면에는 사회에서 기혼여성의 역할을 가정주부와 아이 및 노인돌보 미로 규정한다는 말이 있다. 임금복지체제는 자녀뿐만 아니라 주부 들에게 남편의 고용을 통해서 지원되는 특정 사회급여를 부여함으로 써 부분적으로 성취되었다. 기혼여성의 역할은 1900년에 발효된 민 법전에 성문화되었다. 민법에 다르면, 기혼여성이 노동시장에 진입 하려면, 남편의 분명한 동의가 있어야 했다. 더욱이 기혼여성은 법적 으로 모든 가사의무를 책임지게 되어 있었다. 이러한 제도설계의 타 당성은 '국가와 사회의 유기적 기초'와 '도덕성과 교육의 근본'으로서 의 가족 개념에 근거하고 있었다. 민법전에 성문화된 가족관계는 '자 연적 관계의 질서'에서 기원한다고 언급되어 있다(Moeller 1993: 47- 48). 기혼여성의 고용을 반대하는 핵심적인 주장은 그것이 자녀의 도 덕성과 건강에 해로울 것이라는 데 있었다(Rosenbaum 1982: 402-412 참조). 바이마르공화국이 공식적으로는 공적 영역에서 성평등의 원칙을 받아들였지만, 가족 내 여성의 '개인적' 역할은 변하지 않은 채 남아 있었다(Moeller 1993). 나치 집권기 독일 사회보험의 제도적 구조는 대체로 온전하게 남아 있었다(Reidegeld 1993: 328; Hockerts 1998 참조). 그러나 연합군에 의한 나치독일의 해방으로 포괄적 사회정책 개혁을 위한 기회가 열렸다. 연합군이 파편화된 사회보험설계를 '사회적 시민권'의 원칙(Marshall 1963)에 기반한 하나의 '통합보험'으로 일원화할 것을 주도적으로 제안했지만, 전전 사회보험체계는 1949년의 사회보험조정법의 실행을 통해 대체로 복구되었다(Hockerts 1980).

1957년의 연금개혁은 아마도 어떻게 전후 사회보험체계가 은퇴이후 노동자의 개별적 표준생계 보장을 겨냥하고 있는지 보여주는 가장 좋은 사례일 것이다. 연금개혁으로 노령급여가 평균 약 65%까지 올랐고, 급여를 총임금의 미래 증가분에 연동시켰다. 이런 방식으로 퇴직자들은 노동조합이 계속되는 단체협상을 통해 획득할 수 있었던 표준생계의 미래증가분으로부터 혜택을 받았을 것이다(Schmähl 1999; Schmidt 1998: 81-84; Frerich and Frey 1996: 46-49). 기민련의 정치인이자 독일 의회의 해당 위원회 위원인, 쉬틀러(Josef Schüttler)는 1957년 연금법의 핵심 목적을 다음과 같이 설명했다.

> 연금법의 핵심 목적은 보험과 사회부조의 차이를 명확하게 구분하는 것입니다. (…) 노령보험은 과거의 최소급여로부터 표준생계를 유지할 수 있도록 미래를 위한 급여로 전환되었습니다(Sten. Prot. 2/184: 10181).

1960년대와 1970년대 초까지 전반적으로 건전한 경제실적과 노조의 협상에 의한 임금인상의 결과로 남성노동자들의 연금급여는 가파르게 상승했다. 임금인상을 통한 이익보장에 더해서, 정치인들은

1972년에 은퇴한 저소득 노동자들의 연금급여를 인상하는 더욱 의미 있는 연금개혁을 입법화했다.[26] 1970년대 중반, 일반연금수급자(Eckrentner), 즉 45년 동안 일한 사람의 경우, 순소득 대체율은 70%에 다다랐다(Schmähl 1999: 405). 이 정도 수준의 임금대체율은 노령과 장해보험설계의 핵심 목표를 상징적으로 보여주었는데, 즉 피보험자들이 퇴직 기간 동안 현직에 종사했을 때 향유했던 것만큼의 삶을 유지할 수 있도록 보장해주는 것이다.

실업보험체계는 또한 실직했을 때, 예를 들어 임금소득을 대체하여 노동자들의 표준생계를 보장하게 되어 있어서, 사회부조와는 규범적으로 분명하게 구별되었다. 1970년대 중반까지 실업보험의 소득 대체율은 이전 순소득의 68%에 이르렀다. 이 정도 보상 수준은 노동자들에게 실직 기간 동안 상대적으로 안정된 소득을 보장해주는 것이었다. '적절한 일'(suitable work)이란 실업자들이 임금이 낮거나 이전 직장과 다른 분야의 일을 받아들일 필요가 없다는 방식으로 정의되었다(Sengenberger 1984; Clasen 1994). 전후 자본주의 황금기의 사회정책 전문가들은 개선된 사회보험체계가 사회부조를 통해서 최소의 생존급여를 제공함으로써 궁극적으로 그 이상의 여유로움을 만든다는 점에서 결국 노동자들이 직면한 기본적인 사회적 위험에 대처해줄 것이라고 믿었다(Giese 1986).

1970년대까지 독일은 '강력한 남성부양자 모델'의 범주에 적확하게 들어맞았다(Lewis and Ostner 1994). 왜냐하면 전후 황금기 동안 독일 복지국가의 구조가 임금생활자의 일반적인 위험에 대한 보장에 기초했을 뿐만 아니라, 전형적인 표준가족의 기능성을 유지하는 데 천착했기 때문이다. 어머니의 '고유의' 역할은 자녀들을 돌보는 것이라는 규범적 시각은 1950년대 내내 아동수당 도입에 관한 논쟁뿐만 아니라 작업장에서 여성의 동등한 권리에 대한 의회의 심의를 이끌었다(Moeller 1993). 다수당이었던 기민당이 어머니의 '고유의' 역할을 주도적으로 주창했지만, 사민당 역시 남성과 여성의 노동분업을 받아들였다(Bleses and Seeleib-Kaiser 2004: 24 참조). 부양자 모델이 우세했기 때문에 사민당과 기민당은 가족지원을 확대해서 제공하는 데 동의하게 되었고, 그 덕에 어머니들은 경제적 필요가 아니면 일을 하지 않아도 되었다. 우선적인 정책수단은 가족임금, 아동수당, 그리고 세금공제였다.[27] 1970년대 초에는 3세 미만 아동의 1% 이하와 3세에서 6세 사이의 약 30%의 아동이 공공재정으로 보육 서비스를 받았다(Kolbe 2002: 448).

※요약: 독일 복지국가는 계급 간 재분배나 빈곤의 완화보다는 사회통합과 응집의 원칙에 기반하고 있었다(Goodin et al. 1999). 사회가 안정적이고 사회적으로 수용된 성역할의 분업에 기초해 있었고, 경제가 고성장을 창출했고, 기본고용계약이 가족임금을 보장했으며, 낮은 실업률이 계속되었기 때문에, 독일의 복지국가는 매우 순조롭게 기능했다. 케인스주의적 완전고용의 전망은 이러한 제도설계에서 대체로 빠져 있었다.

네덜란드: 보수주의적이고 보편적?

경제적 관점에서 네덜란드는 후발 자본주의국가로 분류된다. 수출촉진 경제정책에 집중함으로써, 네덜란드는 결국 제2차 세계대전 이후 다른 산업국가를 따라잡았던 것이다(Zimmermann 1986: 83). 1960년대 초까지 네덜란드의 경제성장은 임금억제, 통화안정의 유지, 그리고 보충적 사회보험체계의 결합에 기초하고 있었다(van Kersbergen 1997 참조). 대체로 다른 주요 경쟁국들보다 더 낮은 노동단위 비용 달성을 목표로 하는 네덜란드 기업들에게 이러한 비용경쟁이 공급지향적 접근법의 결정적 요소였다. 1945년에서 1963년 사이 임금증대는 삼[3]자가 모인 사회경제위원회와 협의를 거쳐 사회부에서 결정되었다(Hemerijck 1995: 200; Woldendorp 1995: 136). 비용제한을 위한 이 전략으로 1950년대 임금 수준이 독일과 벨기에보다 25% 낮아졌다(Windmuller 1969: 326ff). 하지만 1960년대 초부터 이 임금통제 전략은 완전고용으로 인해 제한적인 노동력 공급에 대처해야만 하는 고용주들은 물론이고, 기층 노조운동으로부터도 크게 의문을 야기했다(van de Wijngaert 1994: 30f.; Pasture 1996: 138; Visser 1992: 337). 결국 1970년 임금결정법으로 사회적 협력자들에게 자유로운 임금협상권이 부여되었다(Hemerijck 1995: 203f.).

경제와 고용정책에 대한 전체적인 공급 측면의 접근에도 불구하고, 케인스주의는 1970년대 내내 네덜란드의 경제정책 결정에 상당한 영향력을 행사했다. 노동당 수상 덴 율(Den Uyl) 정부(1973-77)에 의해 추진된 경제정책은 공공수요의 완만한 팽창에도 불구하고, 네덜란드에서 케인스주의의 정점을 구성한 것으로 평가되었다(Braun 1989: 73). 포괄적인 수요지향의 정책적 접근은 작은 국내시장과 수출을 구조적으로 불가피하게 하는 경제구조의 복합성에 의해 제한되었다. 더욱이 네덜란드 중앙은행의 안정지향 접근과 같은 수많은 제도적 요소들은 케인스주의 전략의 중요 요소들을 강력하게 추진하는 데 걸림돌이 되었다(Braun 1989: 81).

제2차 세계대전 이후 경제와 고용정책에 대한 전반적인 자유주의적 접근은 포괄적인 사회정책에 의해 보완되었다. 포괄적 사회정책의 목표는 자유주의적 경제정책에 대한 사회적 지지와 정당성을 획득하는 것이었다(Katzenstein 1985). 하지만 대체로 종전 직후 1년간 네덜란드 복지국가는 상대적으로 기초급여만을 제공하는 비스마르크식 사회보험 원칙을 견지한 것으로 평가되었다(Flora and Heidenheimer 1982: 55). 사회적 협력자들은 무엇보다 사회보험 프로그램 조직화의 감독책임을 졌던 반면, 기독교를 주축으로 한 세력들은 빈곤구제를 목표로 하는 수단들에 대한 관할 방식을 우선시했다. 네덜란드 복지국가가 비교적 늦게 발전된 이유는 사회보험체계가 국가, 사회적 협력자들, 그리고 자발적/종교조직으로 분리시켜 운영되어야 한다는 그 방식에 대한 갈등 때문이었다(van der Veen and Trommel 1999). 지주화된 거버넌스 구조 안에 있는 종교 엘리트들에 따르면, 사회급여의 책임은 국가에 있는 것이 아니라, '사적' 책임을 통해 운영되어야만 했다. 국가복지는 가톨릭교회의 사회교육에 뿌리를 두고 있고 보충성의 원리에 기반하고 있기 때문에, 단지 자기 책임성을 실현할 수 없는 민간 조직의 경우에만 제공되어야 했다. 가톨릭의 보충성의 원리와 유사하게, 개신교는 '스스로의 책임 영역 안에서의 주권'(예를 들어 가족, 회사, 교회 등) 개념을 정식화했는데, 이는 또한 전통적으로 복지 제공에서 더 강력한 국가의 포용성에 반대를 촉발했던 개념들이었다. 두 거대 종교와 밀접하게 연계되었던 노동조합들 역시 조합주의 조직을 대신해서 국가의 역할이 팽창할 수밖에 없는 사회정책의 형성으로 그들의 영향력이 잠재적으로 손실될 것에 대해 우려했다(Cox 1993: 129).

노동당뿐만 아니라, 가톨릭국민당도 보편성의 원칙에 따라 복지국가 건설을 추진했는데, 그 원칙에 의해 진보적이고 개방적인 포괄 정당으로의 전환을 강화한다는 목표를 세웠다. 이 방식은 양대 개신교 정당과 두 교파와 연계된 노조의 정책 입장과는 정반대편에 서 있는 것이었다(Cox 1993: 111 참조). 한편으로는 노동당과 가톨릭국민당, 다른 한편으로는 국가의 더 큰 사회정책 개입에 비판적인 세력들 간의 타협이 결국 1950년대 중반에 가서 성사되었다. 이 타협으로 사회정책은 우선적으로 보충성의 원리에 의한 관리에서 연대에 초점을 둔 접근으로 전환했다. 이 전환과는 상관없이 직접적인 국가 개입은 아주 제한적으로 남아 있었고 사회적 협력자들은 다양한 사회보험제도에 영향력을 지속적으로 행사했다(Visser and Hemerijck 1998: 169ff.). 이러한 배경을 보면, 네덜란드 복지국가가 이후 몇 십 년을 거쳐 가장 포괄적이고 관대한 사회보험체계 중 하나로 발전했다는 점은 놀라워 보인다. 플로라(Peter Flora)가 지적했듯이 "제2차 세계대전 이후 이 정도로 발전한 복지국가는 서유럽에 없다." 이 발전이 주로 기민주의 세력이 주도한 정부에 의해 추진되었다는 점을 고려한다면, 아마도 더욱 경이로운 것이다(van Kersbergen 1995; Cox 1993). 전후 초년기 사회정책을 둘러싼 갈등이 시작된 이래, 네덜란드는 1970년대까지 사회정책 설계에 대한 관련 사회행위자 간 광범위한 합의를 특징으로 했다(de Vries 1977: 175; Becker and van Kersbergen 1986: 66).

1957년 이전에는 반대에 직면했던 일반노령연금법(AOW)의 도입은 네덜란드 복지국가 역사에서 매우 중요한 전환점을 구축했다. 이 이른바 '국민' 보험은 개별적인 기여도에 상관없이 일정한 비율의 기본연금이 모든 합법적 거주민들에게 보장되었다. 급여는 미혼자에게는 최저 월급의 70%, 기혼자들에게는 100%를 대체했다. 일반노령연금의 재정은 고용주의 소득에 부과한 기여금으로 충당되고, 이는 바로 조세당국으로 이관된다(Kötter 1998: 342; Kremers 2002: 297). 비록 소득이 없는 개인은 세금납부의 의무가 없지만, 일반노령연금권은 누적된다. 기초연금 도입은 형평성 원칙에 기초한 이전 정책방향에서 출발함으로써, '시민에 대한, 그리고 노동자가 아니더라도 연금에 대한 공식적인 권리가 설정됨'을 의미했다(Cox 1993: 110f.).

연금체계에서는 이러한 변화들이 있었지만, 실업보험 및 장애보험과 같은 사회보험 프로그램들은 여전히 소득과 연계된 기여원칙에 기초하고 있었다. 1952년에 도입된 실업보험은 일정 수준 이하의 소득을 가진 노동자들을 포괄하고 있었고, 6개월 동안 이전 임금의 80%를 대체해주었다. 이어 실업보험이 고갈된 이후 조세를 재정으로 2년 이상 급여를 제공하는 실업보조금이 1964년 초에 도입되었다. 비록 실업보조금은 실업보험급여 계산에서 사용되는 대체율보다 더 낮은 비율에 기초해 있었지만, 그 역시 이전의 소득과 연계되어 있었다. 30개월 이상 실업 상태에 있는 노동자들은 조세로 지급되는 사회부조를 받을 자격이 주어졌다(Roebroek and Berben 1987: 686ff.). 실업자들은 적절한 일을 찾기 위해서 충분히 노력해야 했지만, '적절한' 일의 구성 조건이 무엇인지 정확하게 결정하는 범주가 1992년까지 명료하게 규정되지 않았다. 실제로 실업노동자들은 학교 교육과/혹은 이전 근로 경험에서 체험한 수준에 미치지 못하는 직업 제안을 받아들이지 않았다(Hackenberg 2001: 136).

1965년에 도입된 일반사회부조법(ABW)은 네덜란드 사회에 어마어마한 상징적인 의미를 지니고 있었다(SZW 1995: 359참조). 일반사회부조법은 모든 합법적인 거주자들에게 필요한 최소의 사회적 소득을 보장한다. 일반사회부조법이 실행된 후 처음 몇 년간 지방자치단체들은 그것의 실행뿐만 아니라, 재정까지도 책임을 졌다. 이로 인해 급여 수준이 천차만별이 되었다. 결국 일반사회부조법은 국가가 통제하게 되었고, 중요한 책임도 주요 재정 책임자로서 권한이 위임된 중앙정부에 귀속되었다(SCP 1996: 177 참조). 필요의 원칙(principle of need)을 완전히 폐지하지 않고, 1972년과 1974년의 입법을 통해 사회부조급여와 법정 최저임금을 결합시켰다. 또한 급여 수준은 예상 수급자의 자산과 연령뿐만 아니라 가계 규모에 따라 결정되었다. 23세 이상 기혼 급여수혜자들의 평균급여는 최저임금의 100%로 맞춰졌다. 최저임금은 사적부문의 임금상승과 결합되어 있었다. 일 년에 두 번 최저임금과 [사회부조]급여는 물가상승에 대한 보상뿐만 아니라, 저소득 노동자들과 사회부조 수급자들이 전체적인 복지 향상에 뒤처지지 않도록 조정되었다. 이 법은 1970년대 네덜란드 복지국가의 전반적인 관용을 상징하는 것으로 인식되었다. 사회부조 혜택과 최저임금의 이중결합으로 최초 필요의 원칙에 기초를 두고 출발했던 사회부조체계가 소득보장에 대한 보편적 보장권에 기반한 체계로 발전했다(Cox 1993: 211). 사회적 협력자들은 단체협상에서 합의도달을 통해 간접적으로 최저임금과 사회부조 혜택의 수준을 결정했기 때문에, 정부는 사회정책 결정에서 상대적으로 약한 위치에 있었다(Visser and Hemerijck 1998: 182참조).

네덜란드 복지체계의 선진적 성격은 특별한 장해보험에 있었다. 1966년에 근로자 장해보험법(WAO)에는 새롭고 국제적으로도 독특한 장애에 대한 규정이 포함되었는데, 이 법은 이후 1975년 국민보험체계로 전환되었다. 이것은 특정한 신체적 또는 정신적 장애의 차이를 구별하지 않고, 여타의 이유로 인한 근로 능력 상실뿐만 아니라 다양한 산업재해와 직업병에 대해 보장해주었다. 한번 장애인으로 등록되면, 해당 노동자들은 어떠한 의료검진도 요구받지 않고, 80%의 대체임금 수준으로 장해급여를 받을 수 있었다. 사회적 협력자들에 의한 설계의 관리뿐만 아니라 장애에 대한 광범위한 규정은 실직노동자들이 실업자보다는 장애인으로 분류될 것이라는 점을 의미했다. 이런 방식으로 고용주들은 실업 상태에 있던 고령의 노동자들을 장해보험하에 배치함으로써 장애보험을 생산성을 향상시키는 데 이용했고, 이를 통해 해고규제를 회피했다(Aarts and de Jong 1996a). 장해급여는 단체협약에 따른 회사의 추가 지급으로 보충되었기 때문에 최소 1년의 동안은 100%의 대체율로 급여가 지급되었다. 결과적으로 장애급여가 실업급여보다 훨씬 더 후하게 지급되었으므로 노조 역시 이러한 현실을 지지했다는 것이 놀랄 일도 아니다(Hemerijck et al. 2000: 218ff.). 적극적 노동시장정책 수단은 관대한 장애보험과 실업보험 프로그램과 같은 수동적인 사회정책을 통한 실업완화를 선호함으로써, 1970년대 중반까지 다소 무시되었다(Trampusch 2000).

네덜란드의 남성부양자 모델은 오스트리아와 독일과 같이, 남성 임금소득자 중심의 사회정책과 대부분 여성의 돌봄을 통한 사회 서비스 제공 사이의 이분법을 양성했다. 이 체제는 수많은 법적 규제에 의해 법률로 강화되었다. 우선, 여성은 1956년 단지 법적 계약협정에 독립적으로 참여할 온전한 권리를 부여받았을 뿐이었다. 더욱이 여성 공무원의 경우 결혼 이후 자동적으로 해고되지 않게 된 것은 1957년 이후였다(Buyn-Hundt 1988 참조). 이러한 변화 이후에도 정부는 공공재정의 아동보육 기관을 충분하게 제공하지 않음으로써 성별 노동분업을 암묵적이고 지속적으로 촉진시켜나갔다(Visser 2000: 432). 그럼에도 불구하고 실질적으로는 오스트리아와 독일보다 많은 수의 아동들이 유치원 혹은 유사 초등교육기관에 다녔다. 3세에서 6세 사이의 아이들의 약 50% 미만이 공공 아동보육 기관에 등록되어 있다는 1960년대 통계도 있다. 이보다 더 적은 수의 아동들은 정부가 보조하는 사설보육원(pleuterseelzalen)을 이용했다. 하지만 사설보육원의 일차적 목적은 여성들을 일할 수 있게 하는 것이 아니라 어린아이들이 또래와 같이 어울리도록 한다는 데 있었다(Fix 2001: 60, 71). 1975년에 이 보수적 접근법은 경제협력개발기구(OECD) 내 가장 낮은 여성노동참여율을 달성하는 데 기여했다. 결론적으로 [네덜란드의] 젠더(gender) 문제는 인접 국가들보다는 남유럽 국가들과 더 유사했다. 네덜란드 젠더 문제의 양극성은 1970년대 그 자체가 부분적으로 강력한 여성운동의 결과였던 거대한 사회정치적 변화의 시작과 더불어 쇠퇴하기 시작했을 뿐이다(Becker 2000a: 224).

네덜란드에서 남성부양자 모델의 우위는 가족정책을 설계하는 데 하나의 중요한 효과를 지녔다.

> 임금, 사회보장, 그리고 보육시설은 부인과 자녀부양에 충분한 소득을 올려야 하는 의무를 가진 남성부양자를 기반으로 삼았다. …그러므로 다른 나라들과는 반대로 [보육]시설들은 남성과 여성 배우자의 역할이 매우 고정되어 있는 어느 정도 절대적인 가족정책의 부분이었다. 이 체제는 다른 유럽 국가들에서보다 더욱 우세했고, 지속적이었다(Nieborg 1997: 174).

아일랜드와 영국 같은 자유주의 복지국가와 유사하게, 네덜란드는 비교 분석에서 가족에 대해 전통적으로 초보적이고 선택적인 지원체계를 가진 국가로 분류된다(Engelkes and Neubauer 1993; den Dulk et al. 1999).[28] 결국 대부분의 다른 보수주의 복지국가와는 달리, 가족은 의료보험을 제외한 사회보험의 자격을 결정하는 데 의미 있는 역할을 하지 못한다(van Holstein 1997: 7). 그래서 세 자녀 이상의 모든 가정을 위한 아동수당—일반아동수당법(AKW)의 시행을 통해 1963년에 도입된—이 핵심적인 가족급여로 분류될 수 있다. 국가는 자영업자와 더불어 임금소득자의 첫째와 둘째 자녀를 위한 자격 기준도 추가로 도입했다. 아동수당은 1964년 이후 매년 임금상승을 기준으로 조정되었다(Pennings 2002: 211f.).

이 소득비례 사회보험에 기반한 혼합체계는 실업보험, 조세와 조세를 재정으로 하는 사회부조를 통한 이른바 국민보험을 구성하고 있는데, 네덜란드에서는 복지제공의 다른 측면을 반영하고 있다. 원래 네덜란드 복지국가는 대체로 비스마르크 사회보험, 즉 일차적으로 개인적인 표준생계를 보장하는 데 초점을 맞추는 보험과 연계된 원리에 기초하고 있었지만, 이 체계는 점점 더 사회적 제공의 필요에 기초한 방식을 채택해나갔다(Delsen 2000: 129). 콕스(Cox 1993: 168)에 따르면,

원래 계획은 적절한 소득지원을 제공할 보편적 자격을 부여하는 것이었다. 외국에서 이 아이디어가 도입된 후, 프로그램을 발전하게 한 것은 국내 정치적 상황이었다. …[복지] 프로그램은 실행되었을 뿐 아니라 기본적인 소득지원을 제공한다는 통념 또한 넘어섰다.

그러나 이러한 프로그램의 확장이 근본적으로 '강력한 남성부양자' 접근법을 대체하지는 못했다.

비교 전망

1970년대까지 오스트리아, 네덜란드 그리고 독일 복지국가의 발전을 개괄해보면, 수많은 공통점이 나타났다. 첫째, 독일이나 네덜란드 모두 기독교민주주의 복지 모델의 이상적 복지국가의 목표와 정책수단에 기초한 기대대로, 고용정책 영역에서 지속적인 케인스주의 접근법을 취하지 않았다. 하지만 비교해보면 양 국가의 경제 모두 매우 낮은 실업률을 보였다는 점 또한 강조되어야 한다. 반대로 오스트리아의 경제와 고용정책은 완전고용의 케인스주의 접근법에 한층 더 가까운 특징을 지니고 있었다. 이 접근법은 전후 시기 사회민주당의 더 영향력 있는 역할, 중앙은행의 독립성 제약, 그리고 제2차 세계대전의 종전 후 등장한 거대한 공공부문에 의해 가능했다. 결론적으로 고용정책에 관해서 오스트리아는 사회민주주의 복지국가의 범주에 더 명확히 들어맞는다.

그러나 오스트리아의 사회적 이전 프로그램은 독일의 사례처럼, 보수적인 비스마르크 모델을 분명히 따르고 있었다. 양국 모두 개인 간 재분배는 거의 되지 않는 소득비례 사회보험 프로그램에 크게 의존해왔다. 직업에 대한 법적 보호와 표준생계의 유지 보장은 이 방식의 핵심 요소였다. 실업과 장해보험 프로그램에서 통합된 비스마르크 전통에도 불구하고, 네덜란드 복지국가는 대체로 보편주의 원칙으로 연금 프로그램을 운영했다. 더욱이 [보험]급여가 임금협상과 연계되었기 때문에, 네덜란드의 사회적 협력자들은 급여 수준을 결정하는 데 그들의 역할을 확장시킬 수 있었는데, 그 발전 과정은 오스트리아와 독일 양국의 국가 중심적 급여 운영과는 매우 달랐다. 이러한 양 측면은 같은 기간 네덜란드도 추구했던 혼합복지 모델의 핵심적인 요소였다. 그러나 그러한 차이점들에도 불구하고 세 나라 모두 가족정책에서는 보수주의적 접근을 추진했다. 전체적으로 독일은 기독교민주주의 복지국가의 이상에 가장 잘 들어맞아 보이는 반면, 오스트리아와 네덜란드는 수많은 다른 측면에서 이 모델로부터 어느 정도 벗어난 모습을 보여주게 되었다.

3

1970년대 중반 이후
복지정책의 변화

· · ·

복지국가의 지속성과 변화를 분석하는 데 핵심은 분석하게 될 종속변수의 명확한 개념화뿐만 아니라 평가기준에 관한 규정이다 (Clasen and Siegel 2007). 우리는 1970년대 중반을 분석을 위한 출발점으로 선택했다. 왜냐하면 이 시기에 이른바 복지국가 자본주의의 '황금기'가 종료되는 것으로 나타나기 때문이다. 우리의 평가에서 복지국가의 변화와 지속성은 다양한 접근법을 차용함으로써 측정될 수 있다. 오랫동안 복지국가 발전을 평가했던 유일한 방법은 장기간 이 분야에서 비교방법으로 사용되었던 복지국가의 공공지출을 조사하는 것이었다. OECD 자료 모음에 따르면, 독일과 오스트리아가 모두 외형적으로는 복지국가의 성장을 제한할 수 없었던 반면, 네덜란드는 매우 성공적으로 [공공]지출을 삭감했다. 그러나 독일의 경우 통일이 1990년대 내내 복지국가의 공공지출에 대한 결정적인 팽창 효과를 가졌던 사실에 주목해야 한다(표3.1).

표 3.1 GDP대비 복지국가의 공공지출: 1980-2003

(단위: %)

	1980	1985	1990	1995	2000	2001	2002	2003
오스트리아	22.6	23.9	23.7	26.6	25.3	25.4	25.8	26.1
독일	23.0	23.6	22.5	26.6	26.3	26.3	27.0	27.3
네덜란드	24.1	24.2	24.4	22.8	19.3	19.5	19.9	20.7

출처: OECD(SOCX2007-자료모음, OECD통계에서 2007.4.5 자료추출).

하지만, 이 같은 상황은 최근의 정책 변화, 경제성장의 차이, 그리고 사회적 욕구의 증대가 사회지출 자료에는 충분하게 반영되지 않는다는 사실에 의해 복잡해진다(Clayton and Pontusson 1998). 더 일반적인 수준에서 이것은 장기간의 복지국가 발전뿐만 아니라 전체적인 역동성을 설명할 때, 사회지출이 매우 제한적인 지표라는 문헌에서 강조해왔던 것이다. 이 문제를 조정하기 위해서 에스핑 안데르센(1990), 코르피와 팔메(Korpi and Palme 2003)는 모두 사회적 시민권 개념과 연계된 좀 더 복잡한 접근법에 기초한 탈상품화와 [복지국가] 축소지표를 정식화했다. 그런데 불행하게도 양측의 자료들은 공개적으로 활용할 수 없다. 스크럭스(Scruggs 2004)는 이 선행연구에서 사용되었던 매개변수로 모델화했던 관대성 지표(generosity index)를 발전시켰다. 스크럭스는 에스핑 안데르센의 탈상품화 변수에 폭넓게 기초해서 실업, 질병 그리고 연금급여의 관대성을 분석한다. 그의 자료에

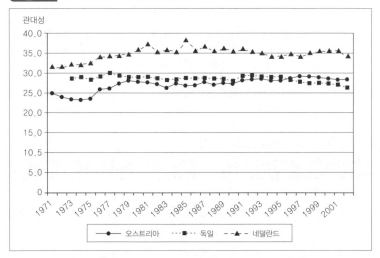

그림 3.1 복지국가의 관대성: 1971-2002

출처: Scruggs(2004).

따르면, 네덜란드는 다른 두 국가보다 더 관대한 복지국가였다. 더욱이 이 자료들은 1980년대 초부터의 네덜란드 복지국가의 관대성이 지속된 것을 보여주는 반면, 1990년대와 2000년대 초 독일에서 적은 규모의 축소가 발생했고, 오스트리아에서는 약간의 확대가 있었음을 제시하고 있다(그림 3.1).

총지출과 전체적인 관대성에 관한 자료들이 복지국가 발전에 관한 거시(large-scale)비교 교차분석에는 매우 유용할 수 있지만, 우리는 오스트리아, 네덜란드, 독일 복지국가 발전에 대한 좀 더 폭넓고 미세한 차이에 대한 분석을 수행하고자 한다. 우선 코르피와 팔메가 완전고용을 위한 국가의 '책임성'을 포함시킨 사례를 따라서, 케인스주의 복지국가의 시각으로부터 분석을 시작한다. 두 번째 사회정책의 관점에서 주로 노동과 복지연계의 중심에 있었던 핵심 이전(transfer) 프로그램에 초점을 맞춘다. 세 번째, 앞의 두 가지 차원의 방식이 보육의 중요한 역할을 무시하도록 제한하는 방식이라는 비판에 기초해서, 가족정책의 분석을 포함한다. 보육과 복지 연계뿐만 아니라 노동과 복지 연계에 따른 변화의 조합은 국내의 복지국가 역동성 속에서 본질적인 변화를 가져올 가능성이 있다.

오스트리아

1980년대 초부터 오스트리아 복지국가의 발전은 지속적으로 예산 건전성 제약이 증대했다는 특징을 보여왔다. 아마도 이러한 점에서 가장 중요한 점은 정부가 완전고용으로 가는 케인스주의 접근법에서 벗어난 것과 연금정책 대개혁을 추진한 것이었다. 이 과정에서 성과를 얻은 방식, 특히 고용, 사회정책과 가족정책 영역에서 형성되었던 그러한 변화와 관련해서는 이어질 다음 부문에서 논의될 것이다.

오스트로 케인스주의에서 오스트로 신자유주의로 경제와 고용정책이 이동한 것인가?

1970년대 중반 이후 오스트리아 경제와 고용정책 발전의 특징은 국제 경쟁력 강화를 목적으로 한 공급 측면의 기제에 매우 의존했던 탓에 수요지향적 방식의 중요성이 쇠퇴한 것이었다(Guger 1998: 56; Lauber 1997: 552ff.; Unger 1999: 166f.). 시간이 지날수록 완전고용 달성이라는 전통적 정부 목표는 예산건전성 논리에 종속되고 말았다(Guger 2001: 67; Tálos 1987: 140; Tálos and Kittel 2001: 151; Unger 2001: 347). 1986년과 1987년은 전환점이 만들어진 해로 인식되었다. 웅거(Unger 1999: 167)에 따르면, 전체적인 정책이 오스트로 케인스주의에서 '오스트로 신자유주의'로 이동한 것이라고 개념화될 수 있다.

제1차 석유위기가 고전적인 케인스주의 거시경제 운영에 의해 성공적으로 관리되었던 반면, 제2차 석유위기를 극복하는데, 오스트로 케인스주의는 한계를 보여주었다. 1970년대 후반 자본시장 자유화의 결과로, 오스트리아 중앙은행(ÖNB)은 통화확대 정책을 효과적으로 실행하는 데 실패했다. 비록 오스트로 케인스주의의 핵심 수단을 상실했지만, 제2차 석유위기 시 국제적으로 낮은 실업률을 보였다. 오스트리아는 1981년에서 1983년까지 실업률이 1.4%에서 3.4%로 상승했던 반면, 네덜란드는 3.8%에서 10.5%로, 독일은 1.7%에서 6.4%로 훨씬 더 크게 올랐다. 하지만 높은 이자율과 낮은 경제성장으로 예산적자를 줄이기 힘들어졌고, 그로 인해 결국 국가 개입의 자율성을 제한하는 공공적자가 더 늘어갔다(Guger 1998: 55; Scharpf 1987: 294ff.). 예산적자가 1974년 1.8%에서 1975년 4.4%로 증가한 후, 이는 결국 오직 대규모 경제 확대를 통해 줄일 수 있었다. 1983년 예산 적자는 5.2%까지 상승했고, 약 GDP의 10%에서 38.5%까지 공공적자의 증대를 촉발시키면서(Lauber 1997: 550f.) 1980년대 중반까지 더 낮아지지 않았다(Butschek 2002: 49).

1986년까지 사민-자유 연립정부는 주로 증세와 새로운 조세 도입을 통해 예산을 건전화하고자 노력했다. 하지만 뒤이은 브라니츠키(Vranitzky) 수상 주도의 대연정은 주로 정부자산의 매각과 공공지출 삭감을 통해 예산건전화를 이루려고 함으로써 [이전] 경제정책에 역행하기 시작했다. 1987년의 연방재정법(Bundesfinanzgesetz)은 이러한 정책 변동을 대표한다(Lauber 1992: 156f.; Unger 1999: 176; Wörgötter 1993: 90).[29] 대연정에 참여한 정당들은 1992년까지 순적자 2.5% 감소를 목표로 지출삭감을 통한 장기 예산건전화에 동의했다(Bundespressedienst Wien 1987: 25). 국가예산이 1970년 GDP의 27%에서 1985년 34.5%까지 오른 이후 1992년까지 정부는 32.2%로 줄임으로써 확대를 막는 데 성공했다(Konrad and Rauch 1993: 143). 연간 순적자는 1986년 GDP의 5%에서 1992년 3.2%로 줄어들었다가(Butschek 2002: 49; Guger 1998: 50), 다시 이주의 '충격'[8]을 극복하고 공공고용을 확대한 결과 1995년에는 5%로 늘어났다. 1995년과 1996년의 구조조정법(Strukturanpassungsgesetze)으로 국가 지출의 확대 경향은 다시 역전되었다(그림 3.2 참조).

---

8 오스트리아는 2010년 현재 노동인구의 17%가 외국인 이민자들이다. 여기서 이민의 충격이란 1980년대 말 동구 사회주의권의 이른바 철의 장막이 무너지면서, 이들—특히 유고슬라비아—이 오스트리아로 대량 유입된 것을 말한다.

마스트리히트 조약 기준에 따를 의무를 지니고 1995년 유럽연합
(EU)과 1999년 유럽통합동맹(EMU)에 가입한 후, 적자재정을 가져오
는 케인스주의 고용정책은 더 이상 실행 가능하지 않았다. 국민당과
자유당 연립정부는 집권 첫 회기 동안 예산건전화 정책을 강화했고,
2001년과 2002년에는 균형예산을 목표로 했다. 그러나 2004년과
2005년 조세 개혁에 따른 재정투입 때문에 연립정부는 다시 한 번
적자증대를 수용했다.

1980년대 중반 국영기업의 구조조정과 민영화로 정부는 핵심적인
수요지향적 고용수단을 상실했다. 이러한 과정은 Voest Intertrading
과 Chemie Linz와 같은 회사에 의한 대규모의 손실뿐만 아니라 국제
철강 위기로 인해 특히 철강산업의 보조금 필요성이 커진 결과로 인
한 1986년과 1987년의 결정적인 조치로 촉발되었다(Meth-Cohn and
Müller 1994: 164; Obinger 2006). 1986년, 사민-자유 연립정부는 국영

그림 3.2 GDP 대비 오스트리아의 연방예산 적자: 1974-2000 　　　　(단위: %)

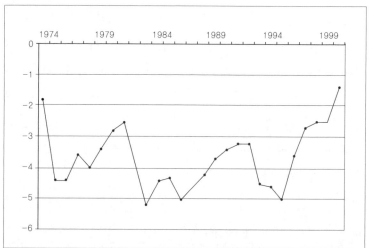

출처: Butschek(2002: 49)

산업의 지주경영에서 손을 떼도록 하는(depoliticisation) 법률을 제정했다. 1987년 대연정은 미래의 손실을 민영화로 인한 수입으로 충당한다는 조건으로 국영산업에 대한 마지막 보조금 지급에 동의했다. 그래서 민영화는 무엇보다 국가 소유 기업의 대차계정을 균형 잡게 하는 하나의 수단으로 이해되었다(Aiginger 1999: 8; Passweg 2001). 민영화라고해도 [사적자본이] 기업자본의 최대 49%을 초과할 수는 없었지만(Unger 2001: 347), 이는 곧 국영기업들이 온전하게 시장지향적 원칙들을 따르는 것이 필요하다는 관행으로 받아들여졌다. 1993년부터 1999년까지 일어났던 연이은 민영화 과정에서 정부는 대다수 공적 소유 기업에서 대주주 지위를 포기했고, 단지 전략적인 경제적 중요성을 지닌다고 간주되었던 기업의 주식만을 보유했다(Obinger 2006). 전체적으로 오스트리아 정부는 1990년대 민영화로 총 106억 달러, GDP의 약 3.9%의 수입을 올렸다. 마지막으로 2000년 흑청[국민-자유] 연정은 공공부채를 절감하기 위해 짧은 시간 내 몇 단계를 거쳐 실현될 수 있도록 7개 기업의 완벽한 민영화를 위한 권한을 법제화했다(Passweg 2001; OECD 2003a: 59). 이러한 민영화 조치의 결과, 국가는 국민경제의 주요 경제행위자로서의 전통적인 지위에서 거의 완전하게 물러났다(Obinger 2006). 이러한 민영화에도 불구하고, 1990년대 중반까지 고용정책에서 공공부문 고용이 차지하는 중요성은 여전히 막대했다. 이는 공공부문에서 직접고용이 증대된 결과, 1987년에서 1996년 사이 그에 따른 동반고용이 약 3분의 2가 늘어났다는 사실에 반영되었다(Unger 1999: 178f.; Walterskirchen 1997:9).

오스트리아 정부는 국영산업에서 적자지출과 초과고용(hoarding employment)과 같은 수요지향적 수단을 포기함으로써, 1987년 이후 경제정책의 근본적인 성격 변화를 이뤄냈다. 논평자들은 이러한 변화를 '정부주도 성장에서 산업적응력으로'의 전환이라고 불렀다(Walterskirchen 1991: 13). 공급 측의 구조정책을 통한 경쟁력 상승이 경제와 고용정책의 중심 목표가 되었다(Lauber 1997: 554; Unger 2001: 348). 이 정책은 법인세 감소에 주요한 기반을 두고 있었지만, 또한 확실하게 조세포탈을 없애는 것도 포함하고 있었다. 저위험 투자와 저축을 위한 재정유인책들이 대부분 폐지되었던 반면, 법인세율은 1988년 세법 실행을 통해 55%에서 30%로 낮아졌다. 이 조치로 오스트리아는 유럽에서 가장 법인세가 낮은 국가 중 하나로 부상했다(Lauber 1997: 555; Nowotny 1999; Unger 2001: 348). 1993년의 조세 개혁은 다시 한 번 조세 경쟁력 제고를 목적으로 한 수단으로 활용됨으로써, 이러한 정책목표에 훨씬 더 기여했다(Unger 1999: 179). 결국 영업세(Gewerbesteuer)와 재산세 모두 완전히 폐지되었다(Unger 1999: 179). 동시에 저소득에 대한 세금 또한 감면되었다(Guger 2001: 67). 2004년과 2005년의 조세 개혁은 국제적 조세 경쟁 영역에서 오스트리아의 향상된 지위를 더 확장시키려는 시도였다. 이 개혁이 법제화시킨 두 개의 주요 지점은 법인세율을 34%에서 25%로 낮췄고, 외국에서 발생한 기업이윤의 손실을 보상해주는 집단과세제도(group taxation)를 도입했다는 점이다. [이 조세] 개혁은 분명히 오스트리아에서 활동하는 기업 경쟁력의 개선을 목표로 하고 있었지만, 기업이 외국으로 이전하지 않도록 하는 인센티브도 제공했다. 또한 이 개혁으로 저소득자의 소득세가 면제되었다.

고용규제를 자유화하려는 노력은 실제적으로 훨씬 더 제약을 받았다. 1990년대까지 정부는 단지 경직된 고용체계에 대한 부차적인 개혁을 실행했을 뿐이었다. 이 기간 동안 변칙적이거나 종래와는 다른 고용 형태가 늘어나기 시작했음에도 불구하고, 국제비교에서는 그

비율이 적정선을 유지했다(Fink 2000; Tálos 1999; Unger and Heitzmann 2003: 382). 예를 들어 사회보험에 의해 보장되지 않는 고용계약 비율 (저임금의 임시직)이 2001년 6.8%에서 2004년에 7.2%로 올랐을 뿐이다. 쉬쎌(Schüssel) 정부가 고령노동자 불법해고에 대한 이전의 보호 조치를 제한하는 등 고용규제 자유화에 더 박차를 가했지만, 오스트리아 노동시장은 고용규제의 관점에서 비교적 경직성이 유지되었다 (Walwei 2004: 2).

이 거시경제 전략은 노동 공급을 제한하는 정책으로 보완되었다 (Schröder 1997: 137). 주간 노동시간 단축과 취업이민 제한과 더불어 고령실업자들의 실업급여 확대를 포함한 조기퇴직 증대가 정부 전략의 핵심이었다. 결과적으로 55세와 59세 사이 남성의 경제활동 참가율은 1975년 97.6%에서 1985년 70.1%, 다시 1995년에서 62.5%로 낮아졌다. 동일 연령집단에서 여성참가율은 1975년 47.1%에서 1995년 23.2%로 떨어졌다(Walterskitchen 1997: 8). 오스트리아 복지국가의 특성을 '연금생활자들의 복지국가'로 규정하는 데 선도적인 역할을 했던 것이 약 3년에 걸쳐 전체적인 평균 퇴직연령이 낮아진 것이었다(Hemerijck et al. 2000: 205). 이런 방식으로 고용문제는 효과적으로 사회보험체계로 옮겨갔다. 이 정책은 퇴직연령을 높이는 다양한 조처를 통해 1997년에 폐지되었다.

오스트리아의 조기퇴직에 대한 접근 방식은 수동적인 노동시장 정책의 지향점과 부합한다. 적극적 노동시장 정책이 1970년대 중반부터 확대되었음에도 불구하고(Tálos 1987: 91ff.), 이 정책에 대한 재정지원은 상대적으로 낮은 수준을 유지했다. 오스트리아가 유럽연합 회원국으로 가입한 이후, 적극적 노동시장 정책은 더욱 확대되었고, 유럽연합의 권고사항을 준수했다. 하지만 이렇게 개선되었음에도 불구하고, 총 노동시장 정책 지출대비 적극적 노동시장 정책에 대한 지출 비율로 측정되는 활성화율(activity rate)은 2002년에 약 30%까지 증가했을 뿐이었다(Badelt and Österle 2001: 210; Unger and Heitzmann 2003: 378).

1980년대 후반에서 1990년대 후반 사이 정책결정에서 노조 영향력의 쇠퇴는 오스트리아 경제의 거버넌스에서 사회적 협력주의의 원칙이 그 중요성을 상당히 상실했다는 것을 의미했다. 노조의 힘이 약화된 초기 사례는 1980년대 말을 지나면서 물가 결정에서 균등위원회의 개입력이 공식적으로 상실되었다는 사실이다(Kittel and Tálos 1999: 109f.; Tálos and Kittel 2002: 43f.). 사회적 협력주의의 중요성이 쇠퇴한 데에는 여러 가지 다른 이유들이 있었다. 우선 노조와 정부 간뿐만 아니라 사회적 협력자들 사이에서도 경제와 사회정책에 대한 불화가 점증했다. 게다가 유럽연합 가입은 예산건전화를 목표로 하는 노력이 강화될 필요성이 있다는 것을 의미했다. 설상가상으로 신생정당과의 경쟁은 전통적인 정당 구조에 대한 지지를 약화시키는 데 일조했다(Tálos and Fink 2003: 214ff.; Tálos and Kittel 2002: 44ff.). 노조가 1990년대 말까지 정책결정에서 높은 개입력을 유지했지만, 대부분 정부에 의해 정책의 폭이 결정되었다(Kittel and Tálos 1999: 129). 연이은 국민당과 자유당 연정은 노조 대표의 참여에 대해 근본적인 의문을 제기하기 시작했고, 결국 많은 정책영역에서 노조의 참여를 배제시켰다(Guger 2001: 78; Obinger and Tálos 2006: 204ff.).

최근 오스트리아 고용정책은 자유주의적 정책수단에 점점 많은 영향을 받고 있다. 직접적인 국가 개입을 억제-공급 측면의 강화와 특히 조세 개혁을 통해-하는 것이 1980년대 말 이후 오스트리아 경제정책을 지배하고 있다. 그러나 공공부문의 고용은 1990년대 중반까지 계속해서 중요한 역할을 담당했다(Hemerijck et al. 2000: 202). 오스트리아 고용정책에서 적극적 노동시장 정책은 비교적 그 중요성이 덜했다. 1990년대 후반까지의 고용지체와 제한적 탈규제, 그리고 조기퇴직을 통한 노동력 공급의 축소는 모두 이상적 자유주의 형태의 정책수단과 맞지 않는다. 오히려 이러한 정책은 기민당의 이상적 형태를 구성하는 요소로 이해되어야 한다. 쉬쎌 정부의 집권 동안 고용정책은 점점 더 자유주의화되어갔다.

사회보장정책: 형평성 원칙의 강화?

1980년대 초까지 지속되었던 복지국가 팽창기 이후 사회정책 발전상의 특징은 예산건전성의 우선성과 이에 상응하는 사회보장체계의 조정이었다(Tálos 2003: 88; 2005: 58; Tálos and Wörister 1998: 256). 이시기 오스트리아 복지국가의 발전은 세 단계로 나뉠 수 있다(Obinger 2002b: 55ff.; Tálos 2005: 38ff.). 1990년대 중반까지의 발전 과정은 선형적이진 않았지만, 팽창과 축소 모두의 요소를 담고 있었다(Obinger 2002b: 55; Tálos 2002: 10). 반대로 1990년대 중반 이후의 사회정책의 특징은 선형적인 제한적 조정 과정이었다(Obinger 2002b: 55f.; Tálos 2004: 218, 2005: 58f. Tálos and Fink 2001: 17; 2005: 141f.). 근본적 변화는 사회정책이 예산, 경제와 기업의 우선성에 종속된 2000년 이후 국민당과 자유당 연정하에서 일어났다. 사회정책은 점점 더 개인의 필요에 초점을 맞추어 나갔다(Obinger and Tálos 2006: 212ff.).

1984년의 연금개혁은 정책적 역행, 예컨대 복지국가 팽창으로부터 건전화(Tálos and Wörister 1998: 257)를 향한 첫 번째 단계로 기록된다(Tálos 2004: 222). 정부는 보험료 인상과는 별개로, 기초연금 폐지를 가장 중요한 요소로 하는 보험원칙을 강화했다. 노령보험에서 형평성 원칙을 강화하는 추가적 제약[조치]이 1988년 대연정하에서 법제화되었다. 이들 조치에는 급여계산을 위한 기간 확대, 급여와 관련된 대학교육까지의 취학기간 인정 폐지, 유족보험의 자격 제한, 그리고 6개월까지 인플레이션 조정 유보가 포함되었다(Tálos and Roß mann 1992: 46f.). 1993년 연금개혁 이후, 연금지급 금액은 전체 임금 상승보다는 평균임금에 기초했다. 동시에 퇴직시기 연장을 독려하기 위해 처음으로 유인책을 도입했다(Tálos 2004: 222f.; Tálos and Wörister 1998: 257f.). 그래서 연금설계에서 예산맞춤 지향성은 형평성원리를 강화하고, 급여 수준을 낮춤으로써 대체로 성취되었다. 그러나 이러한 제약 수단에 더해서 단기간 근로 시 연금급여를 수급할 수 있는 기회뿐만 아니라 임의가입을 가능하게 하는 방식의 도입으로 보험의 보장성이 확대되었다(Tálos and Wörister 1998: 257).

1990년대 후반, 예산건전화 전략은 1995년과 1996년의 핵심 구조조정 법률들을 통해서 강화되었다(Falkner 2002: 168f.; Tálos 2003: 90). 이 구조조정 법률들은 '예산건전화의 대표작들'로 언급되었다(Unger 1999: 351). 이 법률들에는 급여삭감과 형평성 원칙을 더욱 강화시킴으로써 임금과 실업보험 프로그램의 실질적인 축소가 포함되었다(Unger 2001: 351). 연금설계에서의 축소는 우선 가입기간의 연장에 초점을 맞추었다. 노령연금의 조기수급 가능성을 제한한 것이다. 필수가입 기간(개월)을 늘렸고 단기 가입자는 급여삭감을 받아들여야만 했다. 급여계산에서 학교 및 대학교육 기간에 대한 인정은 사실상 보험료를 나중에라도 납부할 때만 가능했다. 연금급여 축소는 또한 1997년 연금의 생활비용 현실화(adjustment) 유보와 질병 및 장해급여에 대한 조건을 더욱 제한한 결과였다. 1997년 연금개혁은 일차적으로 조기퇴직을 제한하고 퇴직연령을 높이는 것을 목표로 했다. 노동자와 공무원 연금설계에서 급여산출 기간은 늘어났고, 조기퇴직자의 급여는 삭감되었다. 몇 가지 부정적인 효과를 상쇄하기 위해서, 육아수당은 20%까지 올렸다(Obinger 2002b: 56; Tálos 2005: 62f.). 요약하면, 지금까지 오스트리아 사회정책의 특징은 보수주의 복지국가 원칙에 어긋나지 않으면서, 예산제약에 기초한 실용적인 조정이었다. 기여와 급여의 연계가 강화되었고, 웅거와 하이츠만(Unger and Heitzman 2003)의 주장대로, 오스트리아 복지국가는 그 보수주의적 뿌리로 돌아왔던 것이다.

사회정책의 목표와 중요성에 대한 '패러다임 이동'(paradigm shift)은 국민당과 자유당의 제2기 연정 때 실행되었다. 흑청연정의 개혁은 개인의 책임을 더 강조하고, 곤궁한 이들을 위한 수단에 더 초점을 맞추면서 이것과 연동해서 공공의 책임을 줄이는 것을 목적으로 했다(Tálos 2005: 59ff.; Tálos and Fink 2005: 143f; Obinger and Tálos 2006: 212ff.). 이러한 변환의 핵심에는 또 한번 연금제도가 있었다. 국민-자유 연립정부는 1차 집권기, 조기퇴직 연령을 남성은 62세, 여성은 57세까지 연장함으로써, [연금산출의] 축소 과정을 강화시켰다. 게다가 노동력의 한계로 인한 조기퇴직제는 폐지되었고 유족급여는 더욱 삭감되었다(Obinger and Tálos 2006:88). 2차 집권기에는 전체적인 연금설계에서 더욱 전면적이고 결정적인 전환이 실행되었다. 2004년부터 급여계산 기간이 고용기간 중 급여가 가장 많았던 15년에서 40년으로 연장되었다. 80%의 소득대체율로 온전한 연금수급 자격이 부여되는 가입기간은 40년에서 45년으로 늘어났는데, 연간 증가율은 2%에서 1.78%로 줄었다. 또한 시간제 근로에 대한 노령수당뿐만 아니라, 오랜 보험 역사를 가지고 있었던 실업자들을 위한 조기퇴직제도 폐지되었다. 하지만 연립정부는 대중적 저항에 직면한 이후, 개인급여의 최고 삭감을 10%로 제한하기로 결정했고, 재정난에 대비해 기금을 도입했다. 더욱이 연금체계 내에서 인정되는 육아기간은 18개월에서 24개월로 늘어났고, 이에 상응하도록 육아수당 역시 인상되었다(Tálos 2005: 64; Tomandl 2003). 이와 함께 정부는 직장연금과 개인연금[9]에 대한 세금 혜택을 늘렸다. 전체적으로 이 연금개혁은 퇴직 시 노동자의 표준생계 보장이라는 목적을 사실상 철회한 것으로 이해될 수 있다(Tálos 2004: 225). 마지막으로 비록 2004년 정부는 농민과 자영업자는 제외했지만, 다양한 연금설계를 통합(harmonization)하여 법제화했다. 여기에는 일반퇴직 연령을 65세로, 즉 62세는 이후 조기퇴직 대비 매년 4.2% [추가납부의] '벌칙', 그리고 68세가 지나도 일을 계속하는 이들에게는 동일 비율의 추가급여(bonus) 도입이 포함되었다. 급여를 받기 위한 최단 가입기간은 최소 7년 실직기간을 포함, 15년으로 설정되었다(Obinger and Tálos 2006: 94ff.).

실업보험에서는 1993년까지 '미미한 변화(Tálos 2004: 227)'만 있었다. 여기에는 급여개선, 보장성 확대와 명시적 제한요건 확립이 포함되었다(자세한 것은 Tálos 2004: 225; Tálos and Roßmann 1992: 51f.). 하지만 1993년 이후 실업보험의 지속적인 축소 과정이 추진되었다. 1993년 고용보호 수정법안에 기초해서, 수급자들은 지방고용청에서 정기적으로 면접을 받아야 했다. 게다가 급여수령은 일주일 단위로 얼마나 구직활동에 참여했었는가를 증명하는 조건부 수급자의 능력에 따라 다르게 되었다. 수급자들이 이 기준에 따르지 않으면, 급여는 8주 안에 종결될 수 있다. 같은 해, 평균임금대체율이 57.9%에서 57%로

---

9 문맥에 따라 사적연금으로도 옮겼다.

낮아졌다(Tálos 2005: 67). 제1차 구조조정법으로 임금대체율이 56%까지 더 내려갔다. 실업급여 수급 제한 기간이 20개월에서 26개월로 확대되었고, 부양가족을 위한 추가급여는 축소되었다. 1996년의 구조조정법은 실업급여 산정기간을 6개월에서 1년으로 늘리고 실업부조를 축소함으로써 급여를 삭감했다. 게다가 적절한 일자리의 구성요소에 대한 정의도 바뀌어 실업자는 이제 사회보험이 보장되는 합당하다고 여겨지는 어떠한 직업도 받아들이도록 요구받았다. 더욱이 규제에 따르지 않았을 때의 급여지급 중단 기간도 늘어났다(Tálos 2005: 67). 국민-자유 연립정부는 순임금대체율을 55%로 내리고 부가적인 가족급여를 약 3분의 1까지 줄여서 실업보험체계를 엄격하게 하려는 노력을 강화했다. 또한 가족급여 제한 기간을 26주에서 28주로 늘렸다. 동시에 가능한 제재수단을 확대했다. 급여제한의 추세는 실업보험에 대한 연방정부의 보조금 폐지로 부각되었다. 2004년, 직업상 지위보호는 실직 후 첫 120일 동안 이전 소득의 최소 80%를 지급하는 어떠한 취업 제공도 받아들여야 한다는 소득보호[조치]로 모두 대체되었다(Obinger and Tálos 2006: 126).

쉬쎌 정부하 사회정책 전환의 특징은 실업과 노령기간 동안 표준생계기준 보장원칙의 철회였고, 이는 오스트리아 보수주의 복지국가를 근본적인 변화시켰다(Tálos 2005: 40). 표준생계의 보호에서 기업과 사적 조정으로 옮겨가는 것은 개인의 책임성과 자조가 재정적 측면에서 장려되는 한, 이상적 기독교민주주의에 부합한다. 그러나 직업상 지위보호를 폐기하는 것은 이상적인 기독교민주주의 사회정책 원칙과 모순된다. 더욱이 사회정책 제도가 점점 자유주의적 요소를 반영하는데, 타로스(Tálos)는 국민-자유연정의 사회정책 개혁을 '신자유주의'와 보수주의적 요소가 조합된 것으로 평가한다.

가족정책: 여전히 보수주의?

1970년대 중반 이후 오스트리아의 가족정책은 이상적 기독교민주주의와 사회민주주의 입장의 요소들을 가지고 발전해나갔다. 아동수당은 사민당이 내세운 '모든 아동은 동일한 가치를 지닌다'는 원칙에 기초해 있었다(Rosenberger and Schallert 2000: 255). 조세 혜택 제도를 통한 하나의 사회제도로서 가족제도를 활성화하는 것(Bahle 2002: 402)은 수평적 재분배를 향한 국민당의 의지(desire)를 더 많이 반영한 것이었다. 사민당은 고용과 가족 간의 관계에 관한, 정책의 초점을 저소득 가정, 한 부모, 그리고 일하는 어머니를 우선하는, 협력에 기반한 가족 모델에 맞췄다. 반면 국민당은 가족정책의 최상의 목표를 선택의 자유에 두었고, 노동력이 아니라 어머니에 중심을 두는 가족정책을 지향했다(Rosenberger and Schallert 2000: 255; Rosenberger 1999: 769f.).

1970년대 중반부터 가족정책은 세 시기로 나뉘며 발전하게 되는데, 대체로 정당주도 정부의 변화와 일치한다. 첫 번째 시기는 사민당주도 정부에 의해 실행된 평등적 조치가 우세했던 반면, 두 번째 단계는 대연정 내 두 개의 복지국가 정당 간 협약에 큰 영향을 받았다. 그리고 세 번째 시기는 전업주부에 우선을 두는 전통적인 가족모델에 주도되었다(Rogenberger and Schallert 2000: 260). 첫 번째 시기, 사민당은 1974년 가족에 대한 세금 혜택을 줄이고, '가족과세'를 개별과세로 대체함으로써 평등을 촉진하고자 했다. 이것은 하나의 사회제도로서의 가족에 대한 재정문제는 고려하지 않겠다는 것을 의미했다(Kresbach 1999: 450; Tálos and Falkner 1992: 204). 이러한 변화와 병행해서, 조세체계 내 가족생활에 대한 재정적 '부담'은 더 이상 면세가 될 수 없었지만, 결과적으로 다양한 세금공제 제도를 통해 상쇄되었다(Österreichischer Familienbund 1968). 최종적으로 1977년 자녀가 있는 가족에 대한 특별세금공제는 폐지되었고, 직접적인 현금이전(아동수당)은 확대되었다(Badelt and Österle 2001: 172; Kresbach 1999: 450f.).

1980년대 후반기 가족정책은 '정당 경쟁을 위한 적절한 주제'가 되었다(Tálos and Falkner 1992: 213). 그러나 상반되는 정책발전의 시기가 지난 후 두 복지정당은 1990년대 가족정책에서 수많은 합의를 이끌어낸 정책적 '화해'를 시작했다(Rosenberger 1990: 189). 1993년, 이전의 헌법재판소 판결을 바탕으로 세금공제와 가족수당과 같은 가족 '부담'에 대한 이중적 보상제가 다시 도입되었다. 가족부담에 대한 '새로운' 재정적 보상에는 평등원칙과 가족 규모에 바탕을 둔 요소들이 포함되었다. 세금공제액은 고정되어 있기 때문에, 저소득가족은 고소득가족이 받는 세금 혜택과 동일한 규모의 혜택을 받았다. 여기에 더해서 특히 저소득가족이 추가로 재정적 보상을 받을 수 있도록 역소득세(negative income tax)를 도입했다. 끝으로 가족을 하나의 사회제도로 고려함으로써 조세 혜택은 가족의 규모에 따르게 되었다(Kresbach 1999: 453f.). 1998년의 종합가족법(the Family Package)도 가족의 재정 '부담'을 개선하기 위한 헌법재판소 판결의 결과로 출현한 것이었다. 다시 한번 수직적이고 수평적 재분배 요소들이 이 정책의 특징이 되었다. 헌법재판소의 판결을 준수하기 위해 가족의 공제 규모는 소득과 상관없이 증대되었다. 가족 규모는 더 이상 조세체계 내에서는 고려 대상이 아니었다. 오히려 이제 아동수당이 대가족에 대한 새롭고 더 많은 혜택을 위해 가족 규모를 반영했다(Kresbach 1999: 459 f.; Tazi-Preve et al. 1999: 42).

1989년과 1990년의 종합가족법은 육아휴직 신청과 관련해 훨씬 더 유연해졌다. 그 결과 부모들은 이제 둘 중 한 명이 육아휴직을 선택할 수 있게 되었다. 또한 육아휴직 기간이 1년에서 2년으로 연장되었고 부모들은 시간제(part-time) 근무와 양육 책임을 병행할 수 있었다. 이 법을 통해 '협력지향적 가족 모델(부모에게 선택권 부여)과 어머니 중심의 가족 모델(육아휴직 기간의 연장)이 결합'되었다(Rosenberger 1999: 765). 하지만 다른 연정 참여 정당들은 육아휴직을 3년까지로 더 연장하고 또한 해고보호에 의해 전 기간을 보장하려는 추가적인 정책 제안에 동의할 수 없었다(Rosenberger 1999:765). 1993년에 통과된, 연금제도에 육아연금 크레디트(child-rearing credits)[10]를 도입한 것 또한 육아기간 동안 부모의 휴직이나 고용되지 않은 상태(non-employment)가 연금자격의 전제조건이 되지 않는다는 합의에 기초한 것이었다(Mairhuber 1999: 40f.). 비록 아동보육을 위한 보편적 규제의 틀 도입이 실현되지는 못했지만, 두 복지국가 정당들은 1994년 아동보육 제공을 확대하기 위해 전체 연방예산에서 6억 오스트리아 실링(ATS)[유

(표3.2) 오스트리아에서 공공재정 지원을 받는 돌봄시설에 다니는 아동의 연령집단별 비율(1995-2005)

	1995	1996	1997	1998	1999	2000	2001	2002	2003	2004	2005
3세 이하	4.6	5.0	5.4	6.3	7.1	7.7	8.4	8.7	8.5	9.2	10.2
3-5세	70.6	71.7	73.2	74.7	76.1	77.6	79.0	80.7	81.8	82.1	82.7
6-9세	7.0	7.1	7.7	7.8	7.8	8.4	8.8	9.4	10.1	11.1	11.9

출처: Statistik Austria (http://www.statistik.gv.at/fachbereich_03/bildung_tab1c. shtml, 2006년 6월 10일 검색.

---

10 육아연금 크레디트는 사회적인 보육지원정책 중 하나로, 육아를 위해 휴직기간 동안 발생하는 여성의 일시적인 노동단절을 경제적으로 보상하기 위한 제도다. 즉 육아로 인해 연금가입 기간이 줄어들 경우, 이는 불가피하게 연금급여에 영향을 주기 때문에 줄어든 기간을 연금기여기간으로 인정하여 산정해준다.

로 전의 오스트리아 화폐단위]을 지급했다(Rogenberger and Schallert 2000: 254). 1990년대 후반 한부모에 '부정적' 영향을 주는 수많은 정책 변화 때문에, 전문가들은 '재가부장화'(re-patriarchisation)를 향한 움직임이 있다고 주장했다(Mairhuber 1999: 43).

국민-자유 연립정부는 좀 더 기독교민주주의의 틀로 회귀하는 가족정책의 전반적인 재조정을 감행했다. 이러한 변화를 통합하는 부분으로 이전 육아휴직수당을 대체하는 새로운 아동보육 지원금 (Kinderbetreuungsgeld)을 2002년 1월에 도입했다. 한 달에 435유로의 고정급여가 이전 근로 유무와 상관없이 최고 36개월 동안 지급되었다. 부모가 전 기간 동안 수급자격을 얻게 된다면, 이 36개월 중 최소 6개월이 각각의 부모들에게 따로 주어진다. 아니면 부모들은 30개월에 대한 수급권만 주어지게 된다. 또한 부모들에게 동시 급여청구는 허용되지 않는다. 게다가 어떠한 아동보육수당 자격도 부모의 소득이 일 년에 14,600유로를 초과하지 않는다는 조건하에 주어진다. 한부모와 저소득가정은 매달 180유로의 추가 대출을 받을 수 있다 (Orthofer 2002; Wrobelewski and Leitner 2003: 138ff.). 아동보육 지원금은 가족 내 아동보육을 지원하는 것으로 기독교민주주의의 이상과 잘 들어맞는다. 비록 정부가 아동보육 지원금 신청에 대해 부모의 선택을 장려하기 위해 상당한 노력을 기울였지만, 부가소득 적립에 거의 제한이 없는 고용 영역에까지 유사한 수준으로 유연성이 확대되지는 못했다(Hammer and Österle 2001: 67f.). 보편적 재정 이전(transfer) 제도, 즉 대다수 남성부양자에 대부분의 여성 보육제공자의 종속성을 다시 강화시키는 것으로 생각되었던 수당제공 제도가 수립된 이후, 앞선 고용과의 연계성은 효과적으로 소거되었다(Liebhartb et al. 2003: 421; Rosenberger and Schmid 2003: 114). 지원금을 받는 동안 해고보호가 되지 않았기 때문에, 이 규정으로 어머니들이 노동시장에서 이탈하게 되었다는 점이 지적되었다(Rosenberger and Schmid 2003: 114; Unger and Heitzmann 2003: 383).

아동보육에 대한 가족의 책임성에 더 집중했음에도 불구하고, 1990년대 중반 대연정에 의해 실행된 아동보육을 위한 추가기금 제공수단은 표 3.2에서 보는 것처럼, 공적지원을 받는 아동보육 기관들의 유용성 확대에 '긍정적인' 효과를 가지고 왔다. 특히 10년 전에 비해 유아들이 2배 늘어났다는 점은 주목할 만하다.[30]

※요약 : 오스트리아의 가족정책은 1970년대 중반 이후 정치적으로 상당한 중요성을 얻어왔다. 초기 가족정책의 확대는 어느 정도 사회민주주의적 원칙을 따랐고, 1990년대 대연정 기간에도 가족정책의 확대는 타협에 의해 계속되었다. 비록 가족정책이 쉬쎌 수상의 보수당 정권기에 그 중요성이 더 커졌지만, 사회정책의 전체적인 탈상품화의 맥락에서 보면, 기독교민주주의화 과정이 특징이었는데, 타로스는 이를 '공공 사회정책의 가족주의화'(familialisation of public social policy)라고 했다(Tálos 2002: 35).

정책발전의 비교

1986-87년에 채택된 예산건전화 전략을 위한 기본적인 결정으로 수요지향적 고용정책 수단은 상실되었다. 결과적으로 주로 법인세 개혁과 세율 삭감을 통한 국제 경제력 확대에 초점을 맞춘 거시경제적 공급지향 정책이 지배적이었다. 그러나 공급 측면의 정책이 수요지향적 정책수단을 완전히 대체하지는 못했다. 1990년대 중반까지 정부는 실업률 증가를 관리하기 위해 조기퇴직뿐만 아니라 공공

[부문의] 직접고용 확대정책을 활용했다. 노동시장의 탈규제와 적극적 노동시장 정책은 정부의 전체 경제 전략에서 주변적 역할만을 담당했을 뿐이다. 하지만 보수당 연립정부 기간 노동시장 탈규제와 공공[부문] 직접고용의 분명한 축소는 결정적으로 '자유주의적' 고용정책에 다가가는 보증서가 되었다. 중요한 노동시장 활성화는 결코 고용정책을 통합하는 역할을 하지 못했다. 1986년까지 팽창정책과 축소정책이 조화를 이루며 추진되었지만, 뒤이은 대연정 시기에는 일련의 제한수단을 실행하는 데 초점을 맞추었다. 그러나 이러한 조치들로 복지국가 구조에 대한 근본적인 의문이 제기된 것은 아니었다. 다시 강조하건데, 상당한 변화가 일어났던 것은 국민-자유당 연립정부 시기였는데, 대부분 노령연금 영역에 집중되어 있었다. 가족정책 영역에서 대연정의 이와 같은 정책결정들이 일련의 정치적 타협에 기초한 매우 모호한 접근방식으로 점철되었던 데 반해, 쉘 정부하에서 기독교민주주의적 지향이 실현되었다.

독일

독일의 경제와 고용정책은 결코 케인스주의에 견고한 뿌리를 두지 않았기 때문에, 1970년대 중반 이후 대체로 안정지향적 접근을 정책적 연속성의 특징으로 삼을 수 있다. 반면 사회정책은 현저한 변화를 겪었다. 결과적으로 사회보험을 통해 주어진 (남성)부양자의 표준생계를 유지하는 것에서 점점 자격심사를 통한 급여에 의존하는 것으로 분명하게 이동했다. 이러한 변화는 가족정책이 매우 확대된 데 따른 것이었다.

경제, 고용 그리고 적극적 노동시장 정책

우리는 케인스주의 복지국가 시각을 취해서, 연방정부 지출을 (1)1975-89, (2)1990-93, (3)1993-2004의 연속적인 세 가지 경로의 시기로 분석할 것이다. 1975-89년은 공공지출을 건전화하고 예산적자를 줄이려는 정치적 열망의 시기였다. 이것은 1970년대 중반과 다시 1980년대 초 급격히 증가한 공공지출에 대한 대응이었는데, 지출 증가는 무엇보다 두 차례의 오일 쇼크와 매우 짧았던 두 번의 경기 역행적 지출(anti-cyclical spending)에 의한 것이었다. 당시 사민-자유당 연립정부는 실업을 줄이기 위한 수단으로 공공지출의 온건한 확대정책을 추구했지만, 결국 정책의제는 예산건전화로 재조정되었다. 국제적으로 이 중도 정책은 독일 모델(Modell Deutschland)로 독일을 특성화시키면서, 매우 성공적인 것으로 인식되었다(Markovits 1982 참조). 1982년 기민-자유당 연립정권이 집권했을 때, 정부지출 축소가 공공정책의 지도원리로까지 발전했다(Schmid and Wiebe 1999). 총 정부지출은 1982년 GDP의 49.8%에서 1989년 45.3%로 줄어들었다(Homeyer 1998: 347). 1989년까지 1980년대 후반의 유리한 경제환경과 결합된 다양한 재정건전화 수단으로 매년 연방예산 적자를 GDP의 0.9%까지 감소시켰다(Hinrichs 2002a: 24). 사회보험뿐만 아니라 주정부(Länder)의 지출을 고려하면, 총 국가예산은 약간 늘었다(Strum 1998: 187). 조세정책의 측면에서 보수당 정부는 온건한 소득세 감세정책을 추진했다.[31]

이 시기에 적극적 노동시장 정책은 매우 불안정했다. 사민-자유 연립정부는 집권 초기 고용위기에 우선적으로 공공[부문]고용 프로그램을 통해 적극적 노동시장 조치를 늘리는 것으로 대응했다. 1975년에서 1977년 사이 이러한 조치들로 대략 19만 개의 일자리를 창출했다(Frerich and Frey 1996: 171). 공공고용 프로그램에 참여한 노동자들의 수만 1974년 3천 명에서 1978년 5만 1천 명으로 급증했다(Lampert 1989: 181). 그러나 제2차 석유위기와 그에 따른 예산지출의 증가가 시작되면서, 적극적 노동시장 정책은 점점 제약을 받았다. 결국 1982년의 공공고용 프로그램 참여 인원 수는 2만 9천 명으로 급격하게 떨어졌다(BMGS 2003a, Tab. 8.14A). 사민–자유 연합의 짧은 집권 기간이 끝난 후, 새로운 기민–자유 연립정부는 '역량강화(Qualification Offensive)'라는 재교육과 추가교육 프로그램을 시작했는데, 1982년 약 30만 명에서 1988년 565,611명으로 매년 참여 노동자들의 수가 늘었다. 다른 적극적 노동시장 정책의 조치와 프로그램 또한 확대되었다. 이러한 특별조치를 통해 지원받은 취약 실업자들의 수가 44만 명에서 696,163명, 그리고 공공고용 프로그램에 참여한 이들의 수는 같은 기간 114,888명으로 늘어났다. 1982년과 1988년 사이 적극적 노동시장 정책의 지원을 받은 연간 노동자들의 수는 545,529명에서 거의 140만 명까지 증가했다. 이전 정부에서 추진된 단속(斷續)적인 방식과 달리, 기민–자유 연립정부는 1987년까지 적극적 노동시장 정책 수단들을 꾸준히 확대했다(Frerich and Frey 1996: 177). 그러나 기민–자유 연립정부가 실제 적극적 노동시장 정책 참여에 대한 혜택을 줄였다는 점이 강조되어야 한다. 또한 시와 군[Landkreis] 단위에서는 1980년대에 걸쳐서 자체 지방고용과 근로 프로그램을 발전시키고 확대시키기 시작했다. 1982년 약 2만 명의 실업 상태 사회부조 수급자들이 이 지역 프로그램에 참여했고, 1993년까지 11만 명의 실업 상태 사회부조 수급자들이 프로그램에 등록했다(Alber 2001, Tab. 14).

통일 직후인 1990년은 공공지출이 대폭 증가하고 예산적자 폭이 확대된 시기였다. 연간 연방예산 적자가 1989년 190억 2천만 마르크에서 1990년엔 467억 마르크로 급증했다(Hinrichs 2002b: 26). 하지만 이것이 프로그램의 경기역행 정책 확대의 결과는 아니었다. 오히려 이것은 서독의 복지국가 모델이 동독으로 이전된 결과였고, 통일 독일의 사회정의를 촉진하는 데 필수적인 수단이 될 것으로 보여졌다(Grosser 1998). 더욱이 통일이 되자 정부는 독일 전역에 걸쳐 적극적 노동시장 정책을 확대하고자 상당히 노력했다. 교육 프로그램의 새로운 참여자 수가 1990년 57만 4천 명에서 1991년 거의 150만 명으로 급증했다. 마찬가지로 공공고용 프로그램의 직업수도 1990년 8만 3천 개에서 1992년에는 46만 6천 개로 가파르게 상승했다. 이러한 일자리 창출을 목적으로 했던 정책과 더불어, 동독 지역에서는 통일 뒤 첫해 동안 하나의 과도기 조치(transitional measure)로서 단기근로급여가 널리 활용되었다(Heinelt and Weck 1998: 74ff.).[32] 평가범위에 따라서는 독동 지역에서 1990년 초 다양한 적극적 노동시장 정책 조치에 참여한 노동자들의 비율이 노동시장 잠재 인구의 15~23%에 이르렀다(Schmidt 1994: 19). 바이메(Beyme 1994: 265)는 이 시기를 '정치적 의지를 거스르는 케인스주의의 통일'로 규정했다. 결국 정부가 이념적으로는 케인스주의적 수단을 활용하는 것에 반대했지만, 동독 지역의 경제적이고 사회적 불안을 막을 필요성을 인식했을 뿐 아니라 통일에 수반되었던 대량 실업에 대응하기 위해 이를 실행할 수밖에 없었던 것이다.[33]

　서독복지국가가 동독 지역으로 확대됨에 따라, 헬무트 콜(Helmut Kohl)의 연립정권은 적극적 노동시장 정책 조치들을 포함해서 광범위한 프로그램의 삭감을 통한 예산건전화 전략으로 회귀했다. 예를 들어 1993년 교육 프로그램 참여 실업자 수는 높은 실업률이 유지되었음에도 불구하고, 64만 2천 명으로 줄어들었다. 게다가 정부는 통일과 관련해서 매우 늘어난 재정수요를 충당하기 위한 방법으로 국영산업을 민영화했다(Strum 1998: 196f.). 공공지출을 축소하기 위해 수많은 노력을 기울였지만, 통일로 분출된 거대채무 때문에 예산건전화 시도는 성공적이지 못했다. 예컨대 대략 GDP의 4%가 매년 서독 지역에서 동독 지역으로 이전되었다(iwtrends 1/2003: 16). 결과적으로 독일은 수년 동안 유럽통화동맹의 채무기준뿐만 아니라 적자기준에도 미치지 못했다. 정부는 통일로 인해 막 발생한 거대 채무를 충당하기위해 소득세를 늘리는 데는 주저했다. 게다가 평균 법인세는 1982년 [GDP의] 19.9%에서 1993년 13.5%로 감소했다(von Bandemer and Haberle 1998: 132). 1997년, 정부는 전체 조세부담을 더 낮추자는 취지로 주요 소득세 개혁을 제안하기까지 했다. 그러나 상원에서 사민당은 이 제안을 기각(veto)시키는 데 성공했다. 그 결과 중앙은행은 긴축통화정책을 추진했던 반면, 통일독일은 채무증가와 사회보험금을 크게 높여 재정을 충당했다(Zohlnhöfer 2003).

적녹연정의 집권 첫해는 1.8%와 3% 사이의 경제성장으로 낙관적인 경제상황을 조성했다. 실업률은 1998년 12.3%에서 2001년 10.3%로 떨어졌다. 그러나 2001년을 시작으로 경제성장은 다시 부진했고, 2006년까지 회복하지 못했다. 사민당 정부와 흔히 자주 연계되는 가정과 달리, 1998년 집권했을 때, 적녹연정 정부는 공공지출의 건전화전략을 유지시켜나갔다.[34] 연방정부 지출은 GDP의 11.8%이었는데, 과거 40년 동안 가장 낮은 수준이었다(Hinrichs 2002a: 23-24). 공공지출의 건전화와 결합되어 적녹정부는 '소득세와 법인세 체계의 의욕적인 개혁'을 법제화했다(Hübner 2004: 113). 이러한 조치는 2001년까지 일률적으로 법인세율을 25%까지 낮추고, 2005년까지 최고소득세율도 53%에서 43%로 줄이는 데 목적이 있었다(Hübner 2004: 113). 그러므로 2002년 이후 유럽연합 안정협약의 적자기준 대응에 연이어 실패한 것은 대체로 2000년 개혁으로 인해 파생된 정부예산의 축소와 이에 연계된 경제성장 지체의 결과였다(SVR 2001: 118ff.; Deutsche Bundesbank 2002: 50-63).

적극적 노동시장과 관련해서, 자료에 의하면 적녹연정은 통일 이후 특히 높은 실업률에도 불구하고, 최저 수준을 유지해왔던 교육 및 공공고용 프로그램의 실업자 참여수를 대폭 줄였다(Seeleib-Kaiser and Flecenstein 2007). 하지만 시와 군에서는 이 기간 동안 다양한 근로 프로그램을 지속적으로 확대해 나갔다. 2000년 대략 40만 명의 복지수급자들이 이 프로그램에 참여했다(Deutscher Städtetag 2001). 2002년 발효된 직업활성화법[직업 활성화, 자격취득, 훈련, 투자 및 알선법]의 주요 목표는 모든 실업자와 연방고용청 간 '복귀계약'(reintegration contract) 수립을 의무화함으로써 장기실업을 막는 것이었다(Steffen 2003: 25). 하르츠위원회(Hartz Kommission, 2002)의 보고서에 기반해, 적녹연정은 2003년과 2004년 사이에 근본적인 변화를 실행했다. 이 조치들은 고용청의 개혁과 현재의 적극적 노동시장 정책의 접근법을 재설정하는 데 모두 초점을 맞췄다. 과거 적극적 노동시장 정책의 메커니즘은 대체로 실업자들을 표준 고용관계로 재통합하는 데 제한되어 있었다. 새로운 조치들은 취업할 직장이 표준 고용관계인지 아니면 비전형 고용관계에 있는지에 상관없이 실업자들을 고용으로 급속하게 재통합하려고 했을 뿐만 아니라, 자영업을 장려하기도 했다(BMWA 2003: 40-45).

우리의 경제, 고용과 적극적 노동시장 정책 분석은 연방정부가 대체로 재정 보수주의적 전략을 추구했다는 점을 보여주고 있다. 대량 실업을 줄이고자 국내 수요를 증가시키기 위해 체계적으로 공공지출 프로그램을 활용하지 않았다. 그러나 이 원칙에는 두 가지 예외 사항이 존재했다. 먼저 1970년대 중반과 1980년 초반 사민-자유 연립정부에 의해 실행되던 산발적이고 단명한 케인스주의 개입이 있었다. 또한 급작스런 통일 이후 수년간 기민-자유연립 정부에 의해 시작된 대규모 지출 증가가 있었다. 적극적 노동시장 정책의 측면에서 정부 전략은 비용적으로 교육 프로그램과 공공고용의 주도성으로부터 직접적인 노동활성화를 이끄는 활동으로 옮겨간 것이었다.

사회보장: 사회보험에서 자격심사로?

[독일] 복지국가의 팽창은 1975년에 멈췄는데, 통일이 되기 전에 지출 수준에서 대규모 삭감을 우리가 분명하게 확인한 그 이후다. 돌이켜보면 1990년대는 통일로 촉발된 하나의 예외적 시기로 특징지을 수 있다. 지역 수준에서 사회지출을 살펴보면, 대체로 서독 지역에서의 지속성과 동시에 동독 지역에서의 점진적이지만 지속적인 증가가 뚜렷하다. 블레제스와 질라이프 카이저(Bless and Seeleib-Kaiser 2004: 45)에 따르면, 동독 지역에서의 사회지출이 이 기간 급증했고, 2001년엔 GDP의 거의 50%까지 갔다. 동독 지역의 높은 사회지출 수준은 대부분 서독 지역의 실업보험과 연금기금이 이전됨으로써 충당되었다. 2010년까지 약 총 1천 6백억 유로를 1996년부터 서독지역 사회보험체계에서 이전시킨다는 것이 계획이었다. 이렇게 하지 않았으면, 서독 지역 연금체계에서 1백억 유로 이상의 연간 잉여금이 발생했을 것이다(Czada 1998). 1980년대 후반기 사회보험 기여금의

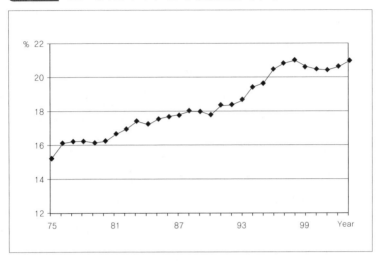

그림 3.3 독일 고용주들의 사회보험 기여율(총임금 대비 %): 1975-2003

산재보험금은 미포함. 동독과 서독 간 약간의 차이로 이 자료는 서독의 보험료에 근거해서 작성되었음.
출처: BMAS(2005: Tab. 7.7)

통제로, '통일된' 독일 복지국가의 재정이란 이러한 새로운 사회보험
비용의 증가에 따라 기여수준도 필연적으로 증가한다는 점을 의미했
다(그림 3.3을 보라).

우리는 이 시기를 통일에 따른 효과를 제어하면서, 재정을 건전화
하는 과정이었다고 주장한다. 이 전체적인 과정과는 반대로, 가족정
책의 지출은 확대되었다. 후술하겠지만, 독일 사회정책은 '이중적 전
환'을 수행했다(Seeleib-Kaiser 2002; Bleses and Seeleib-Kaiser 2004). 전통
적으로 독일의 실업과 연금 프로그램은 임금소득자를 중심으로 한
사회정책의 대표 정책으로서 위상을 유지해왔다. 독일의 실업 및 연
금 프로그램은 재정기여와 소득비례급여 원칙으로 강화되었기 때문
에, 퇴직기간뿐만 아니라 실업기간에서도 노동자들이 표준생계를 유
지하도록 보장해주었다. 다음 단락에서는 어떻게 근본적인 개혁으로

이 두 가지 프로그램 모두에서 자격심사 수준이 강화되고 민영화까지 이어졌는지 보여주고자 한다.

지난 몇 십 년간 실업보험의 개정입법은 노동자들의 탈상품화를 이끌면서, 어느 정도 노동과 복지의 연계를 강화하는데 도움이 되었다(Neyer and Seeleib-Kaiser 1995). 이러한 변화는 부분적으로는 암묵적으로, 자격심사를 통해 급여제공, 그리고 실업자의 직업상 지위(occupational status)를 보존해주지 않는 과정에서 발생했다. 독일 복지국가는 전적으로 보험원리에 근거한 실업보험급여와, 자격심사와 소득비례원칙의 결합에 기초한 실업부조급여를 전통적으로 구별했다. 그러나 과거 실업부조급여는 실업의 위험에서 보호해주는 데 주변적인 역할만을 했다. 비록 정부가 1970년대 수행했던 첫 번째 예산건전화 조치 중 실업급여의 삭감은 억제했지만, 1982년 기준임금(reference wage)의 계산 공식을 변경했다. 즉 초과근로수당과 특별상여금을 [기준임금 산정기준에서] 삭제했던 것이다. 실제 실업보험급여수급자 1인당 지출은 약 16%, 평균 실업부조급여는 약 17.5%까지 삭감했다(Seeleib-Kaiser 2001: 135). 게다가 정부는 수급자격 획득을 위한 최소 가입기간을 6개월에서 12개월로 연장했다(Clasen 1994: 156).

기민-자유당 연립정부는 이러한 축소 방향을 지속시켰다. 1983년 정부는 새로운 기준에 기준임금 계산을 적용함으로써 실업보험과 실업부조를 축소시켰다. 1년 후 무자녀 노동자의 경우 실업보험급여가 68%에서 63%로 줄어들었다. 실업부조 수급자인 무자녀 실직자들의 임금대체율은 58%에서 56%로 삭감됐다. 실업자들에게 적절한 취업제안을 수용하도록 압력을 더 넣기 위해, 공무원들에게 8주에서 12주까지 급여승인 거부 기간을 연장할 수 있는 권한이 주어졌다(Lampert 1989: 178). 1970년대 후반 사민-자유 연립정부의 집권이 시작되고, 곧 1980년대로 접어들면서 많은 실업자들이 실업보험수급 자격을 박탈당했고,[35] 결국 자격심사를 통한 실업부조나 사회보험에 점점 더 의존할 수밖에 없었다(Seeleib-Kaiser 1996: 156; 그림 3.4를 보라).

 이러한 실업급여 수급구조의 변화는 사회부조를 요구하는 사람들 의 대규모 증가를 촉진시켰다. 1980년 실직으로 인해 사회부조를 받 는 전체 가계가 약 9.8%였는데, 1989년까지 이 비율이 32.6%까지 올라갔다(Seeleib-Kaiser 1996: 148). 얼마 동안 고령의 실직자들은 늘 어난 탈상품화 사회부조로부터 배제되었다. 사실 정부는 고령실직 자들의 탈상품화 가능성을 증대시켰다. 1985년과 1987년 사이 보 수정부는 고령노동자의 실업보험급여 수급권을 확장하는 다양한 점 증 수단을 실행했다. 1987년 이후, 42세에서 43세 사이의 실업자들 은 최고 18개월, 44세에서 48세까지는 22개월, 49세에서 53세까지

그림 3.4 독일의 실업보험과 실업부조 수급 등록실업자 비율(%): 1975-2004

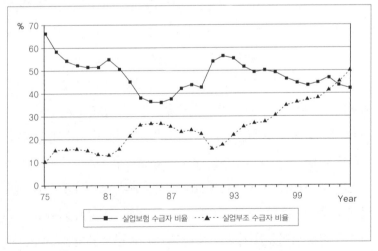

노트: 연평균에 기초해 자체 계산
출처: BMAS(2005: Tab.2.10과 8.14)

는 26개월, 54세 이상은 32개월 동안 실업보험급여 받을 수 있는 자격을 가지게 되었다(Frerich and Frey 1996: 180). 이러한 수급기간 연장은 58세 이상의 노동자들의 경우 적극적인 구직활동이 필요없다는 것을 의미했기 때문에, 기업들은 노사갈등의 위협을 느끼지 않고 이들을 자유롭게 해고할 수 있었다. 결과적으로 기업들은 종종 노조의 동의하에 이들 퇴직자들에게 퇴직위로금(redundancy package)을 지급했다. 실업보험급여와 함께, 이러한 퇴직위로금은 흔히 이전 평균임금에 추가되었다. 결과적으로 60세까지 실업자들은 표준연금과 비슷한 급여를 받는 듯했다(Gatter and Hartmann 1995).

1993년 경기침체가 시작되었고 전대미문의 실업 발생에 뒤따른 경제적 불안정으로, 재정압박의 증가가 실업보험체계에 부담을 주었다. 1994년 실업보험급여의 임금대체율은 자녀가 있는 노동자들의 경우 68%에서 67%로 소폭 감소했고, 무자녀 노동자들은 63%에서 60%로 줄어들었다. 실업부조급여의 임금대체율은 유자녀 수급자는 58%에서 57%로, 무자녀는 56%에서 53%로 줄었다. 이러한 변화와 더불어, 실업부조의 자격기준도 훨씬 엄격해졌다.[36] 1996년에 실업부조개혁법이 실행됨으로써, 실업부조급여는 수급 1년 후부터 매년 3%씩 삭감되었다. 게다가 실업부조 수급자들은 이제 저임금의 계절직업, 예를 들어 곡물추수와 같은 일을 받아들이도록 강요당할 수 있었다(Heinelt and Weck 1998).

1997~98년 입안된 고용촉진법 개정법률(the Labour Promotion Reform Law)로 실직자에 대한 일자리 적절성(job suitability) 요구가 강화되었다. 과거에는 실업자들이 이전의 직업 지위보다 열등한 직업 제안을 거절할 수 있었지만, 새로운 법률하에서는 실직 후 첫 3개월 이내에 이전 임금보다 20% 이하로 지급하는 어떠한 직장도 적절한

것으로 간주되었다. 4개월에서 6개월까지는 30% 이하의 임금을 지급하는 직장 역시 적절한 것으로 인정되었다. 수급 7개월 후부터는 실업보상급여와 평균임금이 동일한 어떠한 직장도 적절한 것으로 규정되었다(Bieback 1997).

적녹연정이 추진한 전체적인 정책적 접근의 특징은 대체로 이전 보수정부에 의해 추진되었던 [정책 방향과의] 전략적 연속성이었다. 그러나 2000년 연방헌법재판소의 판결에 따라, 초과근로수당과 특별상여금으로 늘어난 실업급여가 다시 한 번 기준임금에 포함되었다.[37] 2000년 적녹연정은 '일반실업부조급여'를 완전히 폐지했다. 이 실업보험급여 자격이 되지 않는 사람들에게 유용한 급여수급은 이미 이전 보수연립정부에 의해 1년으로 제한되었다. 2003년 하르츠III법이 실행됨으로써, 실업자들의 적극적인 구직활동에 대한 압력이 강화되었다. 실업자들은 다음의 경우 12주간 급여정지의 제재를 받을 수 있었다. (1)고용청으로부터 직업소개 정보를 받은 뒤 즉시 면접신청을 하지 않았을 때, (2)면접 시 당사자들의 행태 때문에 취업 가능성이 낮아졌을 경우, (3)면접을 보지 않았을 때. 최종적으로, 2004년 연방정부는 실업보상급여를 위한 포괄적 개혁을 도입했다. 실업보험 가입기간이 충족된 실업자들의 경우 실직 1년차에는 보험원리에 따른 실업보상급여I의 자격이 주어진다. 55세 이상 노동자들의 수급기간 연장은 32개월에서 18개월로 제한된다. 이외에 '일할 수 있다'고 판단되는 모든 실업자들, 즉 15세에서 64세 사이 하루에 최소 3시간 일할 수 있는 이들은 실업보상급여II를 받는다. '구'실업부조와는 달리, 이 신급여제도는 철저한 자격심사와 사회부조급여와 같은 수준으로 제공된다(Seeleib-Kaiser and Fleckenstein 2007).

1970년 중반 이후, 실업정책은 대체로 재상품화를 늘려가는 축소 노력이 특징이었다. 특히 우리는 정부가 다소 이전에 주어졌던 실업자들의 표준생계 보장이라는 지배적 목표에서 벗어난 접근을 지속적으로 추진했다고 주장한다.

독일은 흔히 가장 관대한 연금체계를 가진 국가 중 하나로 간주되며, 큰 변화도 없었다고 얘기된다.[38] 따라서 1970년대 중반부터 1990년대 후반까지 노령보험제도의 변화는 전체적으로 본질에 있어 점진적이고 기술적인 것이었다. 하지만 이러한 변화들이 이 기간, 즉 1997년까지 평균소득으로 45년 동안 가입한 표준연금수급자의 소득대체율이 90%(Alber 2001: 22)―이것은 1970년대 중반과 비교할 때 20% 상승한 것이다―에 이르는 동안 조정되지 않았기 때문에 효과가 없었다는 말이 아니다.

사민-자유 연립정부에 의해 실행된 노령보험제도의 변화는 점진적이었고, 대체로 지출통제를 유지하려는 목적으로 설계되었다. 기민-자유 연정의 16년 집권기간 중 첫해에는 점진적인 급여 삭감과 기여율의 계속된 증가 방식이 대체로 유지되었다. 포괄적 연금개혁은 닥쳐올 인구 변화를 고려하면서 1989년에 실행되었다.[39] 이 개혁법안의 핵심 목표는 임금대체율 70%를 유지하는 동시에, 끊임없는 임기응변식 행태로 회귀하지 않고, 장기 재정구조의 활력을 공고하게 하는데 있었다. 연금개혁법은 또한 조기퇴직자의 인센티브를 최소화하고, 가족노동(family work)을 더 많이 인정해주는 데 목적을 두었다. 이 개혁법안은 1989년에 발효될 때, 사람들이 조기퇴직하려는 경향이 증대하는 데 대응하도록 설계되어 있었다. 하지만 이 개혁법안들은 장기적이고 단계적으로 도입될 예정이었고, 동독 지역 노동자들은 연장된 기간을 넘겨서 추가적인 조기퇴직을 선택할 수 있었기 때문에, 조기퇴직을 제한하기에 효과적이지 못했다. 더욱이 조기퇴직은 기본적으로 대규모 노동공급조정 프로그램으로 기능하면서, 1990년대 중반 급상승했다. 1995년 동독 지역의 신규 노령연금수급자들 중 47.62%가 직장을 떠나 조기퇴직했다.[40] 1년 후인 1996년 정부는 이러한 경향에 효과적으로 대응하려는 노력의 일환으로 최소 24개월 동안 단기노동에 종사했던 55세 이상의 노동자들에게 특별 조기퇴직연금 선택권을 제공했다. 최종적으로는 2001년 12월, 실업에 의해 완전한 연금수급권이 주어지는 조기퇴직제도는 모두 폐지되었다.[41]

이러한 조치들이 취해졌음에도 불구하고, 정부는 노령보험금 납부를 안정화시키는 데 성공하지 못했다. 게다가 노령보험료는 1989년 18.7%에서 1997년 20.3%로 어느 정도 꾸준히 올랐다. 그 결과 독일 사회보험체계의 역사에서 처음으로 노령보험료가 상징적 장벽인 20%를 넘어섰다. 하지만 이러한 보험료 증가가 아직까지 인구 변동을 넘어서지는 못했다. 오히려 이는 무엇보다 전대미문의 실업에 기인한 것이었고, 특히 동독 지역에서는 조기퇴직 수용과 연계되어 있었다.[42] 보수정부는 1997년의 재정악화 상황에 대해 1999년 연금개혁법을 통과시킴으로써 이에 대응했다. 연기금의 단기 재정난을 '해결함'과 동시에, 이 법에는 다시 한 번 미래의 부정적인 재정문제를 처리할 조치들이 포함되어 있었다. 단기 및 중기 재정난과 관련해서, 정부는 부가가치세를 15%에서 16%로 올림으로써, 노령보험기금에 대한 연방보조금을 늘렸다. 마지막으로 실업자와 여성노동자들을 위한 조기퇴직급여는 2012년까지 완전 폐지하기로 했다(Hinrichs 1998). 사회보험 납부금을 다시 올릴 필요 없이 노령보험체계의 장기적인 활성화를 보장하기 위해서, 보수정부는 이른바 '인구통계학적 요인'을 도입했다. 이 인구통계학적 요인이란 2030년까지 기준 연금수급자의 급여대체율을 이전 평균임금의 64%까지 낮추는 것을 함의했다. 이 새 방식에 따라, 평균소득 이하 그리고/또는 납부기간을 채우지 못한 노동자들은 대부분 퇴직기간에 다시 한 번 사회부조에 의지할 수 있었다(Schmähl 1999; Hinrichs 1998). 그래서 우리는 이 급여 축소가 본질적으로 더 많은 다른 노동인구를 위해 노령세대가 취득한 표준 생계 유지에 대한 공적 보장을 약화시켰다고 주장할 수 있다. 그러나 동시에 정부는 기업이 연기금을 역량껏 늘릴 수 있도록 기업연금 규제를 풀었다. 규제자유화의 한 가지 핵심 요소는 과거엔 오직 확정급여 프로그램으로 각각의 규제요건을 충족시킨 데 반해, 기여에 기반한 설계를 승인하는 것이었다(Wirth and Paul 1998 참조).

적녹연정[43]은 1998년 가을 집권하자마자, 이른바 '인구통계학적 요인'의 실행을 보류했다. 보류 이유는 새 정부가 불리할 것으로 예측되었던 인구변동[노령인구 증가]의 균형을 맞추려는 애초의 연금제안을 진전시킬 충분한 시간을 얻기 위해서였다. 더욱이 적녹연정은 육아 크레디트 비용을 충분하게 부담하도록 추가 세입의 전용을 통해 노령사회보험기금의 재정 상태를 지원했다. 환경세 역시 연금체계로 배당되는 세입으로 도입되었다. 이러한 추가 세입으로 노령사회보험 납부금을 1998년 20.3%에서 2001년 19.1%로 낮추는 것이 가능했다(Truger 2001).

2001년, 적녹연정은 '획기적인[44] 연금개혁'을 단행했다.[45] 이 개혁의 핵심 목적은 미래의 사회보험 납부금 증가를 제한하는 것이었다. 이러한 입법조치 결과, 노령보험기금의 납부금은 마지막 베이비부머 세대가 은퇴하는 2020년 총 소득의 20% 이상 또는 2030년 22% 이상 인상은 승인할 수 없게 되었다. 이 제한은 2030년 기준연금수급자에게 약 64%의 수준으로 연금급여 대체율의 현저한 감소가 예정됨으로써 실행되었다.[46] 급여 삭감을 보상하기 위해, 노동자들에게 공적 보조금을 통해 자발적으로 인증된 민간 혹은 직장노령연금에 등록하도록 독려했다(Marschallek 2004). 정부 측 예상에 의하면, 민간 그리고/혹은 직장연금에 가입하여 새롭게 제공되는 항목을 모두 활용한 노동자들은 모두 70% 대체율의 수급자격이 주어진다. 그러나 이것은 보장되는 것이 아니다. 제도적 시각에서 보면, 독일 연금체계는 확정급여원칙에 입각한 부가(pay-as-you-go) 체계로부터 확정기여원칙에 일부 근거한 부분적립 체계로 전환하는 중이다. 최종적으로 연립정부는 사회부조를 신청한 저소득 장년시민[47]의 친인척에 대한 소득과 자산심사를 아예 폐지함으로써, 사실상 최저연금(minimum pension)을 도입했다. 법안은 모든 노령보험 관리자들이 장년시민들에게 기준보험급여와 더불어 이들이 노령 때 특별사회부조 수급자격이 주어지는 매우 낮은 연금에 대한 정보를 알려주도록 하고 있다(Buhr 2003).

※ 요약: 지난 30년 간 공적연금 프로그램의 발전은 세 가지 정책 흐름을 특징으로 한다. 1970년대 후반에 시작하여, 정책결정자들은 단기 재정난을 바로잡기 위해 급여와 납부 공식을 여러 차례 조정했다. 하지만 이러한 조치들로 평균연금수급자에 대한 실질적인 순급여 삭감은 발생하지 않았다. 사실 이러한 삭감이 없으면, 연금수준은 현저히 올라가게 되어있다. 1980년 후반, 정책결정자들은 연금체계의 장기 재정활성화 의제를 언급하기 시작했다. 전체적으로 이 두 번째 정책 흐름은 조기퇴직을 유도하는 다양한 선택지들을 점진적으로 폐지하는 데 초점을 맞췄다. 그러나 이 방식은 구동독 지역 시민들에게 특별 조기퇴직 자격이 도입됨으로써 한동안 보류되었다. 1990년대 후반과 2000년대 초, 사회보험 납부의 미래 증가분의 최고 수준을

설정하는 것이 앞으로의 모든 개혁의 목적이 되었다. 이것이 세 번째 정책 흐름을 만들었다. 미래의 사회보험 납부액을 제한한다는 목표는 점진적이고 실제적인 대체율 삭감과 사실상 이미 취득한 연금수급자들의 표준생계를 정부가 유지시킨다는 보장을 철회함으로써 가능해졌다. 이 방식으로 인한 결과를 부분적으로 보상하기 위해, 국가는 민간 및 직장연금제도를 주도적으로 추진했고 실질적으로 보조금을 지불하기 시작했다. 사실 최저연금급여 도입은 노령빈곤을 개선하기 위해 설계되었다. 앞으로 퇴직소득은 이전 소득에 덜 기반하고, 개인의 민간 및 직장연금제도와 함께 조세를 통한 급여제공에 점점 더 의존할 것이다.

가족정책의 확장

가족정책은 대체로 전통적인 임금소득자 중심의 사회정책의 쇠퇴와 더불어 도입되었고 확대되었다. 1975년에 전체적으로 축소에 초점이 맞춰졌던 것과는 반대로, 사민-자유 연립정부는 첫째 자녀에 대한 아동수당을 도입했고, 둘째 자녀에 대해 자격심사를 통한 수당제를 폐지했다. 그리고 셋째 이후 각각의 아동에 대한 수당도 상당히 올렸다. 동시에 정부는 고소득 부모에게 우선적인 혜택이 주어졌던 아동세액공제(child tax allowance)를 폐지했다(Frerich and Frey 1996: 118; Bleses and Rose 1998: 147f.). 정부는 더 나아가 1979년, 출산 후 일을 해야 하는 여성들에게 도움이 되는 정책, 즉 출산휴가와 이와 연계한 급여를 지급하고 확대하기 시작했다. 이 제도에 의해 보장받는 직장 내 여성들은 6개월 동안 출산휴가 수당이 지급되는 자격이 주어졌다.[48] 고용주들은 이 기간 혹은 그 이후 2개월 동안 이 여성들을 해고할 수 없었다. 이 새로운 자격 기준에 자영업에 종사하는 어머니들-노동시장에 참여하지 않은 어머니들-과 아버지들은 제외되었다 (Frerich and Frey 1996: 330).

전체적인 예산건전화 전략에 따라, 기민-자유 연립정부는 그들의 초기 축소 조치들에 가족정책의 요소들을 포함시켰다. 1983년 정부는 이전의 보편주의적 아동수당체계에 자격심사 요소를 도입했다. 이러한 변화들과 나란하게 정부는 이중적 가족지원 수당제도를 재도입했다. 1980년대 중반 이후, 지속적으로 확대된 아동세액공제가 가족에 대한 보수당의 재정지원 전략의 핵심 요소를 이루었다(Münch 1990: 70f. 참조). 이러한 조치들은 또한 현 급여 수준의 관대함에 대한 비판을 솔직히 드러냈던 연방헌법재판소의 판결로 진전되었다. 게다가 재판소는 아동수당이 사회부조법에 규정된 데로 모든 아동의 필요에 대응하도록 설계되어야 한다고 밝혔다.[49] 결국 아동수당체계는 1996년 아동수당과 아동세액공제의 체계적 변화와 상당한 증가를 가져오면서, 꼼꼼하게 정비되었다.[50]

가족 관련 사회정책의 가장 혁신적인 확대는 육아휴직, 육아휴직 수당, 그리고 노령보험 프로그램 안에 육아연금 크레디트를 도입함으로써 이루어졌다. 처음에는 확대된 출산휴가수당을 삭감했고, 이어 1986년 육아(휴직)수당 도입으로 대체했다. 새 수당은 더 이상 사회보험법에 의해 보장되는 고용관계에 있는 어머니들에게만 국한되지 않았다. 오히려 모든 부모가 활용할 수 있었다. 새로운 육아(휴직)수당은 이전의 고용 여부와 관계없이 307유로로 결정되었다. 고용주들은 육아휴직 이후 유사한 지위로의 재고용과 동등한 급여를 보장해야 한다. 육아휴직과 함께, 부모들은 주간 근로 일정 중 일주일에 19시간까지 파트타임 지위로 일할 수 있도록 승인되었다(Münch

1990: 59ff.). 1992년까지 아픈 자녀를 돌보기 위해 일하는 부모들에 대한 휴직제도 역시 상당히 개선되었다. 부모 각각은 이제 12세 이하 의 자녀가 아플 때, 연차휴가를 매년 최고 10일까지 쓸 수 있게 되었 다. 또한 두 자녀 이상을 둔 일하는 부모는 각각 최고 25일의 휴가기 간이 주어졌고, 한부모는 일 년에 최고 50일까지 자녀당 20일의 휴 가기간 자격을 부여받았다. 이 휴직기간에 부모는 총 임금의 70%까 지 질병수당 수급자격이 주어지는데, 이는 질병보험기금에서 지급된 다(BMAS 1994: 72f.). 1993년까지 보수당 정부는 점진적으로 유급 육 아휴직 기간뿐만 아니라, 육아휴직 기간 자체도 연장했는데, 휴직기 간은 처음에 10개월로 제한되어 있었다. 유급 육아(휴직)수당 기간은 최고 24개월까지 연장되었고 육아휴직 자체는 36개월로 늘어났다 (Bleses and Rose 1998: 152f.).

1986년 유가족연금법과 육아수당법의 실행으로, 가족보호자의 기 여는 노령보험체계 내 금전적 기여와 동일한 가치를 지닌다는 인식 을 통해서 주요한 체계적 혁신을 보여주었다(Götting 1992). 육아를 위 해 제공된 시간은 처음에는 1명당 12개월로 국한되었고, 평균소득의 75%에 맞춰졌다(Meyer 1998). 1992년의 연금개혁법은 1991년 이후 출생자들에 대해서는 1명당 1년에서 3년까지로 육아연금 크레디트 를 연장시켰다. 아이를 10세까지 양육하는 데 걸리는 시간이 연금수 급자격을 위한 최소 납부기간을 결정할 때 고려되었다. 1997년 정부 는 육아연금 크레디트를 더 확대했다. 결국 '실질적' 기여로서의 양육 기간을 등가로 하여 평균임금의 75%에서 100%로 늘렸다. 이 조치는 2000년까지 점차 단계적으로 진행되다가 미래의 수급자뿐만 아니라 현재의 수급자에게도 효과를 발휘했다.[51] 1994년 장기 돌봄보험의 도입 이후, 노인이나 장애를 가진 인척을 돌보는 개인에게도 낮은 수준이지만, 어느 정도의 연금보상[크레디트]이 부여되었다(Bäcker et al. 2000: 270f.).

육아휴직, 육아연금 크레디트 그리고 아픈 아이를 돌보기 위한 일하는 부모 휴직제 도입은 가족 근로생애의 균형을 신장하는 데 모두 기여한다. 그러나 한 가지 주요한 사회문제가 해결되지 않고 남았는데, 즉 3년의 육아휴직 기간이 끝난 뒤 가족과 고용책임을 어떻게 조정할 것인가 하는 문제였다. 1992년에 도입해서 1996년 효과를 얻기까지 정부는 3세에서 6세까지 아동보육기관에 다니는 모든 아이들에게 수급자격을 주었다. 그러나 초기 지방당국이 집행을 꺼려했을 뿐만 아니라 실행 문제로, 법은 좀 더 과도기를 거친 후 1999년에야 완전하게 실행되었다. 1992년과 1999년 사이, 3세에서 6세의 아

표 3.3 독일의 보육기관 공급(공급지역수를 연령집단의 비율로 표시): 1975-2006

	0세~3세 미만	3세~6.5세 미만	6세~12세
1975	1미만	66	자료 없음
1986	1.6	69.3	3.0
1990	1.8(54.2)	69.0(97.7)	3.4(32.4)
1994	2.2(41.3)	73.0(96.2)	3.5(22.6)
1998	2.8(36.3)	86.8(111.8)	5.9(47.7)[a]
	7.0	*89.5*	*12.6*
2002	4.2(37.0)	90.6(105.1)	6(67.6)[a]
	8.6	*92*	*14.3*
2005/06	9.6(39.8)	자료 없음	자료 없음
	13.7		

주의: a 6-10세.
　　b 괄호 안 숫자는 구동독 지역. 이탤릭체는 통일독일. 자료는 연도에 따라 완전한 비교는 어려움.
출처: 1975: Alber(2001, 표9); 3세 이하 아동: Neihardt(1978: 234); 1985-90: BMFSFJ(1998: 200); 1998: BMFSFJ(2002: 129); 2002와 2005/06 3세 이하 아동 BMFSFJ(2006a: 15); 2002 3-6세 아동과 6-10세 아동 Deutsches Jugendinstitut(2005: 128, 145).

동집단을 위한 60만 개의 보육기관이 추가로 건립되었다(Bäcker et al. 2000: 212). 3세에서 6세를 위한 아동보육기관 제공은 상당히 늘어났던 데 반해, 다른 연령집단의 개선은 좀 더 제한적이었다(표 3.3 참조). 보육제공에 있어 전체적인 수준은 발전했지만, 지역적 격차, 특히 동독 지역과 서독 지역 간 격차는 현저하게 지속되었다. 1990년대 후반, 주정부들은 방과후 프로그램과 함께 '믿을 만한 초등학교교육'[52]을 도입했고, 이는 기대 이상으로 학생관리 개선에 기여했다.

적녹연정은 이전 정부와의 비교 때문에 약간 서두르는 방식이긴 했지만, 가족정책을 지속적으로 확대했다. 정부는 세 가지 차원으로 가족정책을 확대했다. 먼저, 아동수당과 아동세액공제(child tax credit)를 높였다. 둘째, 노령보험 내 금전적 기여와 동일하게 육아에 전념한 제한시간의 인정을 강화했다. 셋째, 육아휴직과 육아(휴직)수당을 개선했고, 부모를 위해 시간제고용 자격을 도입했다(BMAS 2002: 228). 집권 첫 번째 4년 동안 적녹연정은 보육기관의 개선과/이나 확대를 촉진시킬 어떠한 조치도 실행하지 않았다. 그러나 2005년 1월 이후 법률 효력에 의해 지방자치단체들은 첫 단계로 맞벌이 부모나 취업교육과정에 등록한 부모의 3세 이하 모든 자녀들에 대해 법적으로 주간 보육(day care)의무를 지니게 된다. 2010년까지 3세 이하 아동을 위한 공공보육이 모든 수요를 충족하도록 계획되어 있다. 그때까지 23만 개의 지역이 추가될 것으로 추정된다. 이 프로그램은 실업부조와 사회부조 프로그램이 통합되고 실업문제의 책임이 연방정부로 이전되어 생긴 '여유기금(savings)'을 통해 재정이 충당되도록 되어 있다. 연간 예산은 15억 유로가 될 것으로 추산된다(BMFSFJ 2004).

마지막으로 2005년에 들어선 대연정에 의해 스칸디나비아의 사민당식 노선에 따른 육아휴직수당의 상당한 변형이 실행되었다. 2007년 1월 1일부터 부모는 임금대체율이 이전 소득의 67%로, 최고 1달에 1,800유로를 12개월 동안 받는 소득비례육아휴직수당 자격이 부여된다. 여기에 두 달이 추가로 제공되는데, 부모 중 한 명은 이를 받아들여야 한다. 이 수당은 과거 육아휴직수당이 정액(flat-rate) 수당이었던 것과 같이, 중간 집단에서 고소득 집단에 특정해서 초점이 맞춰졌다. 새로운 법률로 이전 실업 상태에 있었던 모든 부모는 균일하게 한 달에 300유로의 수급자격이 주어졌다(BMFSJ 2006b).

※요약: 가족정책에서 체계적 변화는 기민-자유 연정이 장기화되는 동안 도입되었다. 새로운 조치의 제도화와 육아휴직, 육아(휴직)수당, 그리고 육아연금 크레디트와 같은 제도들의 연이은 확대가 1980년대 중반부터 계속해서 가족정책의 핵심을 이루었다. 적녹연정은 어떠한 새로운 체계적 요소도 도입하지 않고 이러한 흐름을 촉진시켰다. 전체적으로 가족정책은 포괄적 탈가족화에 초점을 두지 않았다. 오히려 일과 가족의 더 나은 삶을 조화시키는 기회의 확대와 동시에 아동과 육아를 위한 이전 수당을 확대하는 방향이었다. 가족정책은 더 이상 사회정책의 하부 영역이 아니라, 복지국가 활동의 중심부로 옮겨갔다. 남성부양자와 여성돌보미의 전통적 표준가족 모델은 더 이상 공공가족 정책을 위한 준거점이 될 수 없다.

정책발전의 비교

지난 30년 넘게 예산지출을 분석해보면, 비용 억제와 축소 과정을 분명하게 이해할 수 있다. 구동독 지역으로 이전해야 하는 서독 기준의 사회적 급여가 어마어마할 뿐만 아니라, 높고 지속적인 실업과 같이 늘어난 사회적 욕구를 감안한다면, 특히 그렇다. 노동시장으로의 급속한 재통합을 향한 적극적 노동시장 정책에 다시 초점을 맞추는 것은, 적극적 노동시장 정책이 비정규 고용 관계나 자영업을 유도하는지와 상관없이, 직업상 지위보호 원리를 위반하게 만든다. 실업정책과 노령보험에 관한 우리의 분석을 통해, 탈상품화 증대 과정을 이끄는 이전 흐름과는 역행했다는 것이 드러났다. 급여 수준과 자격기준 모두 상당히 축소되고 제한되었다. 이러한 변화들은 장기실업과 미래의 퇴직 때문에 이미 획득한 표준생계 보장원칙이 포기되는 원인으로 작용했다.

사회보험 내 그리고 그 이외의 가족 관련 수당은 모두 확대되었다. 수급자격은 이제 육아 혹은 노인돌봄과 같은 가족 서비스 제공을 통해 받을 수 있다. 일부 가족 관련 수당의 도입은 임금소득자 중심의 사회보험 모델을 효과적으로 무력화시켰다. 이것은 노령보험에 적용되고 실업보험에는 조금 덜 적용된다. 사회보험 이외 가족 관련 정책 확대에는 다음과 같은 것들이 포함되었다. (1)아동수당과 아동세액공제의 상당한 확대; (2)육아휴직과 육아(휴직)수당의 도입, 그리고 (3)3세와 6세 사이 모든 아동의 보육기관 등록자격 부여. 이러한 과정은 현재의 사회정책이 개선되고 새로운 제도가 도입되었다는 면에서 '재조정'으로서 가장 적절하게 특징지어질 수 있다(Pierson 2001: 425-427).

네덜란드

네덜란드는 지난 30년 동안 사회 및 가족정책뿐만 아니라, 경제 ·

고용·노동시장 정책도 근본적으로 변화해왔다. 부문 간 변화가 불분명해서 어느 정도의 중첩은 불가피하다. 예를 들어 미혼모 지원은 노동시장 정책, 사회정책 또는 가족정책으로 분류될 수 있다. 우리 분석을 통해 경제정책과 관련해서 케인스주의에서 공급측 패러다임으로의 근본적 이동, 사회정책에서 민영화의 증가, 활성화 정책으로서의 사회정책에 대한 재정의와 공공 이슈로서의 가족정책의 부상을 보여줄 것이다.

경제, 고용과 노동시장 정책

요프 덴 아우(Joop den Uyl)가 이끈 사민당 정부가 1974년 봄 첫 번째 경기침체의 징후에 확대 재정정책으로 대응했던 데 반해(Seils 2004: Knoester 1989: 133f.), 2년이 지난 후 같은 사민당 정부는 안정지향적 정책을 통해 성장 촉진을 향한 첫 발걸음을 내딛었다. 1976년 5월 이른바 '1% 기준'(1 per cent norm)이 실행되었는데, 이는 연간 총 조세부담 증가를 GDP의 1%로 제한하는 것으로, 처음에 2.4%에서 3%로 계획된 것에서 중요한 변화(deviation)를 보여준 것이다(Toirkens 1988: 32ff.). 이 기준은 실업 증가는 높은 노동비용을 초래할 수 있는 구조적 속성이라는 가설에 근거한 것이었다. 그래서 정부는 임금 억제를 위한 필요 영역을 제공하기 위해 총 조세부담 증가를 제한했다. 이 기준의 적용을 반대했던 내각 내부의 격렬한 갈등에도 불구하고, 예산확대 정책이 부정적 평가를 받았던 데 반해 '1% 기준'은 계속해서 하나의 고용정책 수단으로서의 노동비용에 의제로 자리 잡았다(Braun 1989: 235; Knoester 1989: 146). 이 첫 번째 변화 때문에, 구조적 정책이 덴 아우 내각에게 더 중요하게 되었다. 투자 촉진이 특별고용 프로그램을 대체하기 시작했다(Braun 1989: 249). 1978년 5월, 투자법안은 고용주가 관련 비용의 부담에서 완화될 필요를 강조하는 효과를 가져왔다.

드리스 판 아흐트(Dries van Agt)의 1기 기민-자유 연립내각에 의해 통과된 중기 프로그램인 '청사진 81(blueprint 81)'은 공급 측 정책 형성에서 그 다음으로 중요한 단계로 여겨진다(Handelingen Tweede Kamer 1977/1978). 이 프로그램은 경쟁 촉진과 고용과 예산위기 모두 해결하기 위해서는 이윤의 증대가 필수적임을 천명했다. 청사진 81은 증세 조절에서 적자감소로 관심을 완전히 바꿔놓았다. 하지만 기민당(CDA)내 격렬한 갈등 때문에(Kroeger and Stam 1998: 110; Roekbroek 1993: 27), 명확한 삭감은 결코 실행되지 못했다. 대신 세금과 보험료(insurance premiums)가 공공적자를 줄이기 위해 상승했다(Toirkens 1988: 83f.). 1970년대 후반까지 [네덜란드] 정부정책은 '긴축정책, 일반투자 촉진, 보충적 사회정책, 그리고 신중한 노동시장 정책이 혼합된 '지지부진한' 방식으로 특징지어졌다(Braun 1989: 291).

기민당 내 분파 갈등이 자유주의자들 덕분에 해결된 이후(Roebroek 1993: 182), 루드 루버스(Ruud Lubbers) 내각(기민당과 자민당의 연립내각)은 1982년 공급 측 전략으로의 전환을 완료했다(Visser and Hemerijck 1998: 139). 연립정부 내 협약으로 실제보다 훨씬 많이 확대된 일괄적인 삭감이 요구되었다. 전체적으로 정부는 세 가지 차원의 전략을 추구했다. (1)저임금 비용, 산업재구조조정 그리고 규제완화를 포함한 기업 활동 조건의 개선을 통한 경제회복, (2)공공재정과 재정건전화의 재조직화, (3)실업문제를 완화하기 위해 비용이 더 발생하지 않는 일자리 나누기(Hemerijck et al. 2000: 215; Woldendorp 1995: 143; Wolinetz 1989: 91). 첫 번째와 세 번째 정책 차원은 사회적 협력자들에 대한 압력 행사로 일정 부분 설명되었다. 정부가 공공부문의 임금뿐만 아니라 임금지수화와 최저임금 동결로 임금협상에 개입할 의도를 천명했을 때, 사회적 협력자들은 정부 개입을 미리 예방하기 위해 바세나르협약(Treaty of Wassenaar)에 동의했다. 협약은 더 이상의 비용이 들지 않는 노동의 재분배-예컨대 노조가 처음으로 실질임금 삭감을 받아들인 것과 같은-를 목적으로 했다. 돌이켜보면, 바세나르협약은 노동비용의 삭감을 목적으로 한 임금 억제의 시작이라고 평가된다 (Wolinetz 1989: 93; Visser and Hemerijck 1998: 138ff.).

  1980년대 경제개혁은 제한적인 예산정책을 동반했는데, 이는 임시 조정으로 경기순환 효과를 지닌 고정목표에 근거한 것이었다(Slaats and Willems 2003: 345). 이를 배경으로, 정부는 1994년 이른바 '잠 규칙(Zalm-Norm)'으로 불리는 추세에 따라 예산정책을 도입했다. 이 조치는 전년도에 추진했던 임시방편의, 단기성 정책 대신 지속적인 공공지출의 삭감을 목표로 했다. 이 정치 전략의 핵심에는 공공지출-이른바 '신중한 시나리오(careful scenario)'로 알려진-특히, 전체 의회 기간에 걸쳐 사회지출을 규정해왔던 기대경제성장의 보수주의적 평가가 있었다. 높은 성장률로 추가경정예산은 예산적자의 감소와/혹은 조세부담의 완화에 투여되어야만 했다. 그러나 공공지출이 증가되는 상황은 조성되지 않았다. 성장률이 예상보다 낮을 경우, 잘름 기준은 단기 및 소모성 예산심의를 피하기 위해 임시 조정을 요구하지 않았다(Seils 2004: 159,0163). 미래 성장률과 관련된 매우 신중한 기획이 인위적인 생산과잉을 낳았기 때문에 목표는 항상 충분하게 이루어졌다. 잘름 기준에 근거해서, 국가부채 감소와 이에 따른 총 조세부담 경감은 장기 경제 및 고용정책의 결정적인 축으로 정착되었다.

  1980년대 중반부터 중요한 역할을 했던 조세부담의 경감은 몇 가지 중요한 조세개혁으로 현실화되었다. 1988년 이른바 '조세소개혁 (small tax reform)'으로 법인세를 46%에서 35%로 낮추고 몇몇 투자조건의 진전된 개선을 포함하는 결과를 가져왔다. 이러한 조치들은 국민보험에서 조세를 재정으로 하는 급여로 전환했던 아동수당의 근본적인 정비와 결합되었고, 이를 통해 고용주의 기여납부 부담을 완화시켜주었다. 전체적으로 이러한 조치들은 고용주들에게 상당한 재정적 구제를 안겨주었다(Mesch 1991: 47). 2년 후 포괄적 소득세제 개혁[법]이 조세체계의 단순화와 경제활동 활성화를 위한 새로운 유인책을 만들 목적으로 통과되었다. 이전 9개의 과세등급이 3단계로 줄어들었고, 이를 통해 최고 단계의 세율은 72%에서 60%로 낮아졌다. 이 개혁은 가계와 기업에게 40억 길더(guilder)의 순저축을 촉발시켰다(de Kam, 1993). 2001년 정부는 제2차 세계대전 이후 최대의 포괄적 조세개혁을 감행했다. 이 개혁은 높은 소득세 수준을 다시 한 번 경감시키도록 고안된 동시에 부가세의 기본세율을 17.5%에서 19%로 올림으로써 더욱 소비지향적인 조세부담으로의 이동을 의미하는 것이었다(Abrate 2004: 243). 유효법인세가 2004년 유럽연합에서 가장 낮은 국가 중 하나였음에도 불구하고, 정부는 2007년까지 법인세를 34.5%에서 30%까지 더 낮출 것을 천명하는 이윤운용법안(Bill Working Towards Profits)을 공표했다(Dutch Ministry of Finance 2005).

1990년, 실업으로 인한 소득손실을 우선 보상하는 정책 방식에 역행하는 첫 번째 단계로 이른바 직업풀(job-pool) 제도가 도입되었다 (Trampusch 2000: 318). 이 조치의 목적은 고용 대상자로 여겨지는 모든 장기 실업자나 3년 이상 비정규직이었던 사람을 위해 공공부문 혹은 대안으로 비영리부문에 고용 전망을 제공하는 것이었다. 이 프로그램의 실행-2년 이상의 고용보장-은 지방자치단체의 책임이었다

(Hackenberg 2001: 197). 1992년의 청년고용보장법(JWG)은 1년에 6개월 이상 고용되지 않은 18세에서 22세 사이, 모든 대학 졸업생과 실업청년들에게 기간제(fixed-term) 고용 자격을 제공한다. 이러한 고용 계약-지방자치단체에서 직접 관할하는-은 1주일에 32시간 노동을 제공한다. 청소년은 최저임금을 전부 받지 않고, 나이와 실제 노동시간과 같은 수많은 요소들에 따른 비율로 지급받는다. 이 프로그램의 참여는 강제적이다(Spies and van Berkel 2001: 105).

보조받는 '열등한' 노동시장의 출현을 막기 위해서, 1994년에 집권한 보라연정(purple coalition)은 보조금 지원에서 정규 고용으로의 전환에 초점을 맞추는 노동시장 정책을 추진했다(Hackenberg 2001: 206). 이른바 멜커트 고용정책(Melkert-I-jobs)[11]이라 불리는 정책으로 정부는 공공부문에서 장기실업자를 위한 4만 개의 추가 고용 기회를 만들 계획을 세웠다. 급여는 최저임금의 130%였고, 능력에 따라서는 150%까지 주어졌다. 정부는 민간부문으로의 전환을 촉진하기 위해 이 고용 기회를 1년으로 제한했다. 1994년부터 1998년까지 이 프로그램에 17억 길더의 비용이 들었고, 이는 사회부조 프로그램에서 절감된 비용으로 충당되었다(Hackenberg 2001: 211ff.). 모든 보조금 지원 근로와 적극적 재통합 프로그램들이 1998년 구직자고용법(WIW)이라는 하나의 단일한 법률적 틀로 통합되었다. 구직자고용법이 도입된 시기 동안, 청년고용보장법의 강제적 성격이 이전의 자원 프로그

---

11 사회부장관 멜커트의 이름을 딴 Melkert-jobs는 소수민족 이민자들 중 장기실업자들, 특히 청년실업자들을 위해 설계된 정책 중 하나로 이 밖에 청년직업보장계획(YJG), 바네풀(banenpool)도 있다. 이 계획은 4단계로 이루어졌는데, Melkert-I은 (준)공공부문, Melkert-II는 시장(민간)부문, Melkert-III는 '사회적 활성화(social activation)'라고 하는 자원 영역, 그리고 Melkert-IV는 친환경사업에서의 고용을 목적으로 했다. Melkert-II와 III은 1998년 구직자고용법(WIW)에 통합되었다.

램들에까지 확대되어 네덜란드의 노동시장 정책은 더욱더 근로 요소가 강화되었다(Spies and van Berkel 2001: 118).[53]

활성화에 대한 새로운 관심이 적극적 노동시장 정책의 상당한 절대적 증가로 귀결되었음에도 불구하고, 변화는 정책의 발전을 통해 제시할 수 있는 것보다 극적이지 못했다. 이것은 적극적 노동시장 정책에 투여된 GDP 비율이 1985년 1.09%에서 2002년 1.85% 증가되었던 것을 볼 때 명백하다.[54] 그럼에도 불구하고 1985년 GDP의 3.24%에서 2002년 1.72%로 소극적 노동시장 정책에서의 지출이 줄어들었기 때문에(OECD 2004), 전체적으로 노동시장 지출의 비율로서의 적극적 조치들에 대한 지출은 1990년대 후반 즈음엔 2배 정도 늘었다(Trampusch 2000: 317).

사회적 협력자들의 유명한 유연안정성협약(Flexicurity Agreement)은 1990년대 고용정책의 결정적이고 획기적인 사건으로 볼 수 있다. 1996년 가을, 사회적 협력자들은 영구적 표준고용관계에 대한 탈규제와 불안정 노동에 대한 규제개선 모두에 대해 동의했다(Hemerijck et al. 2000: 227). 이 협약은 해고절차를 간소화 및 짧게 하고 고정계약 기간에 대한 규제완화를 제안하고 있었다. 동시에 사회적 협력자들은 비정규직 노동자들의 법적 지위 개선을 제안했다. 이 협약으로 신조어 '유연안정성'은 네덜란드어의 일부분이 되었다. 1999년 '유연성과 안정성에 관한 법률'은 대체로 이 사회적 협력자들의 제안에 기초하고 있다. 이른바 유연안정성법(Flex Wet)은 표준고용계약을 하지 않은 모든 사람의 일자리 개선에 특별한 중요성을 갖는다고 생각된다(Hemerijck et al. 2000: 227; Ferrera et al. 2000: 49). 이와 함께 표준고용에 대한 규제철폐는 고용 촉진의 중요한 수단으로 간주되었다.

네덜란드의 경제 및 고용정책이 1975년 이후, 친 케인스주의에서 확실하게 공급측 방식으로 이동했다는 것은 분명해졌다. 더욱이 우리는 노동시장 정책과 관련해서 소득손실의 보상에 중점을 둔 소극적 접근법에서 근로연계와 '활성화연계'(activity-fare) 요소에 크게 의존하는 적극적 노동시장 정책으로 이동시켰다. 표준고용에 대한 규제철폐와 비표준고용에 대한 규제가 결합되었기 때문에, 네덜란드는 세계적으로 하나의 '제3의 길' 국가 모델로 부각되어왔다(Green-Perdersen et al. 2001).

사회보장: 활성화의 도구?

1960년대 복지국가의 확대 이후, 1970년대는 사회정책이 어느정도 지속된 시기로 특징지을 수 있다. 루버스 내각이 1982년 집권했을 때, 사회보험과 관련된 이슈는 공공부문 재정에 관한 재통제 목적을 지닌 정책의제로 그 중심을 이동했다. 1980년대 중반에 이르자, 실업보험과 질병보험의 소득대체율을 줄여 80%에서 70%로 복지지출을 삭감하는 데 강조점이 두어졌다. 제2기 루버스 내각(기민-자민)은 복지체계에 대한 더 폭넓은 개혁을 시작했다. 더 많은 삭감과 더불어, 내각은 복지남용을 더 어렵게 하기 위해서 체계를 단순화했다. 또한 성평등이 더욱 중요한 역할을 했다. 예를 들어 노령여성에게 특별히 중요한 보호대책이었던 형제자매뿐만 아니라 결혼하지 않은 동거인에 의해서도 이제 개별 노령수당의 50%까지 청구될 수 있게 했다(SCP 1998: 432ff.). 비록 몇몇 자격기준은 엄격했지만, 재정과 행정은 물론이고 기본체계 요소, 연대 개념, 수동적 구조는 변화하지 않은 채로 남아 있었다(Aarts and de Jong 1996b: 48f.).

급여 삭감의 결과로 1980년대 공공사회 지출은 감소했지만, 1990

년에는 다시 증가하기 시작했다. 결국 1993년과 1994년 근로자 장해보험법(WAO)과 병가수당법(ZW)의 개혁으로 기존의 복지국가 기초가 상당히 요동치게 되었다. 민영화로까지 가는 포괄적 개혁을 통해 사회지출에서 급격한 삭감이 촉발되었다. 이러한 복지개혁이 '더 작은 국가, 더 많은 시장'이라는 구호를 따라 설계되었지만, 그 과정은 국가에 의해 적극적으로 추진되었다. 사회보장의 부분적 민영화의 경우는 국가와 시민 간 책임 분담이 근본적으로 재개념화되었다(Oorschot 1998: 66f.; Cox 1993: 100). 여전히 1970년대에 강력하게 뿌리를 두고 있는 수동적 복지국가 구조와 기본적 연대 개념 모두 근본적으로 수정되었다. 동등한 기회와 노동시장 통합에 초점을 맞춘 이른바 사전(ex ante) 개입은 관대하고 대부분 조건 없는 수당을 통해 사회적 위험에 맞선 재분배와 보험을 목적으로 했던 이전의 사후(ex post) 개입으로 대체되었다. 비교적 높은 수준의 급여가 대강의 정책 윤곽만이 혼합되었음에도 불구하고, 성공적인 정책 적응 모델로서 네덜란드를 특성화하는 데 기여했다(Green-Pedersen et al. 2001; Levy 1999: 243).

1980년대 초까지 사회부조 급여상승이 임금상승을 따라가지 못했는데, 실은 사회부조급여 상승이 평균임금 증가의 85%로 제한되어 있었기 때문이다(SCP 1980). 1982년과 1990년 사이 지수연계가 완전히 폐지되자, 급여수준은 현저하게 축소되었다(Visser and Hemerijk 1998: 183). 1992년 사민당도 포함된 대연정은 신(新)지수연계법안을 발효했다. 이 새로운 지수체계는 두 개의 전제조건을 제한함으로써 지탱되었다. 즉 지수연계는 앞으로 고용률과 온건한 임금상승 관련한 실업급여수급자의 규모에 따라 결정되도록 했다. 이 두 가지 기준에 따른 수정된 지수연계의 실업실행은 급여수급자의 활동과 임금 억제의 우선성을 고려한 것이었다. 이 두 가지 기준은 100인의 활동인구당 86명의 비활동인구로 출발해서 이듬해 점차 견고해진 이른바 I/A(비활동/활동)비율에 의해 측정되었다(SZW 1995: 346f.). 1994년 이후 그 비율은 꾸준히 축소되었다. 예컨대 2002년 비활동 인구율은 66.3%로 지수연계에 항상 적용되었다. 비활동인구율이 다시 상승했기 때문에 정부는 2004년과 2005년 지수연계를 중단시켰고, 2006년에 복원시켰다.[55]

복지수급자 수의 증가에 직면하고 뒤죽박죽인 여러가지 수급자격 설정에 대응하면서, 1982년대 후반에 이르자, 사회급여의 오용이 핵심적인 정치적 이슈가 되었다(van Oorschot 1998: 197 참조). 1996년의 신일반사회부조법(nABW)은 무엇보다 제도(system)의 단순화를 목적으로 했다. 이와 병행해서 제도에 대한 책임은 지방자치단체에 일임했고 근로유인 요소가 도입되었다. 더 나아가 정부는 한부모에 대한 임금대체율을 최저임금의 90%에서 70%로, 단독가구는 70%에서 50%로 삭감했다(Hackenberg 2001: 148; Kleinfeld 2001: 137). 또한 신일반사회부조법은 훈련프로그램과 심화교육뿐만 아니라 노동시장으로의 복귀를 위한 재정적 유인책을 도입했다. '적절한 일'의 기준도 확장되어, 구직자들이 자신의 학력과 이전 직장의 수준보다 낮은 직장을 수용할 것으로 기대되었다. 구(舊)제도는 실업과 여타의 이유로 인한 수당을 받는 사람들 간 차별에 기초했던 반면, 1996년 이후 대부분의 수급자들은 노동시장에 복귀할 것으로 예상되었다. 그러나 5세이하의 자녀를 둔 한부모와 57.5세 이상의 시민들과 같은 이들은 적용예외 대상이었다. 이 개혁으로 가장 영향을 받는 이들은 5세 이상의 자녀를 둔 한부모였는데, 이들 중 96%는 여성이었다. 1965년에서 1996년까지 가족부양자로부터의 재정적 지원을 받지 못하는 한

부모-대부분이 여성인-에게 국가가 수당을 지급했지만(Pfau-Effinger 2000: 164), 이제는 싱글맘들에게 유급노동에 종사할 것이 요구되고 있다(Knijn 2004: 332).

광역자치단체 행정부는 구단위(district)의 노동사무소와 긴밀하게 연락을 취하면서, 각 구직자들의 노동시장 복귀를 위한 개별적 계획을 설계하고 실행해주어야 한다(Hackenberg 2001: 153, 158). 판 오르쇼트는 이 개혁을 다음과 같이 요약했다. '간단히 말해서 일반사회부조법 개정은 광역자치정부의 책임성과 차별성을 높였고 사람들이 일을 하도록 하는 데 더 강조점을 두도록 했다'(van Oorschot 1998: 198). 이러한 경향은 2004년 신일반사회부조법을 대체한 노동·사회부조법(WWB)이 제정되면서 더욱 강화되었다. 노동·사회부조법은 각 구직자들에게 활성화 원리를 적용한다. 그래서 이 법안을 통해 어린 자녀를 둔 한부모와 57.5세 이상의 수급자들도 취업제안을 받아들일 것이라고 기대된다.[56] 한부모의 경우, 한부모의 취업을 가능하게 하기 위해서 공공이든 민간이든, 보육운영의 책임은 광역지자체에 있다.[57] 또한 중앙정부는 지방정부가 가능한 한 더 많은 구직자들이 노동시장에 복귀하도록 재정적 유인책을 강화했다. 2004년 이후, 지방정부는 고정예산을 지급받았다. 결과적으로 비용이 예산을 초과하더라도, 중앙정부가 지방정부에 추가 지출분을 상환해주지는 않는다(Knijn 2004: 338). 정리하면, 1996년과 2004년의 사회부조 개혁은 대체로 수동적인 프로그램을 활성화에 중점을 두어 변화시켰다. 실업보험의 삭감은 동시에 사회부조의 개혁을 초래했던 1980년대 초 지수연계의 폐지와 함께 출발했다. 1983년 23세 이하에 대한 실업급여가 현저하게 삭감되었다. 2년 후, 총임금대체율이 80%에서 70%로 낮아졌다(Green-Pedersen 2002: 75). 1987년, 기여형 실업보험법(WW)

과 조세를 재정으로 하는 실업구호법(WWV) 간 분리운영을 폐지했다. 또한 실업급여 자격에 개인의 이전 근로이력을 연계시킴으로써, 자격기준을 강화시켰다. 이전 임금의 70% 수급자격을 얻기 위해서는, 지난 52주 중 26주를 반드시 일해야만 했다. 지난 5년 중 최소 3년 동안 취업 상태에 있었던 구직자의 경우는 6개월이 추가로 연장지급되었다. 연장기간은 이른바 '가상의(fictitious)', 즉 나이에 따라 규정된 근로이력에 달려 있었다. 연장기간이 만료된 후, 구직자는 1년간 최저임금의 70% 수준의 소위 '연계급여(connecting benefit)' 자격이 주어졌다(SCP 1998: 432f.).

1995년, 실업급여 자격기준은 더욱 강화되어, 지난 39주 중 26주 동안 고용되었고 지난 5년 중 4년 동안 일한 수급자들로 소득비례급여 자격을 제한했다(Pennings 2002: 130ff.). 후자의 조건은 급여자격 결정에 가장 중요한 가이드라인으로서 실제 개별 근로이력을 격상시켜 이전 가상의 연령기준을 무의미하게 만들었다. 결과적으로 소득비례실업급여 기간은 이제 6개월—이전 실업기간이 최소 4년인 자—부터 5년—고용기간이 40년 이상된 이후—까지로 다양화되었다(Pennings 2002: 150). 소득비례 급여기간이 끝난 뒤, 여전히 실업 상태에 있는 사람은 최저임금의 70% 수준의 이른바 '연계급여' 자격이 주어졌다. 이 급여기간은 가상의 고용이력에 달려 있었는데, 2년에서 3년 6개월까지 다양했다. 고령의 실업자는 이론적으로 최고 8년 6개월까지 지원받을 수 있었다. 2003년 '연계급여'가 폐지되어, 이후 실업자들은 혜택을 받지 못했다. 1년 후, 정부는 수급자격뿐만 아니라 수급기간도 실제 근로이력에 따르게 함으로써, 근로경력과 급여 간 연계를 더욱 강화했다. 그러나 6세 이하 아동보육은 '4/5[5년 중 4년 근로]' 조건과 관련해서 충분히 인정되었다. 또한 6세와 12세까지의 아동을 돌보는 부모들의 50%가 수급 대상이 되었다. 마지막으로 자격기준은 2006년에 다시 변경되었다. 실업자들은 이제 수급자격 기간이 이전의 39주 대신, 최근 36주 중 26주간 고용된 자로 되었다. 게다가 오직 실제 고용이력만이 전체 근로연수 중 한 달 수급의 기초로 인정되었다. 이것은 40년 동안 일했을 때, 사실상 3.3년이 최대 수급기간이 되는 것을 말했다.[58]

자료에 의하면, 1990년대 중반 이후 실업자들의 절반 미만이 수급자격을 충족했다(van Oorshot 2002: 408 참조). 더욱이 실업급여 자격은 실제 구직활동, 취업제안에 대한 꾸준한 수용 의지, 그리고 취업 및 취업심화 프로그램 참여와 점점 더 연계되었다(Visser and Hemerijck 1998: 202).

※요약: 1987년 이후, 실업보험의 특징은 점진적이지만 자격기준을 강화한 것이었다. 게다가 형평성 원칙, 급여 삭감 확대, 조세에 의한 실업구호급여 폐지, 그리고 공공 근로(charitable work) 장려를 한층 더 강조해왔다.

하지만 네덜란드 복지국가 개혁의 결정적 요소로 사회부조나 실업보험 프로그램은 주목을 받아오지 못했고, 오히려 장애와 질병 프로그램, 특히 장해급여가 점점 조기퇴직과 산업구조 조정을 위한 하나의 도구가 되어가면서 이에 더 초점이 맞춰졌다. 이 프로그램이 도입된 이후, 수급자들의 수가 어느 정도 점점 증가했는데, 1990년대 초에는 15세에서 65세 사이 네덜란드 인구 중 거의 15%에 이르렀다(Pennings 2002: 91f.). 이 프로그램의 발전은 장애를 가진 노동자가 한 번 인증되면 퇴직할 때까지 급여를 제공받는 관대한 체계에 의해 촉진되었다.

첫 번째 단계에서 실업보험 사례와 유사하게, 1985년 소득대체율은 80%에서 70%로 줄어들었다. 1987년 변화가 뒤따랐는데, 노동시장(진입) 기회의 축소에는 반드시 장애에 대한 판단이 고려되어야 한다는 '노동시장숙려'제가 폐지되었다(Aart and de Jong 1996b: 52). 그래서 장애인들은 부분적으로 노동시장 진입 기회와는 무관한 장애등급에 따른 급여자격만이 주어졌다. 이 급여 변동은 사회부조나 실업보험 같은 다른 급여의 유용성을 통해 보상이 이루어졌지만, 장해급여의 개혁은 상당한 소득 감소를 가져왔고 장애인들의 근로의무를 증대시켰다(van Oorschot 2002: 409). 이러한 개혁에도 불구하고 장애수급자의 수와 장애비례급여 지출은 늘어났다(Visser and Hemerijck 1998: 189). 연이어 사민─기민 내각은 급여수준 삭감과 기간 단축을 제안했다(Aarts and de Jong 1996b: 61ff.). 이로 인해 사용자들에게 유인체계를 제공했던 장해급여 청구자수축소법(TAV)이 1993년 최초로 도입되었다. 이에 따라 사용자는 장애인을 고용하면, 보조금을 받게 되었다. 만약 사용자가 부분 혹은 완전 장애를 이유로 노동자를 해고하면, 회사는 벌과금을 받게 된다.[59] 하지만 1993년 장해급여축소법(TBA)은 근본적으로 자격기준의 제한과 동시에, 모든 사례에서 큰 논란을 가져온 급여수준과 지급기간을 축소시켰다. 사회부조 프로그램 안에서도 마찬가지로 적절한 일자리 기준이 엄격해졌다. 결국 희망 직장의 적절성에 대한 결정은 이제 개인적인 자격수준이나 이전 근로 이력과는 상관없이 이루어졌다. 더욱이 수급자격이 더 이상 퇴직 시기까지 자동적으로 보장되지 않았고, 대신 대체로 엄격하고 정기적인 의료검진으로 결정된다. 58세 이상인 자에 한해서 최고 6년까지인 수급의 첫 번째 단계 동안,[60] 수급자는 이전 임금의 70%까지 수급자격이 주어진다. 이 단계 이후, 장애인은 최저임금의 70%와 나이에 따라 추가 수당이 지급된다. 1993년 이미 50세가 넘는 장해노동자에게는 특별법이 적용되었다(Aarts and de Jong 1996b: 63).

개혁의 다음 단계는 1997년 '장해보험의 보험료차등과 시장경쟁에 관한 법(PEMBA)'으로 시작했다. 이 조치로 국민보험(일반장해법, AAW)이 폐지되었고, 재정과 관련된 중대한 변화가 도입되었다. 이 규제 틀에 기초해서, 사용자들은 3년을 넘겨 새롭게 근로자장해보험법(WAO) 급여자격을 획득한 피고용자들의 수에 따라 비용을 지급했다. 이 위험기반 재정구조는 사용자들에게 건강과 안전조건을 개선할 유인을 제공한다. 사용자들은 이 제도를 선택하지 않을 수 있었지만, 장애가능성(potential disability)이 있는 첫 번째 5년 동안 근로자장해보험법 급여나 자발적으로 같은 목적의 민간보험을 선택해야 할 의무가 있었다. 1998년 사용자가 반드시 장애인을 고용하도록 최초 52주간 국가가 질병위험을 보장해주는 장애인차별철폐(REA)이 제정되었다(Pennings 2002: 119-121).[61]

1985년과 1986년 사이, 정부는 질병급여의 소득대체율을 80%에서 70%로 줄였다. 1994년 봄에는 병결감축법(the Act on Reducing Sickness Absence, TZ)이 효과를 발휘했는데, 이 법은 질병급여 민영화의 시작으로 볼 수 있다. 과거 질병급여가 사용자와 노동자의 동등한 기여에 의해 재정이 충당되는 사회보험체계를 통해 지급된 반면, 이제 사용자는 맨 처음 6주간만 임금지급 의무가 주어졌다. 소기업의 경우 이 의무는 2주로 설정되었다. 1996년 질병급여에 큰 폭의 민영화가 제도화되면서, 사용자의 중단없는 임금지급 책임은 1년으로 확대되었다(Köttef 1998: 345).

다른 급여와 마찬가지로 노령급여는 지수연계가 없어짐으로써 삭감되었는데, 1982년과 1998년 사이 17.4%의 급여 감소가 발생했다(Green-Pedersen 2002: 69f.). 2000년대 초, 총대체율이 평균소득의 거의 45%(Kremers 2002: 297)였는데, 실질임금 수준에 따라 상당히 다양하게 나타났다(Pennings 2002: 176f.). 급여수준의 삭감에 더해서, 재정 구조에 관한 소소한 변화가 시행되었다. 베이비부머의 은퇴에 대응하기 위해, 정부는 2020년까지 120억 유로가 축적되고 2020년과 2050년 사이 일반노령연금법의 최대재정이 예상되는 일반예산을 통해서 재정지원기금을 마련했다(Kremers 2002: 293; Pennings 2002: 176). 또한 정부는 1998년 기여체계를 정비했다. 그 결과 중앙정부는 일단 피고용인의 보험료가 18.25%의 제한에 다다랐을 때, 일반예산의 이전을 통해서 재정 부족에 대한 보증을 해야 했다(Kremers 2002: 296). 성 평등과 관련해서, 추가 변동이 유럽연합 법률에 부분적으로 근거해서 실행되었다. 1985년까지 전업주부는 개인연금에 가입할 수 없었다. 그러나 그 이후 가족부양자연금은 부부 각각에게 50%의 독립된 개별 수급자격을 제공하기 위해 분리되었다.[62] 1988년까지 남편과 사별한 여성에게만 유족급여 자격이 주어졌다. 그러나 일련의 유럽연합 지침에 근거해서 급여가 부인과 사별한 남성에게 확대되었다. 최종적으로 1996년 장기간 결혼하지 않은 상태인 사람들까지 대상을 확대한 동시에, 급여수준을 낮춘 새로운 일반유족급여법(ANW)을 통과시켰다(Pennings 2002: 195f.).

이러한 정책 변화에도 불구하고, 전체적인 정책의 안정성은 분명해졌고, 결과적으로 일반노령연금법의 기본구조는 변화되지 않은 채 남아 있었다. 그린페더슨(Green-Pedersen)이 지적한 바와 같이(2002: 109; Kleinfeld 2001: 128 참조) 노동시장에 대한 노령급여의 낮은 연관성과 함께, 공적연금의 안정성은 일반노령연금법이 네덜란드의 노후안정체계의 세 가지 지주(pillar) 중 한 가지만을 형성한다는 사실에 의해서 설명될 수 있다. 법정공적연금은 개인적인 지주 은퇴 이후 소득에 기여하는 여타 형태의 자산축적뿐만 아니라 집단적 직장연금제도에 의해 보충된다. 사용주가 직장연금을 제공해야 하는 일반적인 의무는 없지만, 피고용인의 90%가 직장연금에 속해 있다(Kötter 1998: 342; Kremer 2002: 295). 고용주가 제공하는 연금설계는 항상 강제회원제이다. 노동시장이 훨씬 더 유연화되자, 가산된 직장연금자격의 합산 여부가 정부규제의 쟁점이 되었다. 1994년 이후, 정부규제로 모든 피고용인이 자신의 직장연금계정에 축적된 자금을 새 직장, 즉 새 고용주 연기금에 통합되도록 바꿀 수 있게 되었다(Kremers 2002: 300). 여러 가지 직장연금제도 간 차이가 매우 컸기 때문에, 1996년 정부는 직장연금운영의 법률적 틀을 '현대화'할 것을 제안했다. 정부의 규제 개입을 막기 위해, 사회협력자들은 1999년 직장연금제도를 표준화하는 데 합의했다. 첫 번째와 두 번째 지주가 합산되어 일반적으로 최종 총임금의 약 70%의 노령소득을 제공한다고 할지라도, 네덜란드에서 개인퇴직계정은 항상 중요한 역할을 한다. 비록 이 지주[개인퇴직계정]가 완전히 자발적인 것이지만, 정부는 조세유인을 확대함으로써 개인연금제도를 장려하고 있다(Cox 2001b 참조).

공적 노령보험으로 가는 변화가, 특히 오스트리아와 독일과 비교했을 때 매우 완만했지만, 그럼에도 불구하고 사회정책의 속성에서 매우 중대한 변화를 인식할 수 있다. 이러한 변화들은 주로 지난 30년의 과정 동안 장해보험과 질병보험뿐만 아니라 사회부조와 실업보험 영역에 초점을 맞추어왔다. 이러한 개혁의 핵심 요소들에는 폭넓은 급여 삭감, 엄격한 자격기준, 직업상 신분보장의 폐지, 급여의 부분적 민영화, 그리고 하나의 노동시장 활성화 도구로서의 사회보장에 대한 재규정이 포함되었다.

가족정책: 사적 제도의 강화

이번 단락은 대체로 '협의'의, 그리고 명확한 가족정책 개념(Fix 2001)에 대한 것이다. 하지만, 네덜란드 상황에서 가족정책의 중요성을 지니고 있는 단기근로 문제 또한 설명한다. 1978년 정부는 아동수당을 크게 늘리고 아동세액공제를 폐지했다. 이후 새로운 일반아동수당법(AKW)이 1980년에 시행되었다. 이러한 제도 정비에는 모든 이전의 규제를 통합하여 아동수당이 3명 이상의 자녀를 둔 모든 가정에 보편적으로 적용될 수 있도록 했다. 여기에 더해 소규모 기업의 경영주뿐만 아니라 피고용된 모든 노동자들에게 처음 두 자녀까지 아동수당 지급이 확대되었다. 아동수당은 모든 네덜란드 거주민을 포괄하는 일반 아동수당보험을 통해 재원이 조달되었다. 아동수당의 실질 급여수준은 가족 규모와 아동 연령에 따라 달랐다. 아동수당은 우세 연령집단(prevailing age group) 내 한 아동에 대한 비용의 최소 4분 1을 보장해주는 데 목적이 있었다(OECD 1999: 10). 1995년 보라연정(purple coalition, PvdA/VVD/D66)에 의해 실질급여를 계산하는 요소 중 하나였던 자녀 수를 폐지하는 일반아동수당법 개혁이 이루어졌다. 동시에 첫째 자녀수당은 늘어났다. 연령집단 구분 또한 바뀌었고 급여액은 '동결'되었다. 대체로 일반아동수당법 개혁은 포괄적인 급여 삭감으로 이어졌다(van Oorschot 1998: 193). 2004년 1월 현재 기준으로, 0~5세 아동은 연간 706.48유로, 6~11세는 857.84유로, 12~18세까지는 1009.24유로가 수당으로 지급되었다.[63]

특정 조세정책은 특히 특정한 가족 모델에 혜택을 부여할 때 가족정책으로 이해될 수 있다. 우리 연구기간 동안 네덜란드에서 결혼한 부부와 가족에 대한 과세에 대한 중대한 개혁이 있었다. 1973년부터

1985년까지 네덜란드 조세체계는 개별소득과세에 기반해 있었기 때문에 독일의 분리체계(split system)와 마찬가지로, 기혼부부에게 연대급여(joint benefit)를 제공하지 않았다. 그러나 다른 나라의 개별과세체계와는 달리, 네덜란드 체계는 기혼여성보다 기혼남성에 더 높은 면세수당을 보증함으로써 여성노동자들을 차별했다(Stotsky 1997: 1). 1984년에서 1985년에 이러한 차별이 폐지되었고, 1인 부양자 가족은 우대하고 이중소득이 있는 가족은 불리하도록 대체되었다. 최종적으로 1990년, 이 체계는 다시 한 번 바뀌었는데, 남성배우자뿐만 아니라 여성배우자에게도 동등한 과세척도가 적용되는 개별체계가 재도입되었다(Pfau-Effinger 2000: 170f.).

1990년, 출산휴가가 12주에서 16주로 확대되었다. 임신과 출산수당은 병가수당법(Sickness Act)과 자영업자를 위한 장해보험법(WAZ)에 근거해서 지급되었다. 임신이 질병의 형태로 인식되는 것이 부적절한 것으로 되면서, 정부는 2002년 고용과 돌봄에 관한 법을 제정했다. 이 입법화로 기혼의 고용여성은 이전 임금의 100%로 특별출산수당을 보장받았다. 자영업에 종사하는 여성은 법정최저임금에 비례하는 수급자격이 부여되었다(Pennings 2002: 86f.). 육아휴직제도는 1991년 육아휴직법을 통해 도입되었다. 이 법은 1년 이상 고용되었고 같은 기간 한 주에 20시간을 초과한 부모에게 6개월 동안 나눠서 쓸 수 있는 520시간의 휴직자격이 주어졌다. 육아휴직은 일반적으로 무급이고 초기에는 단지 시간제를 기반으로 쓸 수 있었다(Niphuis-Nell and Brouwer 1995: 144). 1997년 정부는 자녀 출산을 앞둔 한 주에 20시간 미만을 일하는 부모까지 대상을 확대했다. 여기에 더해 시간제에 기초해 활용할 수 있고 주당 평균 근로시간의 13배로 설정되어있었던 휴직기간의 제한을 철폐했다. 육아휴직이 시간제로 운용된다면, 자녀가 만 8세가 될 때까지 활용할 수 있다. 많은 단체임금협약에서 법정 요구사항을 넘어 더 확대된 육아휴직 조항을 담고 있다. 이는 육아휴직수당이 민간부문 노동자들보다 훨씬 관대한 공공부문 노동자들의 사례에서 특히 잘 적용된다. 예를 들어 공공부문 노동자들이 그들의 정규 노동시간의 50%에 해당하는 6개월의 시간제 휴직을 요구한다면, 휴직기간 동안 정기급여(regular pay)의 75%를 받을 수 있다.[64] 1998년 이후 고용주는 (휴직으로 인한) 일시적 공석을 실업자로 채울 때 국가로부터 재정보상을 받아왔다. 2001년 고용과 돌봄에 관한 법(WAZ)은 현재의 규제들을 종합하고 부가적인 조세혜택 권한을 도입했다. 모든 피고용인들에게는 이제 병상의 인척을 돌보기 위해 매년 10일의 휴가가 주어졌다. 이 간병휴가는 육아휴직이 여전히 무급이었던 데 반해, 이전 소득의 70% 수준에서 보상받았다. 부분적으로 육아수당을 지급한 고용주는 광범위한 조세 혜택을 받았다. 예컨대 개별 임금의 50%-최저임금의 최고 70%까지-는 세금공제가 된다.[65]

네덜란드의 아동보육 논쟁은 4세 이하 아동에 대한 서비스 제공에 집중되어 있다(Fix 2001: 57). 5세 이상 아동은 초등학교 교육의 일부로서 유치원에 의무적으로 출석해야 한다. 4세 아동은 자발적으로 유치원에 다닐 수 있는데, 이것은 이 연령대 아이들의 98%가 유치원에 등록할 만큼 일반화되었다(OECD 1999: 8). 더욱이 1986년 이후에는 초등학교가 종일학교로 전환되었다(Pfau-Effinger 2000: 168). 몇 해 전까지 4세 이하의 아동보육은 '가능한 한 자기책임'의 원칙(Clerkx and Ijzendoorn 1992: 69)과 '민간 유아[보육] 모델'에 기초해 있었다(Pfau-Effinger 2000: 161; Grattan 2000: 192). 1985년에는 4세 이하 아동의 1%만이 공공보조를 받는 종일기관에서 보육을 받았다. 이들은 모두 특별한 필요성이 있다고 인정된 아동들이었다. 공공후원 보육지원-원칙적으로 모든 아동들에게 개방되어야 하는—은 1989년에 도입되었다(Schulze 1995: 84). 1996년, 아동보육 조직이 광범위하게 분권화되었고 총비용의 보상을 위해 중앙정부로부터 보증을 받은 지방자치단체로 양도되었다. 이와 병행해서, 정부는 아동보육시설을 이용할 수 있도록 부모에게뿐만 아니라 고용주에게도 조세혜택 제도를 도입했다(van Oorschot 2001:28). 2002년 전체 단체협약의 58%—전체 노동자의 거의 75%에 해당하는—에 아동보육 사항이 포함되었다(EIROnline 2003).

※요약: 4세 이하 아동보육 기관들의 수용범위가 1989년 4.4%에서 1995년 12.8%, 2001년 22.5%로 크게 증가했다.[66] 2005년 아동보육제공기본법(WBK)에는 부모, 사용자 그리고 국가가 아동보육 비용을 각각 3분의 1씩 책임져야 한다고 기술되어 있다. 처음에는 부모들이 사용자의 몫을 부담했다. 결국 부모들이 상환받지 못하자, 국가로부터 소득에 비례하여 보상받을 자격이 주어졌다(EIROnline 2003). 이 '수요지향적' 운용원리는 기관에 대한 '공급지향적' 보조금 지급으로 대체되었다. 종일 보육원과 유치원은 이제 시장에서 경쟁하는 민간시설들이다. 공급자 간 경쟁은 시설을 두 배로 늘리고 보육을 위한 장기 대기시간을 없앨 것으로 전망된다. 아동보육제공기본법의 실행과 함께 아동보육 기관에 대한 구체적인 자격기준이 아동발달을 위해 건전한 환경을 제공한다는 원칙에 따라 규제를 제약하는 '일반행정기준'에 유리하도록 폐지되었다(www.wbk.nl).

"시간제 고용이 처음에는 하나의 경제해법으로 발전되었으나, 이제는 부모가 가정에서 자녀를 돌보기 위해 노동시간을 줄이면서 유급과 무급노동을 결합하는 하나의 해결책으로 보인다. 네덜란드에서 '1.5소득자 모델'의 분명한 지지가 있다(Grattan 2000: 195; van Oorschot

2001: 11 참조)." 이 말은 시간제 노동자들이 매우 증가했다는 것을 반영한다. 2002년 전체적으로 10명 중 4명 이상의 노동자들이 주당 35시간 이하로 일했다. 네덜란드에서 시간제 고용에 대한 규제는 다른 많은 국가들에서의 규제보다 더 확대되어있다. 위에서 언급한 바와 같이, 이른바 1999년의 '유연화법(Flex Act)'이 특히 유연고용계약과 시간제 근로에 대한 사회적 보호를 개선시켰다. 1970년대 말 이후, 정규직과 시간제 노동자들은 사회보장체계 내에서 동등한 권리를 갖게 되었다. 1993년 이후에는 최저임금과 비례적 휴일보장 권리를 갖게 되었다(CPB 1997: 298; van Oorschot 2001: 11). 끝으로 2000년 노동시간 조정법(WAA)을 제정하여 12개월 이상 고용된 모든 노동자들에게 노동시간의 증감을 신청할 수 있는 자격을 부여했다. 원칙적으로 고용주는 신청을 받아들여야 하고 긴급한 경영상의 이유가 있을 때만 거절할 수 있다(van Oorschot 2001: 25).

전체적으로 가족정책의 발전은 처음부터 점진적 개혁 유형을 따랐다. 단지 1990년대 후반기에만 가족정책의 범위가 아동수당과 특히 빈곤집단을 위한 보육 서비스 제공을 넘어 정치적인 중요성을 갖기에 이르렀다. 하나의 공공정책 쟁점으로서 가족정책의 중요성이 증대됨에 따라, 국가는 국가의 공공정책 목표를 성취하기 위해 점점 '민영화'에 의존하게 되었다.

정책발전의 비교

우리는 함께 케인스주의 접근법에서 공급 측 경제와 고용정책–적극적 노동시장 정책(근로복지와 활성화 요소에 크게 의존하는)으로의 전환, 그리고 고용의 (정규직 고용에 대한) 탈규제와 (비정규직 고용에 대한) 규제의 결합—으로의 근본적인 이동을 확인했다. 사회보장정책과 관련한 분석을 통해 광범위한 급여 삭감, 자격기준의 강화, 직장지위보장의 폐지, 부분적 민영화, 사회보장을 하나의 노동시장 활성화 도구로서 재정의하고 있음이 드러났다. 가족정책에 관심을 가지는 만큼, 우리는 1990년대에 가족 관련 서비스를 지나친 민영화로 이끌게 되면서 얼핏 보면 약간 모순적으로 보이는, 높아진 대중의식을 목도하게 되었다. 하지만 탈규제와 민영화 과정은 민간주도에 대한 강조뿐만 아니라 크게 국가, 즉 세 가지 정책 영역(경제정책, 사회보장정책, 가족정책) 모두에서 확인될 수 있는 발전에 의해 조직화된다.

복지국가발전의 비교

정책 분석을 통해 세 국가 모두 소득지원 정책과 가족정책의 확대뿐만 아니라 고용의 관점에서 이상적 자유주의 요소가 점점 더 결합되는 상당한 정책 변화가 일어났다는 점이 드러났다. 세 국가 모두 법인세 삭감으로 공급 측면 개선을 겨냥하지만, 다양한 경제 및 사회정책 개혁의 시점과 관련해서는 매우 다르다. 네덜란드와 독일은 모두 1970년대 짧은 케인스주의 적자지출 시기를 거친 후 재정적 보수주의에 기반한 경제 전략으로 선회했다. 네덜란드 정부는 예산건전화에 매우 성공적이었던 반면, 독일의 1980년대 연간 예산적자 감소 행보는 통일에 따른 대규모 재정팽창으로 좌절되었다. 그러나 이 재정팽창이 이전 동독 지역의 실업을 줄이기 위한 새정부 프로그램의 결과가 아니었음은 지적되어야만 한다. 오히려 이는 대체로 서독 복지국가가 동방으로 이전한 결과였다. 두 나라 모두 1980년대 중반

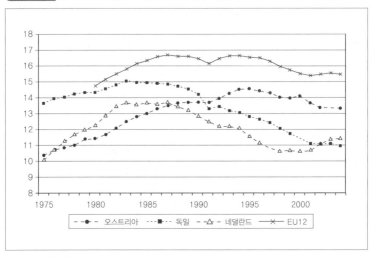

그림 3.5 총고용에서 정부 고용이 차지하는 비율(%): 1975-2004

출처: OECD(2005).

이후 공공고용을 상당 부분 줄였다.

반대로 오스트리아는 1986년과 1987년까지 명백한 경기역행적 경제정책을 지속적으로 추진했는데, 이러한 정책의 단편—예컨대 직접적인 공공고용의 확장—들이 1990년대 초에도 여전히 남아 있었다 (그림 3.5 참조).

더욱이 오스트리아는 1970년대와 1980년대 경제위기를 완화하기 위해 거대 국영 제조회사를 활용할 수 있었다. 네덜란드와 독일보다 훨씬 뒤, 그리고 이들 국가만큼 명시적이지는 않았지만, 오스트리아도 결국 유럽통화동맹(EMU)으로 가기 직전에 예산건전화와 재정 보수주의 전략을 추구하기 시작했다. 게다가 세 국가 모두 처음에는 노동공급을 줄이는 정책을 실행했는데, 오스트리아와 독일의 경우 우선 조기퇴직 프로그램을 통해서, 네덜란드는 장해프로그램을 통해 노령 노동자의 수를 줄였다. 네덜란드가 1980년대 중반까지 이 수단을 폭넓게 활용하면서, 노령 노동자들의 [노동시간] 참여율이 매우 낮아졌지만, [그 이후] 추세는 완전히 뒤바뀌었다. 결국 네덜란드는 세 국가 중 이 연령집단(50-64세)에서 가장 높은 고용률을 기록했다. 정

그림 3.6 50-60세 사이 인구대비 고용률(%): 1975-2004

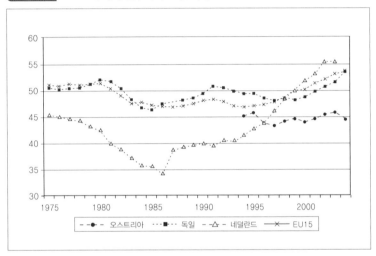

출처: OECD(2005).

표 3.4 시간제 고용 비율(%): 1990-2004

1990	1992	1994	1996	1998	2000	2002	2004
독일							
13.2	12.1	13.5	15	16.6	17.9	19.2	20.5
네덜란드							
27.3	26.7	28.5	29.4	30.2	32.6	34.1	35.6
오스트리아							
			10.7	11.6	12.3	14	16.2
EU 15개국 평균							
14	14.1	15.2	15.8	16.5	16.9	17.1	18

출처: OECD(2005).

책 수준에서 오스트리아와 독일 역시 조기퇴직을 줄이는 조치를 실행했다. 그러나 오스트리아는 현재까지 노령 노동자 고용을 크게 증대시킬 수 없었다(그림 3.6 참조).

노동공급을 줄이는 데 사용된 다른 방법은 노동시간을 줄이는 것이었는데, 네덜란드는 특히 단호했고, 독일은 네덜란드보다는 못했던 반면, 오스트리아에서는 중요성을 지니지 못한 듯 보였다. 독일뿐만 아니라 네덜란드에서 노동자 1인당 실제 연간 평균노동시간의 감소는 대체로 시간제 고용의 증가로 인한 것이었다(표 3.4). 네덜란드 정부는 여러 가지 사회정책 개혁을 통해, 분명하게 이러한 방식을 추구했다. 스칸디나비아 복지국가들과 비교해보면, 세 국가는 실업 감소를 위한 수단으로 적극적 노동시장 정책을 확대하여 활용하지 않았다. 오스트리아에서 적극적 노동시장 정책은 유럽연합과 유럽통화동맹 가입 직전에만 상당히 증가했다. 하지만 이것은 다른 두 국가에서의 활용도와 비교해보면 여전히 매우 적은 것이었다. 처음에 독일은 적극적 노동시장 정책의 확대와 축소를 반복하다가, 1980년대 중반 이후 지속적으로 확대했다. 독일 통일 전까지 적극적 노동시장 정책은 확대되었지만 단명하고 말았다. 1990년대 적극적 노동시장 정책을 상당히 확대했던 네덜란드는 현재 독일의 수준을 분명히 능가하고 있다(그림 3.7).

실업률을 완전고용에 대한 정부공약의 평가기준으로 활용한다면, 네덜란드 정부는 1980년대 전반기 매우 가파른 증가를 허용했고, 이후로는 줄곧 어느 정도 실업률을 줄이는 데 성공했다. 독일에서 실업은 점진적으로 늘어났다. 1980년 이후, 경제위기는 매번 실업률을 전대미문의 수준으로 올려놓았다. 1980년 이후 오스트리아의 실업률 역시 다소 지속적으로 상승했지만, 1990년대 중반까지 다른 두

그림 3.7 오스트리아, 독일, 네덜란드의 노동시장 활성화율: 1985–2002

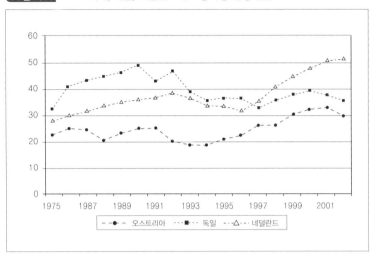

비고: 활성화율이란 LMP대비 ALMP 지출비율로 정의된다.

출처: http://www1.oecd.org/scripts/cde/members/1fsdataauthenticate.asp, 2005년 8월 2일 검색.

그림 3.8 오스트리아, 독일, 네덜란드의 실업률: 1975–2004

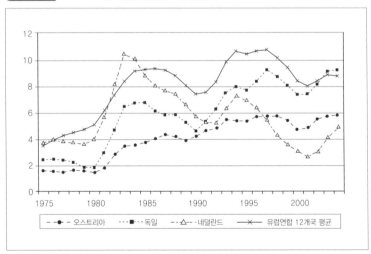

출처: OECD(2005).

국가보다는 상당히 낮은 수준이었다. 1990년대 중반 이후 네덜란드의 노동시장 실적은 더 좋아졌다. 이러한 결과지표뿐만 아니라 제도화된 정책적 접근에 기초해서, 세 나라의 정부가 완전고용을 위해 더 이상 책임성을 수용하지 않았다는 것이 우리의 주장이다(그림 3.8).

고용, 적극적 노동시장 정책과 마찬가지로 오스트리아의 사회정책 변화도 아주 늦게 시작되었다. 1990년대 중반까지 오스트리아의 사회정책 발전의 특징은—더 제약되기 전까지—팽창과 축소였다. 그러나 2000년대는 실업 프로그램에서 직장지위보호의 폐지뿐만 아니라 퇴직기간 노동자의 표준생계에 대한 공적 보증을 후퇴시키는 근본적 변화가 있었다. 1990년대 중반까지 독일의 사회정책 개혁은 주로 비용제한에 초점을 맞췄다. 실업보험 프로그램으로의 점진적 변화로 1980년대 이후 계속해서 지방당국에 적극적 노동시장 정책과 활성화의 다양한 조치들을 점차 활용하도록 하는 자산심사가 늘어났다. 1996년과 1997년의 더 포괄적인 개혁으로 실업노동자들을 위한 직장지위보호 조치가 폐지되었다. 2000년대 초 하르츠 개혁으로 소득비례 실업보험의 급여기간이 12개월로, 고령 실업자들은 18개월로 제한되었다. 또한 하르츠 개혁은 실업보험 지급기간이 지난 뒤 자산조사 심사 후, 지원을 받은 실업자들에게는 합법적인 어떠한 직장도 적절한 것으로 규정했다. 1990년대 후반과 2000년대 초반의 연금개혁은 기존 표준생계에 대한 공적 보증을 폐지했고, 민영 및 노령자의 직장근무를 장려했다. 후자에 포함되지 못한 노동자는 노령기 자산조사를 통한 수당에 점점 더 의존할 수밖에 없게 될 것이다. 네덜란드 역시 급여 삭감을 통한 다양한 비용 억제 조치를 취하기 시작했다. 그러나 우리가 연구를 진행하고 있는 과정에서 정책결정자들은 직장지위보호제도 또한 폐지했고 점차 급여수급 조건 강화와 적극적 노동시장 정책을 확대함으로써 사회보장을 활성화 수단의 하나로 재규정했다. 오스트리아와 독일과 달리, 네덜란드 사회정책의 가장 중대한 변화는 연금개혁이 아니라, 장해와 질병보험의 변화였다. 위험기반 재정조달(risk-based financing)과 양대 보험의 부분적 민영화로 사용자의 책임성이 상당히 증가했다. 하지만 자유주의 복지국가와는 반대로, 사용자는 공공보험에 위험기반 기여금을 납부하거나 자신이 고용한 노동자에게 개인적으로 지불 혹은 보험에 가입할 의무가 있다. 사회정책 설계는 점점 단체협약 합의사항으로 통합되었다(Trampusch 2004).

세 국가 모두 가족정책의 상당한 확대를 경험했다. 여기에는 새로운 급여와 서비스의 도입뿐만 아니라 대규모 급여증가가 포함되었다. 돌이켜보면, 오스트리아에서 체계적이고 급진적인 제도 변화는 없었다. 더욱이 남성부양자 모델을 촉진하는 보수주의적 접근법이 2000년대 초 보수정부에 의해 강화되었다. 독일은 가족정책으로 전통적인 가족수당이 상당 부분 증가했고, 보육 서비스가 점진적으로 확대되었을 뿐만 아니라 육아휴직 및 육아휴직수당이 도입되었다. 고용과 가족책임성의 조화를 향상하기 위한 첫 번째 중대한 변화가 1980년대 중반에 시작되어 계속 확대되었다. 이러한 조치들은 2007년 소득비례 육아휴직수당의 도입으로 완결되었다. 네덜란드의 가족정책 또한 일과 생활의 균형 개선을 목표로 하는 몇 가지 급진적인 변화를 경험했다. 네덜란드 복지국가에서 유급 육아휴직이 제공되지는 않지만, 사용자가 유급휴직을 제공하도록 세금을 공제해준다. 아동보육 서비스와 관련, 국가는 공급지향 전략에 따라, 부모와 사용자에게 민간 서비스를 구입하도록 세금공제를 제공한다. 하지만 더 이상 직접적인 보육 서비스를 제공하지는 않는다. 피고용자의 대다수는 보육제공이 포함되는 단체협상에 적용을 받는다. 이제 4세 이하 아동 중 약 25%가 제도적인 아동보육을 제공받는다. 결과적으로 네덜란드에서 시간제 고용의 확대는 노동과 가족의 책임성을 조화하려는 하나의 핵심적인 정책수단으로 인식된다.

※결론: 스크룩스(Scruggs 2004)가 편집한 복지국가 관대성 지수와 지출자료 모음을 기초로 해서는, 세 국가에서 대규모의 복지국가 전환을 확인할 수 없었다. 비록 처음에는 비용 억제가 발전에 우선했지만, 중대한 변화들은 실행되었다. 각 국가는 이제 한층 더 자유주의적 방식으로 고용정책을 실행하고 있다. 한때 고용부문에서 지배적이었던 직장지위보호 원칙은 더 엄격한 조건 규칙으로 대체되었다. 적절한 일자리의 정의는 상당히 폭넓어지고 자산조사에 더 강조점이 두어졌다. 네덜란드에서 전통적으로 중요한 역할을 했던 민간 및 직장연금제도의 중요성이 증대하면서, 오스트리아와 독일의 경우, 연금생활자들을 위한 기존 표준생계의 공적보장 원칙은 더 이상 퇴직자들과 베이비부머 세대에 적용되지 않을 것이다. 사용자들의 책임성은 특히 네덜란드에서 확대되어왔다. 따라서 전체적으로는 자유주의 복지국가 패러다임의 뚜렷한 요소들이 개혁에 수반된다. 그러나 '자유주의' 복지국가와 비교하면, 복지목표를 성취하기 위한 하나의 수단으로 규제를 더욱 확대해서 활용한 것으로 보인다. 게다가 가족정책에서 개입 증가는 분명히 자유주의 패러다임에 맞지 않는다. 가족정책은 이제 세 국가 모두에서 중심단계에 위치해 있고, 전통적인 사회보험 프로그램과 비교했을 때, 더 이상 부차적인 것으로 인식되지 않을 수 있다. 또한 독일과 네덜란드에서, 국가는 각기 다른 이념 진영에 뿌리를 두고 있는 다양한 수단으로 가족을 지원한다. 하지만 오스트리아에서 가족정책의 확대는 보수주의에 좀 더 분명한 근거를

두고 있다. 시간이 지남에 따라 진화되어온 여러 가지 새로운 정책적 접근의 조화는 새로운 자유주의적 공동체주의 패러다임을 형성하고 있다.

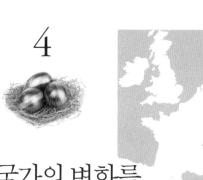

4

복지국가의 변화를
설명하는 이론들

· · ·

몇몇 연구자들이 주장했던 바, 핵심적 사회경제적 발전들이 서구 유럽 복지국가의 전통적인 제도 설정에 도전해왔다는 것은 정책 균형을 강조하는 것이었다. 세 나라는 1970년대 중반 이후 세계화와 유럽 통합의 증대, 경제성장의 지체, 그리고 실업 증가를 경험해왔다. 그러나 이러한 발전이 그 범위와 순서와 관련하여 일괄적이지는 않았다. 예컨대 네덜란드에서 1980년대 초 실업률은 10%이상에서 정점을 이루었던 반면, 독일의 실업률은 통일로 인해 상당히 높아졌고 오스트리아 실업률은 6%를 넘은 적이 없었다. 우리는 이러한 사회경제적 발전의 중요성을 무시하지 않지만, 그러한 경향과 구체적인 복지국가 개혁 간 직접적인 인과관계를 가정하지도 않는다. 이번 장에서는 우리는 먼저 세계화의 잠재적인 충격과 유럽 통합 과정을 분석한 후, 대중여론, 정치제도의 역할과 정당 성격(partisanship)과 같은 국내 변수를 주목하여 살펴볼 것이다.

세계화와 유럽 통합

몇몇 연구자들(Lash and Ury 1987)이 제안한 바와 같이, 국제정치경제 변화가 자동적으로 자유주의 모델에 단순하게 적응할 것을 요구하지는 않는다. 증대된 다국적 기업의 힘뿐만 아니라 더욱 개방된 국제무역체제와 자본시장이 국가 자율성을 축소하고, 자본과 노동 간 힘의 균형을 변화시키며, 이의 연장선상에서 복지정치를 더욱 곤경에 처하게 하는지도 모른다. 하지만 이러한 요소들의 영향은 변화에 대한 외부 압력을 지속적으로 여과하는 국내 제도와 병행해서 고려되어야만 한다(Rhodes 2001; Seeleib-Kaiser 2001; Brady et al. 2005). 제도적 조건의 중요성을 감안하면서, 세계화 시기 유럽 대륙의 사회 모델에 대한 상대적인 성공을 설명하기 위한 많은 이론들이 발전해왔다. '자본주의 다양성' 연구는 비교제도우위론에 근거해서, 서로 다른 생산 레짐들이 세계경제에서 실제 지속가능하다는 점을 주장한다(Hall and Soskice 2001). 에스테베즈-아베 등(Estevez-Abe et al. 2001)은 협력적 시장경제(CMEs)가 무엇보다 비용에 기초한 경쟁을 하지 않고, 고품질생산의 강화에 기초해서 경쟁한다는 점을 강조한다. 기업특수적, 그리고 산업특수적 기술에 초점을 맞추는 것이 이러한 품질을 성취하는 데 결정적이라고 간주된다. 이러한 조건 속에서 관대한 실업보험과 같은 특정한 사회정책들은 경제적 효과성에 영향을 미친다. 왜냐하면 이러한 사회정책들은 노동자들이 꼭 필요한 기업특수적, 산업특수적 기술을 발전시키는 동기를 제공하기 때문인데, 그렇지 않았으면 기술은 발전하지 못했을 것이다. 어떤 정치경제학자들은 포괄적인 복지국가는 전체적인 사회적 위험을 줄여 국내 경제개방에 대한 노동자들의 정치적 지지를 증대시키기 때문에, 세계화의 전제조건이라고까지 주장한다(Cameron 1978; Rogowski 1990; Rodrik 1997). 우리가 세계화와 복지국가를 종속변수로서 어떻게 측정하느냐에 따라, 정량분석은 세계화가 팽창, 축소 그리고 유선형 효과(curvilinear effect)를 포함한 다른 결과를 가져올 수 있음을 보여주었다(Brady et al. 2005).

이것이 세계정치경제가 문제의 세 국가를 크게 변화시켰음을 부정하는 것은 아니다. 먼저, 고정환율제의 브레튼우즈 체제가 변동 환율체제로 대체되었다. 이것이 네덜란드와 오스트리아 통화에 결정적 영향을 주는 독일 마르크화의 대폭적인 절상을 가져왔다. 둘째, 아시아 신흥경제국의 기업들이 매우 낮은 노동비용으로 오스트리아, 네덜란드 그리고 독일 기업과 경쟁하는 빈도가 점차 높아지기 시작했다. 셋째, 자본시장 자유화의 결과로 전 세계적으로 자산이동이 더욱 자유로울 수 있게 되어 저비용경제에 다시 똬리를 틀려는 기업들의 '출구선택'이 신장되었다. 하지만 세계화와 연계된 이 모든 '역진적' 발전이 이 시기 오스트리아, 독일 혹은 네덜란드 경제성과에 큰 부정적 영향을 미쳤던 것 같지는 않다. 더욱이 경제발전은 대체로 경제성장, 생산성, 단위노동비용과 세계시장에 노출과 같은 요소들에 의해 결정된다. 1970년대 중반 이후의 전 시기를 분석해보면, 세 국가의 경제성장률은 매우 비슷했다. 그러나 같은 시기 몇 가지 중대한 차이가 있었다. 예를 들어 네덜란드는 1980년대 중반 이후 매우 양호한 경제성장률을 보였는데, 특히 1990년대 후반 강력한 성장률을 이루었다. 반대로 독일은 통일 후, 평균 1.8% 이하의 경제성장률을 가까스로 유지했다. 오스트리아의 성장률 또한 하락해왔지만, 독일에 비하면 상당히 높은 것이었다. 이 세 국가 모두 1980년대 초 제2차 석유파동에 따라 가장 낮은 성장률을 보였다(표 4.1).

전체적인 경제성장과 함께, 생산성 성장과 단위노동비용도 전반적인 경제상황을 평가하는 데 중요한 경제적 변수들이다. 오스트리아는 생산성에서 강력하고 지속적인 성장을 보였다. 반면, 네덜란드와 독일은 좀 더 복합적이었다. 네덜란드와 독일 양국은 다른 시기에 짧

표 4.1 실질 경제성장

	오스트리아	독일	네덜란드	유로존
1976-1980	3.32	3.26	2.64	3.32
1981-1985	1.54	1.48	1.28	1.52
1986-1990	3.2	2.92	3.28	3.22
1991-1995	2.04	1.58	2.12	1.4
1996-2000	2.58	1.8	3.66	2.58
1976-2000	2.54	2.21	2.6	2.41

출처: OECD(2005).

은 생산성 감소를 겪었다. 네덜란드는 1980년대 중반, 독일은 통일 이후의 시기가 그랬다.

품질에 기초한 경쟁이 우선적임에도 불구하고, 상대적인 단위노동 비용의 전개는 중요한 경제지표다. 네덜란드가 1970년대 중반 이후 다소 지속적인 단위노동비용의 감소, 독일은 1980년대 후반 잠깐의 증가를 보였던 반면, 1985년에서 1995년까지 10년간 상당한 증가를 경험한 후 내려갔다. 오스트리아의 단위노동비용은 1980년대 말 정점에 올랐고 그 이후 대폭 하락했다(그림 4.2).

오스트리아는 상대적으로 양호한 단위노동비용에도 불구하고, 1970년대와 1990년대 대외무역수지는 적자를 보였다. 이 좋지 않은 무역수지는 무엇보다 상품교역에서 비롯된 것이었다. 네덜란드는 1970년대 후반기 무역수지 적자에 직면했지만, 1980년대부터는 흑자로 돌아섰고 1990년대는 GDP의 6%까지 올랐다. 독일의 무역수지는 통일될 때까지 1년을 제외하고는 우리 분석 시기를 통틀어 흑자였는데, GDP의 2%에서 거의 4.5%를 기록했다. 통일 이후 흑자가 상당히 감소한 이후 짧은 시기 적자로 돌아섰지만 다시 개선되었

그림 4.1 생산성 지수(2000=100): 1975–2004

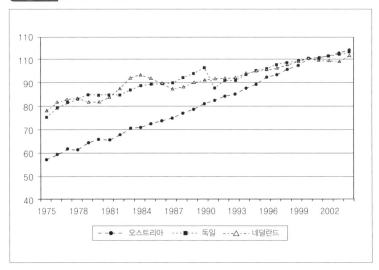

출처: OECD(2005).

그림 4.2 제조업 부문의 상대적 단위노동비용 지수(1995=100): 1975–2002

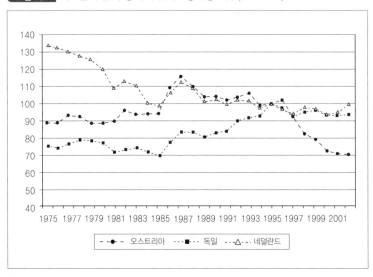

출처: OECD(2005).

그림 4.3 GDP 대비 상품과 서비스의 대외균형 비율: 1975-2000

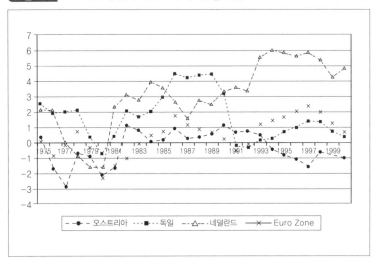

출처: OECD(2005); 필진들이 계산.

그림 4.4 GDP 대비 투자개방성(유입 + 해외 직접투자의 유출 + 미화 백만 달러 단위의 간접투자): 1970-2000

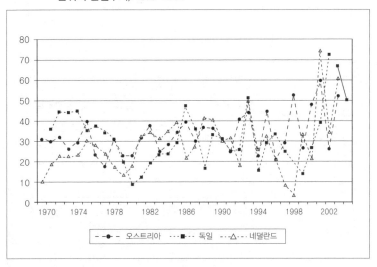

출처: Huber et al.(2004).

다(그림 4.3). 세 나라 모두 GDP대비 전체적인 대외무역 비율은 늘었다. 그러나 독일에 비해 네덜란드와 오스트리아가 상당히 높은 비율을 보였는데, 이는 대체로 경제 규모의 차이에서 비롯된 것이었다.

대외무역의 관련성이 상당히 증가했을 뿐만 아니라, 국제자본 유동의 중요성 또한 증대했다. 자본유동성을 GDP 대비 비율로 측정하면 특히 네덜란드에서 높았다. 오스트리아가 주로 해외 직접투자의 수입국인 반면, 네덜란드와 독일은 순수출국가다. 오스트리아에게는 최단기성 간접투자(portfolio investment) 수지가 유리하지만, 네덜란드에게는 불리하고 독일은 극단적인 최상의 유동성 수준으로 나타나게 된다.

자본유동성과 대외무역을 고려하면, 우리는 국제정치경제에서의 연계성(embeddedness)이 지난 30년간, 특히 1990년대 이후 점점 증가해왔다고 주장할 수 있다. 그러나 순세계화[67]를 보여주는 그림 4.5와 같이, 세 나라 모두 이 기간 동안 세계화를 성취했다.

그럼에도 불구하고 혹자는 세 국가 경제의 국제경쟁은 과거 복지국가 개혁의 결과라고 주장할 수 있다. 세계화와 복지국가 간 엄밀한 인과관계적 특성은 정치경제학자들 사이에서 여전히 심각한 논쟁거리이기 때문에, 이러한 주장이 너무 쉽게 기각되어서는 안 된다(Bowles and Wagman 1997; Rhodes 1996; 2001; Brady et al. 2005). 세계화가 오스트리아, 네덜란드, 그리고 독일 복지국가에 부정적 영향을 주었다고 가정하더라도, 그것이 각각의 복지국가가 반드시 변화된 사회경제적 조건과 조응하는 방식으로 바뀌었을 것이라는 것을 의미하지는 않는다. 이론적으로 제도의 경직성은 장기간 제도의 역기능이 지속되는 상황으로 이끌 수 있다. '복지국가는 개혁할 필요가 없다. [왜냐하면] 국민들이 복지국가의 개혁을 원할 수밖에 없기 때문이다

(Cox 2001a: 475).'

복합적 수준의 거버넌스와 유럽 통합[의 기운에]이 점증하는 시기, 언론은 자주 유럽연합이 회원국의 정책에 대해 상당한 영향력을 발휘할 것이라고 주장했다. 비슷한 맥락에서 정치학 문헌은 유럽연합 회원제도를 국민국가 내 다수제 원칙을 제한하기 위한 잠재적 변수로 제시했다(Dyson 2003). 이것은 다음과 같은 의문을 제기한다. 유럽연합의 정책들이 오스트리아, 독일, 네덜란드의 복지국가 발전에 상당한 영향을 준 적이 있는가? 유럽연합의 정책들이 이 세 복지국가의 전환에 한 가지 요인이었던 적이라도 있었나?

유럽통화동맹의 수렴조건(convergence criteria)과 안정성 협약, 특히 3% 적자기준[12]—맨 처음엔 하나의 목표로서, 나중엔 상한선—을 지킨 것이 헤링(Hering 2002: 42)이 밝힌 바와 같이 '1995년 이후 독일의 일련의 연금급여 삭감'을 야기했다. 유럽통화동맹은 이 같은 조건으로 분명하게 예산적자를 조정하라고 정부에 대한 압력을 강화했지만 그것이 복지국가 축소의 원인은 아니었다. 지난 30년 동안의 복지국가 발전을 뒤돌아보면, 독일과 네덜란드는 유럽통합의 가속화가 시작되기 전부터 이미 사회지출 조정에 비교적 성공적이었다는 점이 발견된다. 케인스주의 해법, 또는 대규모 적자지출은 전후 독일 혹은 네덜란드 정치경제의 특징이 결코 아니었다(Schmid and Wiebe 1999; Braun 1989: 78ff.). 더욱이 (사회지출) 삭감만이 3% 조건을 유일하게 실현 가능하게 해줄 해법은 아니었다. 정부는 적자 확대를 면하기 위해 급여 삭감 대신, 이론적으로는, (소비)세를 올리는 선택지를 가지고

---

12 유럽연합 회원국들은 단일통화 창설을 위해 마스트리히트 조약을 체결했는데, 이 조약에 유럽통화동맹 가입의 적합조건으로 GDP 대비 재정적자 3% 이내, GDP 대비 정부 채무 60% 이내 감축 등이 명시되어 있다.

있다. 네덜란드와 독일 정부 모두 소득세율을 더 낮췄음에도 불구하고, 부가가치세를 올리고, 환경세를 도입함으로써 이 선택지를 실행에 옮겼다(Abrate 2004: 243; Truger 2001).

또한 수렴조건을 더욱 면밀하게 조사해보면, 엄격한 3% 적자기준을 추진했던 사람이 누구보다 독일 정부의 전 기민/기사 출신 재무장관 테오 바이겔(Theo Waigel)이었다는 사실을 발견한다. 적자와 부채 기준이 사회정책에 어떠한 영향을 주었다면, 그것의 원인은 유럽 통합이 아니라, 오히려 독일 정책결정자들의 재정적 보수주의에 있었다(Dyson 2003; Tsoukalis 2000). 네덜란드는 작은 회원국 중 하나지만, 유럽연합 당국(브뤼셀)이 만든 조건에 대응하는데, 무기력하지 않았고 그 정반대였다. 네덜란드는 독일과 마찬가지로, 화폐통합으로 더 깊

그림 4.5 GDP 대비 투자개방성(유입 + 해외 직접투자의 유출 + 미화 백만 달러 단위의 간접투자): 1970-2000

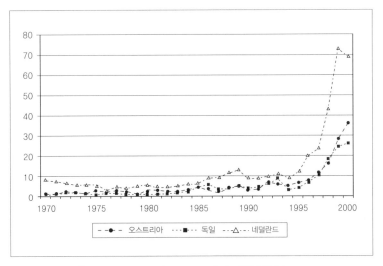

출처: IMF 재정통계(Financial Statistics); D. Brady가 자료제공(개별통신).

숙이 이동하기 전에 거시경제통합이 잘 발전되어야 한다는 점을 확실하게 하는 데 촉각을 곤두세웠다(Maes and Verdun 2005: 339). 실제로 마스트리히트 조약은 네덜란드가 유럽공동체(EC) 의장국 시절에 체결되었고, "네덜란드는 독일의 수문장과 중요 협력자 역할을 했다(Maes and Verdun 2005: 327)". 또한 유럽통화동맹의 몇몇 작은 회원국들의 영향력이 줄어들기보다는 증대되었다. 로콘이 네덜란드의 영향력 측면에서 강조한 바, "독일연방은행의 위원회에 네덜란드 사람은 없지만, 네덜란드는 유럽중앙은행 위원회를 대표한다(Rochon 1999: 260)". 다른 유럽 국가들과 달리 네덜란드에게 수렴조건들은 정치적으로 어느 정도 합의된 것이었기 때문에, 이미 1980년대 초에 시작된 개혁 과정을 확인하는 것에 불과했다(Jones 1998: 169).

안정성 협약의 영향력에 관해 독일과 네덜란드의 상황은 어느 정도 비교할 만하지만, 오스트리아의 위상은 매우 다르다. 첫째, 오스트리아만이 회원국으로 유일하게 가입했던 1995년 이후, [오스트리아는] 적자와 부채기준을 결정하는 데 어떠한 영향력도 행사하지 않았다. 둘째, 독일과 네덜란드와는 반대로, 오스트리아는 강력한 적자지출의 전통을 가지고 있었는데, 이는 오스트로 케인스주의의 핵심 요소를 구성하는 것이었다. 오스트리아는 1986년 이후 예산건전화 정책을 추진하여 1992년에는 적자를 5%에서 3.2%로 줄였지만, 이러한 정책 전개가 지속적인 정책 이동으로 나타나지는 않았다. 그 이듬해부터 1995년까지 적자는 다시 5%로 증가했다(Butschek 2002: 50ff.). 대부분의 연구자들이 1995년과 1996년 오스트리아의 구조조정이 유럽연합 가입의 결과였다고 주장(Obinger 2001: 23; Tálos and Badelt 1999: 353)했지만, 이것의 인과성은 체계적인 경험적 증거들에 의해 지지되기보다는 가정에 의한 것이었다. 팔크너(Falkner 2002)는 안정성

협약에 대한 언급이 국내 정책을 정당화하는 데 활용되었다는 점을 명심해야 한다고 주장한다. 게다가 우리는 오스트리아의 정치인들이 마스트리히트 기준에 의거하지 않고 예전과 같이 [정책을] 운영하려고 했는지 알지 못한다. 1980년대 추진된 예산건전화 정책을 감안하면, 이러한 정책적 접근이 1990년대까지도 확장되었을 것이고, 그래서 [세계화가 정책변화에 큰 영향을 주지 못했다는] 반사실성을 형성할 수 있다는 합리적 가능성이 존재했다.

유럽통화동맹과 관련된 재정 '억제'를 제외하면, 유럽 통합의 증대 자체가 복지국가의 변화를 목도하는 데 기여했다고 주장할 수도 있다. 하지만, 유럽연합의 사회정책 분석은 사회정책이 유럽 통합에 의해 급진적으로 진척되지 않은 영역 중 하나라는 것을 보여주었다. 일반법칙으로서 보충성의 원리(Spicker 1991)는 사회정책 형성에 적용된다. 이것이 국민국가 수준에서 유럽연합이 사회정책 형성과 관련이 없다는 것은 아니다. 예컨대 지난 수십 년간 사회정책과 관련해서 가장 중요한 유럽연합의 제도는 유럽사법재판소(ECJ)였다. 유럽사법재판소는 수많은 판결을 통해, 유럽연합 내 서비스와 사람들, 혹은 노동자들의 이전의 자유에 기초해서 사회정책 영역에서 여러 가지 차별 관행의 철폐를 결정했다.[68] 최근의 이른바 룩셈부르크 프로세스(Luxembourg Process, 공개적 협력방안)[13]의 실행이 아직까지 노동시장 혹

---

13 1997년 11월 20-21일 개최된 룩셈부르크 유럽위원회-'일자리 최고회담'(job summit)으로도 알려져 있는-는 1997년 6월에 체결된 암스테르담 조약의 고용부문 채택을 반영하여, 당시 유럽공동체(EC)의 고용위기의 원인들을 규명하는 데 그 목적이 있었다. 암스테르담 조약의 128조(현재 유럽연합조약-EUEF-의 148조)에 의해 설정된 개방적 협력 방식이 바로 룩셈부르크 프로세스다. 여기에는 연간고용지침, 국가고용행동계획, 그리고 합동고용보고서 작성 등이 포함되어 있다. 1997년부터 2002년까지 고용지침은 기업가정신, 고용능력, 적응력, 그리고 동등한 기회라는 네 가지 축으로 이루어졌다. 반면 2003년부터는 고용지침의 수가 상당 부분 줄어들었고, 네 가지 축도 완전고용, 노동의 질과 생산성 개선, 그리고 사회통합과 포

은 연금정책의 유럽화를 급속하게 형성하지는 못했지만, 미래에 중대한 결과를 가져올지 모를 일이다.[69] 그러나 이러한 잠재적 결과는 위계적인 유럽연합의 개입보다는 관념(idea)의 확산에 의한 것일 가능성이 높다.

여론과 복지국가

사람들은 복지국가가 개혁되기를 반드시 원한다는 콕스(Cox 2001a)의 주장에 따라, 지난 30여 년간 복지국가에 대한 사회적 그리고 문화적 지지가 여러 가지 방식으로 실제 변했다면, 이것으로 이 기간에 걸쳐 우리가 목격한 정책 변화를 설명할 수 있다고 얘기할 수 있을지 모른다. 복지국가의 개혁과는 반대로, 다양한 조사 자료는 세 국가에서 복지국가에 대한 강력하고 지속적인 지지를 보여주었다(Plasser and Ulram 2002: 154; Rose 2004: 72). 독일에서 이러한 지지는 동독 지역에서 상당히 더 높은 지지율로 나타남으로써 통일에 의해 훨씬 더 강화되었다(Andreß and Heien 2001; Roller 1999a).

긴축시기에 어떤 공공 프로그램이나 공공정책 분야가 축소되어야 하느냐는 질문에 독일 국민의 70% 이상의 다수가 공공행정, 방위 및 유럽연합으로의 이전금에 대해 지적했다. 반면 평균적으로 단지 18%만이 여러 가지 사회정책 영역에서의 삭감에 찬성했다(Roller 1999b:

용성의 강화라는 세 가지 주요 목표로 대체되었다. 한편 룩셈부르크 프로세스는 1년 단위로 계속되고 있지만, 2003년 고용지침은 3년 단위를 도입함으로써, 지침의 내용도 3년마다 수정되고 있다. 이는 지침의 더 나은 실행평가를 위한 것이다.
http://www.eurofound.europa.eu/areas/industrialrelations/dictionary/definitions/luxembourgprocess.htm(검색일: 2013.8.1)

30).[70] 마찬가지로 네덜란드와 오스트리아에서도 1980년대와 1990년대 여론조사는 다수가 복지국가 축소를 지지하지 않는 것으로 드러났다. 네덜란드 사회문화계획국(Sociaal en Cultureel Planbureau)의 한 연구는 사회보험급여 증대에 대한 공적지원 비율이 1980년 21%에서 1989년 57%로 꾸준하게 올라갔음을 보여주었다(SCP 1993: 111). 1990년대 네덜란드 국민의 3분의 2는 정부지출의 증대를 선호했다(Rose 2004: 72). 오스트리아와 독일에서 복지국가 개혁의 핵심 요소였던 노령[연금]체계에 대한 여론조사 자료를 심층조사하면, 유권자에게 공적연금이 강력하게 지지받고 있음이 발견된다. 2001년 가을에 조사된 자료에 따르면, 독일인 거주자의 91%가 이전소득에 기초해서 노령의 시민들에게 적절한 표준생계를 보장하는 연금체계를 선호한다고 답했다. 단지 35%만이 공적연금 급여는 기초생활만을 포함하고 시민들은 개인적인 수단을 통해 노령의 위험에 대비해 추가적으로 보험에 가입해야 한다는 진술에 동의했다. 60% 이상은 사회보험 기여금이 오른다고 하더라도, 현재(2001)의 연금급여 수준이 지속되는 것을 지지한다고 대답했다(Kohl 2002: 490f.). 유사하게 오스트리아 국민의 약 70%는 차라리 기여금과 세금을 높이는 한이 있더라도, 연금급여 삭감에는 반대했다(Eurobarometer 2004).

마지막으로 우리가 숙지해야 할 것은 지난 십여 년간 꾸준히 늘어나고 있는 복지국가 수급자들(Versorgungsklassen)이 복지국가 발전을 결정하는 데 상당한 영향력을 가지고 있다는 점을 견지하고 있는 분석가들의 접근법이다(Pierson 2001 참조).[71] 노령화사회를 감안하면, 이러한 이론적 접근은 연금체계-우리의 분석에서 명료하게 다루지는 않았던 사례-의 축소보다는 이전의 정책경로의 지속을 원하는 방향으로 이끈다. 더욱이 이론적 가정과는 반대로, 경험적 증거들은 복지국가에 대한 지지와 관련해서 다양한 사회경제적 집단 간 차이가 사실상 매우 작다는 것을 보여주고 있다. 예컨대 오스트리아의 경우, 블루컬러 노동자들의 82%, 화이트컬러 노동자들의 73%, 공공부문 노동자들의 91%, 그리고 자영업 종사자의 84%가 핵심적인 복지국가 제도에 대한 거의 무제한적인 지지를 보여주고 있다(IFES 2003: 23f.). 독일 역시 실업자들의 91%, 총 연금수급자들의 86%, 공공부문 노동자들의 84%, 그리고 사적 영역 노동자들의 86%가 복지국가의 제도적 핵심, 즉 중요한 사회적 위험에 대처하기 위해 소득을 안정적으로 제공하는 공적 책임이 있다는 데 지지한다(Roller2002a: 16; Fuchs and Roller 2002: 612). 제시된 자료에 근거해서, 우리가 주장하는 바는 세 국가의 국민들은 복지국가 축소에 반대했고, 어느 정도 복지국가의 확대를 지지하기까지 했기 때문에, 대체로 복지국가 축소에 회의적이었다는 것이다.

제도주의적 설명

제도주의 분석은 복지국가의 중요성을 설명하는 데 정치제도, 특히 '거부권행사자'의 역할을 강조해왔다(Tsebelis 2002). 그러나 이 방법론에 기초한 연구는 정책 변화가 아니라, 안정성을 설명하기 위해 고안된 것이었다. 우리의 정책 분석에서 보여준 바와 같이 변화는 실제로 일어났다. 그러므로 어떻게 거부권행사자들이 거부권행사자가 되는 것을 막거나 극복하는가에 대해 이해할 필요가 있다. 독일 사례와 관련해서 연방상원(Bundesrat)이 종종 개혁을 제한하는 역할을 한 것으로 강조된다(Jochem 1999). 그럼에도 불구하고, 양원의 다수가 반대했던 회기 중에서조차, 중차대한 사회정책 개혁은 가능했다. 이것은 간단히 말해, 많은 사회정책 영역에서 법안 발효에 상원의 찬성이 요구되지 않는다는 사실에 기인한다. 게다가 많은 경우 연방상원의 반대로 법안 채택을 단지 지연시킬 수는 있어도, 막을 수는 없다(정지권).[14] 사회보험 프로그램의 자격기준뿐만 아니라 기보험료와 급여수준에 대한 결정은 대체로 하원에 속해 있다. 예들 들어 1990년대 후반기에 보수당 정부에 의해 발효된 포괄적인 연금개혁에 사민당이 지배하고 있었던 상원의 동의는 필요하지 않았다. 더 나아가 적극적 노동시장 정책의 측면에서, 연방고용 서비스 예산은 대체로 상원의 동의가 필요 없는 연방예산의 부가사항이라는 점에 주목하는 것이 중요하다.

원안 중 상원의 동의가 필요한 몇몇 법률안은 입법 과정을 통해 개혁적인 제안들의 중요한 부분을 밀어붙이기 위해서 연방정부에 의해 법안이 분리되었다. 일례로 중요 노동시장 정책과 관련해서 1994년과 1997년 보수연립정부에 의해 이러한 방식이 활용되었다(Restle and Rockstroh 1994; Zohlnhöfer 2001: 678).[72] 적녹연정의 초기 연금개혁 법률안 역시 기민/기사당이 다수인 상원의 동의가 필요한 조항들이 포함되어 있었다. 기민/기사당이 절대적인 거부권행사를 하겠다고 위협했기 때문에, 적녹연정은 법률제안서를 두 부분으로 나누었다. 상원의 동의가 요구되는 부분은 우선 민영 및 기업연금 계획에 대한 조세 혜택과 관련된 것이었다. 적녹연정은 합의구축 전략을 효과적으로 활용함으로써, 결국 상원에서 성공적으로 다수의 동의를 받을 수

---

14 suspensive veto. 일시적 법안보류 권한을 의미하는 것으로, 대통령제에서는 대통령의 거부권이 대표적이다. 독일 상원의 정지권(Einsprich)에 의해 거부된 법안은 이후 과반수의 1표가 추가되면 통과될 수 있다.

있었다. 기민련이 처음부터 대체로 전술적 고려 없이 원칙의 문제가 아닌 선에서 연금개혁에 반대 목소리를 냈던 사실에 의해 상원에서 다수구축 과정은 수월하게 진행되었다(Unterhinninghofen 2002: 216f.; Dünn and Fasshauer 2001).

경제정책 분야에서, 조세정책은 연방상원에 의해 강력하게 구성되는 영역으로 나타난다. 1990년대 말, 사민당이 다수였던 연방상원은 소득세 개혁의 거부권을 효과적으로 활용했다. 하지만 이후 적녹연정은 매우 유사한 조세개혁안을 제출했고, 상원에서 다수가 아니었음에도 불구하고, 몇몇 주에서 충분한 지지를 얻을 수 있었다. 게다가 적녹연정에게 상원의 거부권을 무력화하기 위해 선심정치(pork-barrel politics)를 이용하는 것이 효과적인 것으로 보였다(Zohlnhöfer 2003). 이러한 사례들은 제도(institutional settings)가 선출된 정부의 특정한 사회 및 경제정책 변화의 실행 가능성을 제약한다는 것을 보여준다. 하지만 이들 사례들은 또한 하나의 효과적인 거부권자로서 상원의 역할과 관련해서 특정한 절차의 복합성을 강조하고 있다.

독일과 비교할 때, 오스트리아의 연방주의는 덜 제도화되어 있고, 그러한 의미에서 그 중요성도 덜하다. 사실상 연방상원 의장이 최소의 권한만 가지고 있어, 국민의회(연방하원, Nationalrat)에 의한 입법 행동 반경에 제약은 없다. 하원은 상원의 거부권을 무시할 수 있기 때문에, 오스트리아의 정치체제가 '순수한 양원제는 아니다(Pelinka 2003: 524)'. 비록 상원이 8주 안에 하원에서 제안된 법률에 대한 타당한 반대를 제기할 수 있지만, 이는 단지 지연 효과만을 지닌다. 하원은 상원의 거부권(Beharrungsbeschluss)에 대응할 수 있는 능력을 가지고 있어서 효과적으로 무력화시킨다(Obinger 2001; Pelinka 2003). 그러나 1945년과 1995년 사이 상원은 전체 입법안 중 2%의 거부권만을 행사했다. 이 놀라울 만한 낮은 비율은 상원과 하원이 긴밀하게 얽혀 있다는 사실로 설명될 수 있다. 이는 한편으로는 상원에서 정당대표 간 밀접한 협력과 다른 한편으로는 하원과 상원에서의 다수가 유사했던 대연정 시기에 자주 발생했다(Müller 1992; Obinger 2001). 요약하면, 오스트리아 상원은 상당한 거부권을 가진 독립적인 정치행위자로 간주할 수 없다(Müller 1992: 124). 이는 연방주의 원리에 기초한 양원 구조로는 오스트리아에서 관찰된 복지국가의 변화를 설명하는 데 불충분하다는 결론을 이끈다.

네덜란드의 양원제는 제2원이라 불리는 대중적으로 선출된 의회(하원)와 지방의회 의원 중에서 선출한 75명의 상원의원으로 구성된 제1원(상원)에 기초를 두고 있다. 독일과 다르고 오스트리아와 유사하게, 네덜란드 상원의 구성은 지역적 균형 혹은 정당정치(partisanship)에 기초한 하원의 그것과 크게 다르지 않다(Rachon 1999: 115). 하원에서 통과된 법률초안은 초안의 거부 혹은 채택 권한만을 가진 상원에 곧장 전달된다. 이론적으로는 가능하지만, 타협의 여지 없는 거부권(definite veto)은 네덜란드의 협의(consultative)민주주의에 부적절하다고 생각되었고, 공식적으로 한 번도 행사된 적이 없다. 상원은 법률안이 거의 통과될 가능성이 없어 보이면, 미리 신호를 보내 간접적으로 하원에 수정을 요구한다. 하지만 이 과정은 사실상 도덕과 윤리적 문제를 다루고 있는 법률안에 국한된다. 그래서 상원이 형식적인 정의에 따른 거부권자라도 해도, 실제로는 거부권을 사용하지 않는다(Lepszy 2003: 360f.; Rochon 1999: 115ff.).

독일만 국한해서 보면, 두 번째 잠재적 거부권자인 연방헌법재판소(이하 헌법재판소)가 몇몇 연구자들에 의해 '대체 입법부'로 규정되어 왔다(Scholz 1999). 헌법재판소가 사회정책 영역에서 중요한 판결들을 내리긴 했지만, 그 원칙은 사회정의의 촉진 수단을 규정하기 위한 연방의회의 책임성 안에 있다는 점을 강조해왔다(Bleses and Seeleib-Kaiser 2004: 101f.). 다른 판결에서도 나타나듯이, 법원은 과거에 특정한 입법 과정에 개입하거나 방해하지 않았던 것처럼 '거부권행사자'로 행동하지 않았다. 대신 현행법에 대해 사법부의 감시라고 할 수 있는 헌법 원리에의 일치 여부와 관련한 검토 작업을 했다. 놀랍게도 법원은 가족 자체가 사회정책 담론 내부에서 중심단계로 이동했었던 시기에 가족에 대한 차별문제를 받아들이기 시작했다(제5장 참조). 이러한 의미에서 헌법재판소는 더 많은 가족지향적 정책의 실행을 추진함으로써, 정책 안정성에 공헌하기보다는 정책 변화를 촉진시켰다(Lhotta 2002; Gerlach 2000).

오스트리아에도 헌법재판소가 있지만, 구체적인 운영 양식은 독일과 매우 다르다. 1980년대까지 헌법재판소는 정치적으로 민감한 분야에 개입하는 것을 다소 자제해왔다. 이것은 헌재 재판관 지명권이 양대 복지국가 정당의 영향력 아래 있다는 것에 어느 정도 기인했다. 이론상 연방하원에서 3분의 2의 다수면 예비법률(prospective law)을 미리 합헌으로 분류(Erkenntnisvereitelung, 심사유보)하거나 혹은 사후에 합헌으로 분류(Erkenntniskorrektur, 재심)하여, 법률심사를 우회할 수 있다. 대연정 시기에 집권당은 필수적인 3분의 2를 항상 보유하고 있었다(Obinger 2001: 10ff.). 오스트리아와 독일과 달리, 네덜란드는 헌법재판소가 없다(Lepszy 2003: 350).

오스트리아와 네덜란드의 복지국가 변화에 대한 문헌은 사회적 협력 체제와 조합주의(corporatism)의 역할에 대해 상당한 관심을 쏟았다. 이러한 제도들이 사회정책 개혁에 얼마나 영향을 주었을까? 오스트리아에서 결사체(associations)와 국가 행위자의 협력은 일차적으로 거시 수준에서 일어나는데, 정당위원회의 임금 조정과 가격 결정이 가장 중요한 사례다(Tálos 1985, 1993). 더군다나 상급 단체(umbrella associations)는 자문, 전문가 검토, 그리고 의회에 앞서 정책 형성에 참여하고 있다(Tálos and Fink 2003; 200ff.; Tálos and Kittel 2001, 2002: 36ff.). 이러한 공식 및 비공식 과정은 관련 단체들과 양대 복지국가 정당 간 밀접한 인적, 조직적 결합으로 특징지어진다(Tálos and Fink 2003; 200ff.; Tálos and Kittel 2001: 73, 2002: 36ff.). 관련 이익단체들이 연방정부에 대해 '상당한 거부 가능성(Obinger 2001: 26)'을 가지고 있다는 사실에는 이견이 있을 수 없다. 사회적 협력제도가 다른 나라와 비교할 때 여전히 중요성을 지니고 있지만, 1980년대 후반 이후 그 영향력은 줄어들고 있다. 1980년대 후반에 이르러 정당위원회는 공식적인 검토 기능(remit)을 상실하고 비공식적인 의견(ideas) 교환을 위한 조직으로 전락했다(Kittel and Tálos 1999: 109f.; Tálos and Kittel 2002: 43f.). 사회적 협력체제의 약화는 특히 1990년대 중반 이후 노조연합체의 쇠퇴로 나타났다. 언뜻 보면 정책결정 과정에서 노조연합체가 여전히 전통적인 노선을 따르고 있는 것 같지만, 이제 정부는 대체로 게임의 규칙을 정해주고 있다(Kittel and Tálos 1999: 129). 오스트리아 국민-자유당 연정은 특히 노조연합체에 비판적이어서, 몇 가지 정책 분야에서 공식적인 협조를 완전히 폐지했다(Tálos and Fink 2003; 221ff.; Tálos and Kittel 2001: 238). 그래서 사회적 협력 체제의 쇠퇴는 제도적으로 경제 및 사회정책 변화를 촉진시킨 것으로 인식될 수 있다.

보건 분야를 제외하면(Döhler and Manow1997), 독일은 거시 수준에서 다른 나라와 구별되는 강력하고 효과적인 조합주의 전통을 가지고 있지 않고(Wessels 1999), 최근에 실패했던 경제 및 사회정책 방안들을 재활성화하고자 노력하고 있다(Reutter 2004). 반면, 제도화된 조합주의는 종종 네덜란드의 최근 경제 및 사회정책 변화에 대한 주요 설명 요소 중 하나로 인식되고 있다. 이러한 시각에 따르면, 순응전략을 통한 합의적 타협이 복지국가 개혁을 위한 광범위한 사회적 기반을 제공해왔다(Kleinfeld 2000: 217ff.; Visser and Hemerijck 1998; Cuperus 2001). 이러한 설명이 일반적이지만, 몇 가지 이유에서 매우 문제가 많다. 네덜란드 정치문화에 내재한 타협과 협약의 중요성에 의해 상징화된 협의주의(consociationalism)의 궤적이 남아 있는 것은 분명하지만(Mair 1994: 118; van Waarden 2002: 46; van Kersbergen 1997: 320), 학계에서 '네덜란드의' 조합주의 역사를 하나의 성공 모델로 찾아내기까지 거의 15년이 걸렸다(Becker 2000b: 3; Kleinfeld 1998: 482). 1990년대 중반까지 논쟁의 방향은 실제로 매우 적대적이었다. 조합주의는 필요한 변화를 거부하고 '네덜란드 병'을 더욱 악화시킨 유명한 네덜란드의 복지부동에 대해 광의의 책임이 있었다(Hemerijck 1995; Keman 1996: 242). 정책결정의 고도로 제도화되고 복잡한 과정은 급변하는 글로벌 경제에서 부적절한 것으로 인식되었다(Woldendorp 1995: 122). 1980년대 초부터 시작한 이 담론은 정부가 사회경제위원회(SER)를 무력화하고, 자유주의 전문가 위원회의 자문을 구하는 통치 과정 속에서 조합주의의 영향력을 축소함으로써 성취되었다(Visser and Hemerijck 1998: 139; Kleinfeld 2000: 254). 1980년대 중반, 의회가 사회경제위원회의 자문을 구할 의무가 폐지되었고, 사회보험 행정에서 사회적 협력자들의 영향력이 현저하게 줄어들었다(Kleinfeld 1998: 141; Koole and Daalder 2002: 36f.). 이렇게 해서 조합주의 수준이 점점 낮아졌다고는 하지만, 경제활동을 위한 핵심적 제도 조직은 지속되었다(Lamping and Vergunst 2000: 18). 그러나 네덜란드의 조합주의가 5년도안 되는 기간 동안 현상 유지와 복지국가 개혁의 성공을 모두 설명하는 것으로 제시될 수밖에 없다는 사실은 제도적 구조와 전통이 매우 다른 방식으로 해석될 수 있다는 것을 강하게 보여준다. 그래서 협의 민주주의 전통의 흔적이 남아 있기는 하지만, 제도적 접근으로는 네덜란드 복지국가의 변화—특히 매우 격렬했던 1990년대 초 장애인보험 개혁과 관련한—를 충분하게 설명할 수 없다(FNV/CNV/MHP 1992; Akkermans 1999: 142; Green-Pedersen 2001).

정당성격(Partisanship)

정당은 복지국가의 궤적을 형성하는 결정적인 행위자로 인정된다. 일반적으로 '정당 중요성' 이론은 다양한 정당들이 특정한 계급 이익을 대표한다는 계급 분석에 기초하고 있다. 고전적 '정당 중요성' 테제에 기초하면, 기민당이 주도한 사회정책 변화는 분명히 사민당에 의해 수행된 사회정책과 달라야 한다(Hibbs 1977). 전통적으로 기민당은 서비스 제공에서 지방자치단체뿐만 아니라 직장 지위보호와 가족의 사회적 책임을 강조하는 사회정책 접근법을 선호한다고 알려져 있다. 반면 사민당은 완전고용에 대한 국가의 제도적 책임성을 인정함과 동시에 보편적 급여와 사회 서비스로 설계된 사회정책을 더 나은 대안으로 믿고 있다(van Kersbergen 1995). 역사적으로 보여진 바와 같이, 기민당의 집권은 세 복지국가의 설계, 특히 사회적 위험에 대처하는 남성부양자 보장에 상당한 영향을 주었다. 양대 복지국가 정당은 1970년대 중반 이후 오스트리아, 독일, 그리고 네덜란드에서 다양하게 구성되었던 연립정부의 상위 파트너였다. 킷쉘트(Kitschelt

2001)에 따르면, 기민당이나 사민당 중 하나가 고통스런 사회정책 개혁을 추진하는 그러한 정당 경쟁의 구성은 선거에서 불리한 결과를 초래할 수도 있기 때문에 유인동기(incentive)가 없다. 포괄적인 정책 변동은 양대 복지정당의 대연정에 의해서만 성취될 수 있었다. 결국 일방적인 정책 변동은 대부분 점진적인 개혁 경로를 따르기 쉽다. 어느 정도 이 주장은 복지국가의 개혁 필요성을 은연중에 받아들이고 복지국가 발전을 설명하는 데 하나의 변수로서 정당 고유의 정치적 성격(partisanship)이 쇠퇴하고 있다는 가정에 근거하고 있다.

1980년대 오스트리아의 양대 정당은 재정과 경제정책에서 예산건전성을 최우선으로 했다. 이 명백한 정치적 선회는 1986년과 1987년의 오스트리아 사민당 주도의 대연정에 의해 실행되었다. 1975년과 1982년 사이 사민당이 절대 다수로 집권했지만, 사민주의의 이상형에 부합하는 보편적인 노선에 따라 복지체제를 재정비하지는 않았다. 게다가 기초연금급여의 폐지를 통해 1984년 연금체계의 형평성 원칙을 강조했던 것은 사민-자유 연정이었다. 이 개혁은 팽창적 복지국가 발전에서 예산건전화로 나아가는 전환점으로 여겨진다(Tálos 2004: 222; Tálos and Wörrister 1998: 257). 그러므로 계급기반의 '정당 중요성' 테제는 1990년 후반까지 오스트리아의 경제와 사회정책과 관련한 변화를 충분하게 설명해주지 못한다. 그러나 근본적인 복지국가 변동은—특히 노령보험과 관련해서—2000년에 집권한 국민당과 자유당의 보수-자유 연정에 의해 실행되었다(Obinger 2002b: 55ff.; Tálos 2005). 이러한 가장 최근의 변동은 '정당 중요성' 이론에 한층 더 명료하게 들어맞지만, 양대 복지국가 정당을 가진 정치체제에서 점진적인 복지국가 변동이 일어난다는 킷쉘트의 가설에는 역행한다.

비록 독일 사민당과 기민련이, 특히 노동시장 정책의 시각에서 경제 및 고용정책과 관련해 처음에는 이상형에 더 가깝게 근접했지만, 시간이 지나면서 우리는 다른 연립정부의 정책과 큰 차이점을 발견하지 못했다. 사실 1970년대와 1980년대 적극적 노동시장 정책에 대한 상당한 지출 삭감을 통해 매우 견고한 경기순환적 정책을 추진했던 것은 사민-자유 연립정부였다. 더욱이 1990년대 말에서 2000년대 초까지 전통적인 적극적 노동시장 정책 수단의 축소를 지속시켰던 것은 적녹연정이었다. 비록 적녹연정이 사실상 '새로운' 활성화 수단을 도입했지만, 이 전략은 이미 이전의 보수당 정부가 추진했었던 개혁 방식의 연속성을 가속화시켰던 것으로 특징지을 수 있다. 매우 높은 실업률을 감안한다면, 적녹연정에 의해 실행되었던 노동시장 정책을 결코 국가가 완전고용에 대해 책임져야 한다는 지표로 해석할 수 없다. 게다가 적녹연정에 의한 노령보험체계의 부분적 민영화는 '정당 중요성' 테제의 예상과는 반대편으로 나갔다. 최종적으로 헬무트 콜 총리의 보수정부와 게르하르트 슈뢰더(Gerhard Schröder) 총리가 이끌었던 적녹연정 모두 가족 중심의 사회정책을 확장시켰다. 여기에 제시된 자료로 비추어보면, 고전적 '정당 중요성' 테제는 독일 복지국가의 전환을 설명하는 데 매우 제한적인 설득력을 지니고 있다. 오스트리아와 네덜란드와 달리, 1969년부터 2002년까지 독일에서는 대연정이 없었다. 양대 복지국가 정당은 정당 경쟁 때문에 일방적인 조치를 추진할 수 없다는 이론적 논거와는 달리, 우리는 실제 독일에서 특정 사회정책의 축소를 위한 일방적 주도권이 사용된 것을 보아왔다. 1983년 연방선거에 앞서, 기민련과 자유당은 상당한 복지예산 삭감을 단행했다. 특히 실업보험 급여의 소득대체율 축소와 자격기준 강화는 사민당에 의해 거센 저항을 받았다. 1998년 연방

선거에서는 사민당의 분명한 반대에도 불구하고 1997/98년 급진적인 노동개혁법안의 실행으로 보수연정이 유지되지 못했다. 많은 분석가들은 노령보험 개혁이 양대 복지국가 정당 간 광범위한 합의에 의해서만 성취될 수 있다고 생각했다. 이에 따라 1992년 연금개혁이 양대 정당의 지원으로 실행되었다는 사실을 지적할 수 있다(Nullmeier and Rüber 1993). 하지만 1990년대 중반에 이르러 일방적 방식 또한 연금정치의 영역까지 확장되었다(Hinrichs 1998, 2001). 1997년 기민-자유 연정에 의해 실행된 개혁과 2001년 적녹연정에 의해 통과된 개혁은 모두 일방적으로 입안되었고, 상당한 연금 삭감을 포함하고 있었다. 결과적으로 복지국가 정당 간 경쟁이 투표 당일 정당이 처벌을 당할 위험이 증대할 수 있음에도 불구하고, 양대 정당은 일방적으로 상당한 복지개혁을 단행할 수 있었다.

'정당 중요성' 테제의 이상형이 일반적 시각에서 1970년대 중반까지 네덜란드 사례에 부합하고 있었지만, 우리 연구는 이 테제가 그 이후 복지국가 변동을 설명하는 데는 부적절하다는 점을 보여준다. 기민-자유 연정(1977-81)이 맨 처음 긴축정책을 도입했지만, 또한 공공고용 확대를 포함하는 확대정책도 추진했다(Seils 2004: 89; Toirkens 1988: 83f.). 대연정(1989-94)의 참여 정당으로서, 노동당은 예산건전성과 통화안정에 초점을 맞춘 정책 프로그램뿐만 아니라, 급여 삭감과 질병 및 장해급여의 부분적 민영화를 받아들였다. 노동당은 격렬한 내부 갈등으로 당원의 17%가 탈당하고 여론조사에서 정당투표자의 3분의 1을 잃을 것이라는 예측에도 불구하고, 이 과정을 추진했다(Aart and de Jong 1996b: 63; Hillebrand and Irwin 1999: 131). 더욱이 이어진 노동당과 두 자유주의 정당의 연립정부는 연속적인 정책을 추진했다(Lepszy and Koecke 2000: 224; Cuperus 2001: 218; Green-Perdersen

2002: 107). 그러므로 '정당 중요성' 테제는 1980년대와 1990년대 복지국가 변동을 설명하는 데 매우 한계를 지닌다. 그러나 양대 복지국가 정당이 존재하는 국가에서 주요 복지국가 개혁은 대연정에 의해 실행되기 쉽다는 킷쉘트의 가설에 따르면, 네덜란드는 킷쉘트 가설을 지지하는 사례로 보인다. 대연정(1989-94)은 전반적인 복지국가의 질적 점검 과정을 수립했다. 질병급여와 장해보험의 부분적 민영화를 실행했고, 몇 가지 급여의 자격기준을 강화했으며, 시장임금과 [복지]급여를 연계하는 새로운 제도(mechanism)를 도입했다(Lepszy and Koecke 2000: 195ff.). 하지만 우리는 또한 1980년대 초 대규모 복지국가 축소를 목표로 하여 매우 일방적으로 추진된 정책개혁을 목도했다. 자유주의 정당인 자민당(VVD)과 함께 기민당은 사민당의 격렬한 반대에 맞서, 1982년부터 급여와 소득대체율의 근본적인 삭감을 단행했다(van Praag 1994: 139; Green-Pedersen 2002: 98f.). 고통스런 개혁에 따른 선거에서의 상당한 지지 상실 위험에도 불구하고, 기민당은 재정긴축 방안을 추진하기로 결정했다.

여기에 제시된 증거에 기초해보면, 우리는 정당들이 다른 복지국가 정당에 유권자들을 뺏길 위험에 처하더라도, 일방적인 축소정책을 추진한다는 결론에 도달할 수밖에 없다. 대연정에 의해 상당한 복지국가 개혁이 실행된 네덜란드 사례를 제외하면, '정당 중요성' 테제와 '정당 경쟁' 테제의 두 이론 모두 세 국가에서 시행되어 온 복지국가 개혁을 충분하게 설명하는 데 부족하다. 하지만 오스트리아 사민당(1975-82)을 제외하고 두 복지국가 정당 중 하나는 대연정 혹은 자유당과 함께 집권해야만 했다는 것을 인정할 수밖에 없다. 게다가 세 국가 모두 각각의 의회에서 정당수가 증가하는 정당체제의 상당한 변화를 겪었다.

오스트리아에서 자유당(FPÖ)은 1983년과 1987년 사이 첫 번째 사민-자유연정과 이어서 2000년 이후 쉬쎌(Schüssel) 정부에서 기민당과의 연정 등 수년간 핵심 연정 파트너였다. 사민-자유 연정에서 자유당은 대체로 선거결과가 약소했기 때문에(Luther 2005: 23), 연정협정을 만들거나, 실제 정부정책의 개혁에서 영향을 발휘하지 못했다(Eder 1992: 231ff.). 1986년 요제프 하이더(Josef Heider)가 당수가 된이후, 자유당은 자유주의적 뿌리를 버리고 우파 포퓰리스트 정당(populist party)으로 발전했다. 그 뒤로 국회의 다른 정당들은 처음에는 자유당을 가능한 연정 파트너로 인정하지 않았다(Luther 2005: 4). 이러한 이유로 2000년 선거 이후 국민당과의 연정에서 협상지위가 약화되었다. 자유당은 국민당보다 조금 더 많은 27%를 득표했지만, 정부에서 하위 파트너로서의 역할을 받아들였다. 이러한 취약성은 한편으로는 정당의 개인적 그리고 조직적 자원을 과장하고, 다른 한편으로는 정부 내 인기영합적 대중운동 분파와 책임을 강조하는 분파간 내부 분쟁에 뿌리를 두고 있다(Luther 2005: 23f.). 자유당의 취약성은 국민당의 힘과 기회구조를 강화시켰는데, 국민당이 자유당에게 인기없는 조치와 연립정부의 갈등을 전가하는 데 성공했기 때문이다(Heinisch 2003: 116).

1980년대와 1990년대, 독일 정당체제는 더욱 다당제화되었다. 처음으로 자유민주당(FDP, 이하 자민당)이 연립정부 구성에서 기축(pivotal)정당[15]이 되었다. 사민-자민 연정이 몰락하고, 1998년까지

---

15 기축정당이란 연립정부구성이나 입버과정에서 중심역할을 하는 정당으로, 자산을 기준으로 연대할 정당을 선택한다. 즉 기축정당의 선택에 따라 정부구성과 입법 내용이 달라질 수 있다. 이러한 정당 경쟁 구조를 기축정당체제라하고, 전통적인 좌-우 경쟁구조를 진영체제(bloc system)라고 한다.

지속된 1982년의 보수[기민/기사]-자유 연정을 이끈 것은 자민당의 배신이었다. 녹색당 창당과 연방의회 선거에서 녹색당의 성공으로, 보수-자유당을 한 편으로 하고, 사민-녹색당을 다른 한 편으로 하면서 연립정부의 가능성을 구조화하는 두 가지 진영(camps) 논리가 등장했다. 독일 통일은 정당체계에서 또 다른 변화를 촉발시켰는데, 통일사회주의당(Socialist Unity Party)을 계승한 민주사회주의당(PDS, 이하 민사당)[16]이 베를린에서 연정 구성을 위해 상당한 함의를 지닌 중요 지역정당으로 전환했다. 연방차원에서 민사당과 연립정부에 참여하려는 정당이 없었기 때문에, 정부의 교체는 대연정 혹은 적녹연정을 통해서만 가능했고, 이로 인해 기민-자민 연정에 유리한 권력비대칭이 외견상으로는 공고화되는 듯하다. 즉 사민당과 녹색당이 정부를 구성하기 위해서는 기민당, 자민당, 그리고 민사당 득표수의 합보다 더 많이 득표해야 한다는 것이다(Poguntke 1999; Wessels 2004). 비록 자유당이 경제정책에 대해 어느 정도 영향력을 가지고 있었지만, 기민당 출신으로 1998년 보수-자유 연정이 끝날 때까지 노동사회부 장관을 지냈던 노베르트 블림(Norbert Blüm)은 어떤 효율적인 급진 자유주의적 사회정책 개혁도 실현될 수 없게 했다(Schmid 1998). 적녹연정이 성립한 이후, 경제 및 사회정책은 사민당 몫이었다(Fleckenstein 2007). 그러나 연정 구성에 관해 자유당과 녹색당의 중요성이 부각되자, 경제 및 사회정책에 대한 사민당의 영향력은 매우 제한을 받았다.

네덜란드에서는 다극정당체제의 결과로, 기민당과 사민당이 '전통적인' 대연정을 통해 집권하지 않더라도, 항상 강력한 연정 파트너에

---

16 민사당은 2007년 사민당 좌파 탈당파와 노조를 중심으로 구성된 '노동과 사회정의를 위한 선거대안'(WASG)과 합당하여 좌파당(Die Linke)으로 현재 활동하고 있다.

맞닥뜨리게 된다. 예컨대 1982년부터 1989년까지 기민당의 연정파 트너였던 자민당은 1982년 선거에서 23.1%를 득표했다. 1998년에 는 24.6%를 득표해서 두 번째로 강력한 정당이 되어, 30% 이하를 획 득한 사민당의 강력한 파트너가 되었다(www.parlement.com). 쿠페루 스(Cuperus 2001: 201)는 노동당, 자민당, 그리고 민주당(D66)의 보라 연정(1994-2002)은 결과적으로 대연정으로 분류해야 한다고 주장한 다. 1989년부터 1994년까지 사민당과 기민당과의 연정을 제외하면, 우파 자유주의 세력인 자민당은 1977년부터 계속 집권당이었다. 게 다가 1990년대 초에는 새로운 연정의 선택지로 부상했다. 1990년대 까지 우파인 자민당과 노동당 간 연정은 불가능한 것으로 여겨졌고 (Daalder 1987), 이는 1917년부터 1994년까지 안정적 지위를 가지고 기민당이 중단 없이 정부에 참여하는 결과를 가져왔다. 노동당과 양 대 자유주의 정당인 자민당, 그리고 민주당이 참여한 보라연정으로 이 전통은 종식되었고 1994년 기민당을 배제한 첫 번째 민주정부가 수립되었다. 이러한 참신함을 제외하면, 1994년 선거결과는 네 개의 강력한 정당들-노동당 23.9%, 기민당 22.2%, 자민당 19.9%, 민주 당 15.4% 득표(www.parlement.com)-로 구성된 정당체제의 다극화적 특성을 분명하게 보여주었다. 게다가 1990년대의 선거결과는 독일 과 오스트리아와는 반대로 기민당과 사민당이 주요 정당으로 기술될 수 없다는 점을 보여주었다. 1998년 선거에서 자민당은 24.6%의 득 표로 노동당에 이어 두 번째로 강력한 정당이 되었다. 4년 후, 새로 창당한 리스트 뻼 포루뗄링(LPF)[17]이 2위로 오른 반면, 사민당은 4위

---

17 LPF(List Pim Fortuijn)는 '살기 좋은 네덜란드(Livable Netherlands, LN)' 당의 뼅 포루뗄링
이 주도하여 2002년 창당한 자유주의와 민족주의가 혼합된 포퓰리스트 정당이다.

에 그쳤다. 네덜란드에서 양대 복지국가 정당의 상대적 선거 '취약성'에 근거해 보면, 기민당과 사민당이 더 강력해진다고 해서 얼마나 다른 고용 및 사회정책이 추진될 것인가를 정확하게 평가하기는 매우 어렵다.

※요약: 정치제도와 정당정치뿐만 아니라 세계화와 유럽 단일화에 각각 매우 중요한 맥락적 요소가 있다고 하더라도, 오스트리아, 독일, 그리고 네덜란드의 복지국가 변동의 시기와 방향을 만족스럽게 설명할 수 없다. 세계화와 증대된 유럽 통합 같은 요인들은 분석 대상인 특정 복지국가 개혁을 촉발시키지 않았다. 제도주의적 설명 역시 안정성에 대한 편향을 아주 다분히 지니고 있기 때문에, 변동을 설명하는 데 매우 제한적이다. 독일에서 복지개혁은 형식적으로 강력한 거부권자가 존재함에도 불구하고 성취되었다. 네덜란드와 오스트리아의 조합주의 역량은 쇠퇴해왔는데 이로 인해 양국에서 목도된 정책 변동이 용이할 수 있었을지도 모른다. 하지만 네덜란드 조합주의는 종종 당시 사회경제적 문제들을 인식하는 데 기여한 것으로 인정되어왔고, 한편으로는 몇 년 후 성공적으로 적응했다고 알려졌다는 점은 주목할 만하다. 마지막으로 고유한 정당성격(partisanship) 역시 복지국가의 발전을 설명하는 데 충분하지는 않은 듯 보인다. 2000년 선거 이후, 오스트리아의 보수연립정부에 의해 실행된 개혁을 제외하면, 개혁의 방향은 정해진 형식을 따르지는 않았다. 더욱이 오스트리아와 독일의 중요 개혁은 일방에 의해 실행되었고, 네덜란드에서만 공식적인 대연정에 의해 중요 정책개혁이 실행되었다. 1975년에서 1982년까지 오스트리아의 사민당을 제외하면, 비록 세 국가 모두 복지국가에 의해 구성된 정부에서 연정의 참여 정당들이 기축역할을 해왔지만, 오스트리아와 독일에서 고용 및 사회정책에 관한 하위 연

정파트너의 영향력은 분명하게 제한적이었다. 복지국가 변동을 설명하는 데 이러한 설명 요인들이 불충분하다면, 우리는 이 세 국가에서 보아 온 정책 발전을 어떻게 설명할 수 있을까?

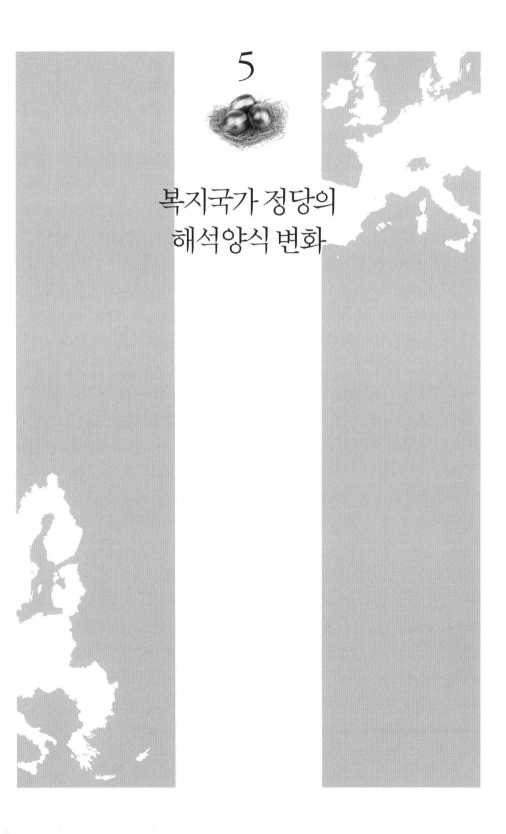

5

복지국가 정당의
해석양식 변화

· · ·

   비교정치와 사회학 연구에서 모두 관념(idea)의 중요성에도 불구하고, 비교복지국가 연구에서 이러한 전통이 주요한 역할을 하기 시작한 것은 1990년대 이후였다.[73] 공공정책 문헌에 따르면, 관념은 일차적으로 의제설정 과정에서 적실성이 있다. 관념은 정책 선택뿐만 아니라 문제가 갖는 의미(definition)를 결정한다고 한다(Kingdon 1995). 문제는 많은 복지국가 연구자들이 함축적으로 주장해왔던 바와 같이, 자연적으로 주어지거나 '객관적 조건의 거울'이 아니라 '집단적 감성의 투영'이다(Hilgartner and Bosk 1988: 53; Blumer 1971). 또는 마조네(Majone 1989: 23f.)의 말처럼 "객관적 조건들은 정책의제를 설정하거나 적절한 개념화를 수행할 정도로 좀처럼 강력하지도 명확하지도 않다." 그러므로 객관적 조건들이 작용함으로써 제도적 균형점의 불안정에 기여할 수는 있지만, 정책 변화에 대한 직접적인 원인은 아니다. 그래서 정책 분석에 대한 우리의 접근법은 칼 만하임(Karl Mannheim 1964)이 처음으로 발전시킨 지식사회학에 뿌리를 두고 있는데, 이에 의하면 실제(reality)로 인식되는 것은 사실, 사회적으로 구성되는 것이다. 철학자인 이안 해킹(Ian Hacking 1999)은 무엇이 실제를 구성하느냐는 인식은 '사실들(facts)'의 개념화에 달려 있고, 그 과정의 인식이 사실들을 판단해왔음을 증명했다. 우리가 복지국가에 의문을 제기하는 사실들 혹은 문제들에 대해 얘기하고 이들이 미래의 정책 발전에 대한 어떤 영향력을 가질지 알고 싶다면, 우리는 반드시 먼저 정치세계에서 이러한 사실들 혹은 문제들이 현실로서 고려되는 것인지 아닌지를 판단해야 한다. 그래서 이러한 접근법은 더나아가 다음과 같은 이른바 토마스 공식을 수립한다. "만약 인간이 상황을 현실로 규정한다면, 상황은 그 결과 내에서 현실이다(Thomas 1951: 51)." 다른 말로 하면, 객관성의 작용과는 별개로, 정치행위자가 특정한 도전을 현실로 인지하지 않으면, 정치행위자에게 정책 형성 방향에 대한 실제적인 영향이 미치지 않는다.

정치학자인 골드스테인과 코헤인(Goldstein and Keohane 1993: 8-11)은 분석적으로 우리가 '세계관(world view)', '원칙화된 믿음(principled beliefs)', 그리고 '인과적 믿음(causal beliefs)'이라고 부르는 것들을 구분했다. 그들은 세계관이란 '문화 상징주의에 연계된 것'이라고 제안한다. 이러한 인식론은 근대과학의 합리성에서뿐만 아니라 종교에서 도출될 수도 있다. 원칙화된 믿음은 "옳음과 그름, 그리고 정의와 불의를 구분하기 위한 범주를 구체화하는 규범적 관념"으로 구성되어 있는 반면, 인과적 믿음은 "공인된 엘리트들이 공유한 합의로부터 권위를 도출하는 인과관계에 대한 믿음이다. (…) 이러한 인과적 믿음은 개인이 그들의 목적을 이룰 수 있는 방법에 대한 지침을 제공한다." 브리드(Blyth 2001)는 행위자(agents)가 인식한 문제의 원인뿐만 아니라 문제를 다루는 해결책을 규정함으로써 현존하는 제도에 도전하게 하는 '청사진으로서의 관념'과 '무기로서의 관념'의 범주들을 발전시켰다. 최종적으로 관념은 정책 형성을 위해 경계를 설정하는 '인지 자물쇠(cognitive locks)'로서 기능할 수 있다.

이러한 관념의 역할에 대한 다양한 개념화는 서로 깊게 얽혀 있고 대체로 '해석 양식(interpretative patterns)'의 개념을 구성하고 있다. 해석 양식은 "다양한 주제를 조합하고, 주제 간 선호를 설정하며, 입장 (찬성 혹은 반대)과 여러 가지 주제들을 연계시키고, 추상적 가치와 관련해서 다양한 주제들을 설정하는 동시에 일반화된 수준에서 그 주제들을 추상적 가치에 연결시킨다(Gerhards 1995: 224)." 해석 양식은 정치담론 내부의 권력투쟁에서 나오거나 혹은 그 결과이다. 정리하면 관념의 역할은 정책 순환(policy cycle)에서 의제설정 단계를 초월한다. 관념은 제도적 정책 설계에 밀접하게 연계되어 있고 정책대안뿐만 아니라 특정 정책에 의미를 부여하는 데 도움을 준다(Béland 2005; Bleses and Seeleib-Kaiser 2004; Nullmeier and Rüb 1993).

이 장에서 우리는 해석 양식으로 오스트리아, 네덜란드 그리고 독일 복지국가 변동을 어느 정도 설명할 수 있는지 분석한다. 먼저 매니페스토 리서치 그룹(Manifesto Research Group)에 의해 집적된 자료를 정밀하게 점검한다(Budeg et al. 2001 참조). 가변적인 복지국가 확대를 분석하다 보면, 1970년대 중반부터 세 국가에서 정당 입장의 높은 유동성과 전반적으로 분명한 지지 하락을 보게 된다. 흥미롭게도 어떤 시기에는 기민당이 복지국가 확대를 위한 선호에서 사민당을 능가했다(그림 5.1).

케인스주의 공급관리와 관련한 자료를 보면 더더욱 분명해진다. 1998년, 케인스주의 정책 방식을 요구한 정당 사례는 없었다.[74] 이 모든 복지국가 발전은 자유주의 정당의 정책 입장으로의 이동으로 해석될 수도 있었다. 그러나 정당 매니페스토 리서치 그룹(PMRG)에 의해 구축된 변수들은 정당에서 제시한 특정한 복지국가 개념과 아주 잘 들어맞지는 않는다. 그래서 특정한 사회정책의 지속성과 변화 조사를 위해서는 상당한 가공이 필요하다. 이러한 문제들에 대응하기 위해 우리는 1970년대 중반 이후 질적 내용 분석을 이용하여 복

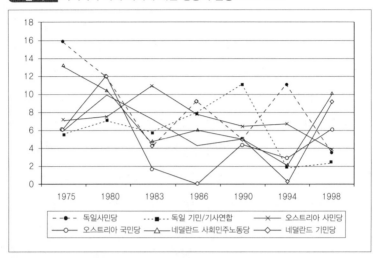

그림 5.1 복지국가 확대 지지에 대한 정당의 입장: 1975-1998

주: y축은 PMSG에 의해 코드화된 것으로 다양한 정책에서 이슈를 퍼센트로 나타낸 것이다. 수치가 높을수록 해당 정당에게 이슈 중요성은 더 크다.

출처: Budge et al.(2001).

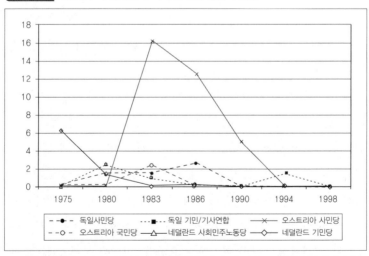

그림 5.2 케인스주의 경제관리 지지에 대한 정당의 입장

주: y축은 PMSG에 의해 코드화된 것으로 다양한 정책에서 이슈를 퍼센트로 나타낸 것이다. 수치가 높을수록 해당 정당에게 이슈 중요성은 더 크다.

출처: Budge et al.(2001).

지국가와 관련한 정당 프로그램과 정책 프로그램인 모든 선거정책을 다시 조사했다. 이에 더하여 각 국가별로 의회의 핵심 사회정책 결정 논쟁에 대해서도 평가했다.[75]

PMRG의 질적 접근법 때문에 부딪힌 몇 가지 문제들을 해결하기 위해, 우리는 연역적인 질적 접근법을 채택했다. 처음에는 다양한 정책 차원에서 명료한 범주를 개발(Mayring 2000 참조)했고, 정당 및 정당과 관계된 중요성 사이에 변화하는 정책선호의 의미를 더 잘 이해하기 위해 해석적이고 분석적인 접근을 추구했다.

우리는 서론에서 경험적 분석을 위한 준거점으로서 이상적 복지 모델을 이용했다. 다양한 차원에 따라 이론적으로는 정당 프로그램과 의회의 논쟁에 대한 우리의 분석에서 도출된 정책선호를 점수화할 수 있었지만, 예비적 결론으로 정당선호와 정책입장을 실제 특징지어 온 수많은 복합성을 상실할 것이라는 점을 지적했다. 결국 우리는 점수화 방식 조작을 제한하는 대신, 해석적 접근법을 따랐다. 해석적 접근은 국가 간 개념의 의미가 상당히 다양할 수 있기 때문에 비교연구 설계에 특히 적절해 보인다. 변화하는 정책선호와 해석 양식 이면의 발전과 논리를 잡아내기 위해 우리는 골드스테인과 코헤인(1993), 그리고 브리드(2001)에 의해 개발된 분류법을 따랐다.

오스트리아

오스트리아 국민당은 전통적으로 국가 역할에 대한 이념적 접근법으로 보충성의 원리를 따랐다(ÖVP 1972: 194f.). 하지만 이 적극적이지만 제한적인 국가 포용성의 개념화는 사적 공간이 공적 공간보다 우월하다는 현재의 인식이 최고조에 달하는 '자유화' 과정을 수행해왔다(ÖVP 1990: 9). 결국 1990년대 경제정책에서 국가의 역할은 산업과 지역정책뿐만 아니라 독점금지 입법화의 조합을 통해 시장에서 경쟁을 보장하는 데 국한되었다(ÖVP 1995b: 65). 반대로 오스트리아 사민당은 전통적으로 강력하고 포괄적인 국가를 추진해왔다. 국가 개입은 자본주의 경제활동에 내재된, 반복하는 위기에 대응하기 위해서는 불가피한 것으로 이해되었다(SPÖ1978: 158f.). 그러나 이 개념설정(conceptualization)은 1980년대와 1990년대 근본적으로 변했다. 1990년 선거강령으로 사민당은 구시대의 시장규제로 생각되었던 것들에 대한 폐기를 내세웠다(SPÖ1990: 17). 몇 년 후 국가 역할은 명료하게 재정의되었고 국영기업의 소유주로서의 역할뿐만 아니라 규제정책도 제한이 가해졌다(SPÖ1994: 8; 1995: 6). 마침내 1990년대 말에 이르러 사민당은 시장의 우월성을 강조했고, 이에 따라 국가 개입은 시장원리에 의해 해결할 수 없는 예외적인 조건으로 제한되었다(SPÖ1998: 8ff.). 그래서 전체적인 국가 역할 개념은 기민당식 이상형에 병합되었다. 더욱이 사민당은 결과의 평등 원칙이 정당의 사회정의 개념을 지배했던 과거와 달리, 균등한 기회 개념을 강조하는 경향을 보였다(SPÖ1978: 142; 1998: 5f.; 1994: 15).

경제 및 고용정책 논쟁 : 오스트로 케인스주의에서 공급 측면 경제까지

경제 및 고용정책과 관련해서 국민당과 사민당 사이의 온건한 정당 차이가 1970년대 중반 정당경쟁의 특징이었다. 양당의 중심목표는 완전고용을 보장하고 경제성장을 촉진하며, 가격안정 보호와 생활 기준을 증대시키는 것이었다. 양당 모두 수요지향적 방식과 공급

지향적 방식의 조합에 기반을 둔 정책수단을 선호했다. 이러한 접근법은 '오스트로 케인스주의'로 명명되었다(Winckler 1988; Unger 2001). 우리의 이념형에 따른 기대와는 달리, 오스트리아 국민당은 임금 억제나 국영기업의 민영화를 요구하지 않았고(ÖVP 1972: 200f.; 1975: 6ff.), 케인스주의 적자지출이나 실업에 맞서기 위한 적극적 노동시장 확대를 거부하지 않았다(ÖVP 1975: 7; 1978b: 19ff.).

하지만 1970년대 후반부터 국민당의 경제 및 고용정책 입장은 상당히 변했다. 사적 소비와 투자가 점점 더 경제성장, 국제경쟁과 높은 수준의 고용을 위한 전제조건으로 인식되어갔다. 경제정책에서 이러한 변화는 1978년 고용 촉진을 위한 직접적 국가 개입을 명백히 거부하고 예산건전화를 요구하는 경제 프로그램을 통해서 상징화되었다. 국민당의 시각에서 고용 촉진을 위해 공공재원을 늘리는 것은 더 높은 조세부담을 야기하고 그로 인해 경제성장과 국제 경쟁력에 부정적 영향을 미치게 될 것이었다(ÖVP 1978b: 6f.). 재정건전화 조치는 이러한 접근법이 경제 개입을 위한 미래의 국가 능력을 보존하기 위해 필수적이라는 주장으로 정당화되었다. 전체적으로 국민당은 공급 측면과 전반적인 기업환경을 향상시킬 필요성을 점점 강조했다.[76]

사민당은 노동시간 절감과 적극적 노동시장 정책 조치뿐만 아니라, 거시경제정책, 거대 국유화부문, 확대재정 정책을 통한 국내 수요 촉진, 완전고용을 목표로 한 통화정책을 주도적으로 강조하긴 했지만(SPÖ1975: 16f.; 1978: 158ff.; 200ff.), 정책 입장은 경제적 경쟁의 촉진을 향해 점점 이동해갔다. 경제정책의 프로그램상 입장은 '완전고용 유지'(SPÖ1979: 7)에서 '새로운 일자리 늘리기 및 실업과의 전쟁(SPÖ2002: 2)'으로 변경되었다. 사민당은 세계경제의 극적인 변화와 경상수지 적자의 장기적인 부정적 효과에 대해 인정했지만

(SPÖ1981), 고전적인 사회민주주의 정책수단을 처음에는 고수했다 (SPÖ1983). 그들의 시각에서 세계경제 위기는 자본주의 경제의 고유한 불안정성과 체제상 오류(malfunction)를 시정할 국가의 책임성을 확인해주었다. 사민당은 국내 경제의 자율성 손실을 알게 되었고, 이를 극복하기 위해서, 국제협력 증대를 제안했다(SPÖ1975: 13ff.; 1978: 147, 158 ff.; 1979: 7; 1981: 5). 1980년대 중반에 이러한 인식은 근본적으로 변화하는데, 오스트리아의 경제가 세계경제 발전에 뒤처질 수 있다는 생각에 의해 촉진되었다(SPÖ1986: 3f.). 결국 오스트리아 기업들의 국제 경쟁력 증대가 일자리 보존과 창출을 위해 결정적인 것으로 인식되었다(SPÖ1986a: 4).

1980년대 중반까지 확대재정 정책과 대규모 국영산업 부문이 완전고용 목표를 달성하기 위해 활용되곤 했지만, 사민당은 분명하게 국가 예산의 건전화에 목표를 맞춰왔다(SPÖ1986: 6). 게다가 사민당은 국영기업의 '구조조정(reorganization)'을 촉진하기 시작했고, 하나의 거시경제적 수단으로써 국영부문의 역할을 제한함으로써 더 이상 보조금이 늘어나는 것을 거부했다(SPÖ1986a: 4f.; 2002). 한편으로는 국영부문의 위기, 다른 한편으로는 지속적으로 증가하는 예산적자가 사민당이 고용정책을 바꾼 이유였다. 이에 따라 케인스주의 수요관리는 투자 촉진, 산업 및 지역정책, 적극적 노동시장 정책과 노동시간 단축과 같은 공급 측면 조치 쪽으로 옮긴 사민당의 경제정책에서 중요성이 덜하게 되었다.[77] 사민당은 자본소득세의 축소까지 요구했다. 결국 사민당은 소득세제와 사회보험기여금이 더 이상 증가하는 것을 막는 동시에 사회보험예산을 강화하기 위해, 1990년대 중반 이후 환경세와 자본집약적 기업(Wertschöpfungsabgabe)에 대한 이른바 '기계'세 도입을 추진했다(SPÖ1998: 9f.; 1999: 6).

정당들이 공급 측면을 지향하게 된 것은 주로 급속하게 세계화하는 경제의 변화된 조건 속에서 국가는 더 이상 직접적인 개입을 통해 완전고용을 보장할 수 없다는 인과적 믿음으로 추동된 것이었다. 대신 공급 측면의 정책은 기업의 경쟁력을 향상시켜야 했다. 양당 모두 이제 제한적인 국가 자율성을 가정했기 때문에 경쟁력 촉진은 하나의 고용정책 요소로 인식되었다. 이 해석 양식은 1980년대 후반부터 1990년대까지 잠정적인 인지자물쇠로 작동했고 1987년 예산 논쟁에서 처음으로 강력하게 활용되었다. 케인스주의 수요관리에 대한 포기는 전통적인 사민당 고용정책의 유효성에 도전하는 변화된 조건에 의해 정당화되었다. 사민당의 시각에서 완전고용을 보장하는 국가 능력은 세계경제의 지속적 통합, 낮은 성장률, 그리고 경쟁 강화에 의해 점점 제약받았다.[78] 결과적으로 고용정책은 이 새로운 상황에 적응해야만 했다. 주로 국내 경제에 방향이 맞춰진 정책으로는 국제 경쟁력 부재로 인한 결과로 얘기되었던 고용감소에 대응할 수 없었다. 제한된 국가 자율성을 인식함에 따라, 정책 초점은 오스트리아 경제의 전체적인 경쟁력 향상에 맞춰질 수밖에 없었다.[79] 더욱이 공공재정 수요는 낡은 경제구조를 유지하는 데 기여할 수 있었고 단기 침체에 적절한 필수적인 경제 조정의 실행을 지연시킬 수 있었다.[80]

국민당의 새로운 예산정책의 특징은 고용정책 영역에서 기독교민주주의 원칙으로의 회귀였다.[81] 이것은 직접 개입을 통해 고용을 촉진하려는 국가 역량의 제한을 더욱 강조하는 것이었다. 세계경제 통합의 결과로, 국가는 민간기업의 경쟁력을 촉진시켜야만 했다.[82] 사민당과 달리, 국민당은 일반적인 조건과 상관없이 이 인과적 믿음의 보편성을 주장해왔다. 그들의 시각에서 자본지출에 대한 사적 결정은 일반적으로 공적 결정보다 우월한데, 공적 결정은 경제 조정을 억제하고 경제의 유연성을 제한하려고 하기 때문이다.[83] 그래서 국민당은 사적 부문의 주도성을 지지하여 공적 개입의 축소(roll-back)를 요구했다.[84] 이 전반적인 개념은 사적 경제성과의 우월성에 대한 믿음뿐만 아니라, 국가는 개인의 책임성을 지원해야 한다는 기독교민주주의의 원칙화된 믿음에 근거한 것이었다.[85] 여기에 더해서, 국민당은 현재의 예산적자가 미래세대를 희생시켜 부정의한 부담의 재분배로 이끈다고 주장함으로써 예산건전화에 세대적 정의(justice)의 문제를 연계시켰다.[86]

1986/87 회기 이후 줄곧 예산건전화는 양당 정강정책의 구성요소였다(ÖVP 1990: 9; SPÖ1990: 19). 사민당뿐만 아니라 국민당도 고용 촉진에 있어 직접적인 국가 개입의 가능성은 세계화의 증대로 제한되어야 할 것으로 여겼다. 국제 경쟁력 촉진은 필수적인 것으로 인식되었다. 사적 부문의 주도성을 장려하기 위해 경제를 '낡은 제약(SPÖ1990: 16)'으로부터 자유화하려는 조치들이 전면에 배치되었다(ÖVP 1990: 8; SPÖ 1990: 16f.). 이를 배경으로 고용정책에서 공급지향성의 증대가 강력한 영향력을 가지게 되었다. 1993년 조세개혁-결국 법인세는 줄이고 동시에 근로 관련 조세는 올린-논쟁은 국제 경쟁력을 개선하기 위한 필요성의 인과적 믿음으로 결정되었다. 사민당은 동유럽 임금비용과의 경쟁 증가뿐만 아니라 일차적으로 유럽통합을 강조했다.[87]

내가 이 조세개혁에 대해 토론하고 싶은 세 번째 측면은 장기적 소득과 고용증대에 대한 효과 문제입니다. 이것은 조세개혁에 관한 고려사항 중 특히 중요한 역할을 했던 요소입니다. 오늘날 세계적 상황에서 국가 개입 활성화에 대한 가능성은 낮지만, 조세 경쟁의 측면은 의심의 여지 없이 더욱 중요해지고 있습니다(SPÖ MP Nowotny, Sten. Prot. 18/137: 15814).

법인세 인하를 통한 투자유인 강화와 조세법규의 정비(simplification)는 사민당 고용정책에서 우선하는 것이었다.[88] 국민당의 논리는 사민당의 그것과 단지 약간의 차이가 있을 뿐이었다. 국민당은 조세체계를 취업과 투자 경쟁을 위한 핵심 정책 도구로 간주했다. 그래서 효과적인 고용정책을 설계하는 데 있어 그들의 핵심적인 정치적 목표는 오스트리아를 조세율이 높은 국가에서 상대적으로 낮은 국가 중 하나로 전환시키는 것이었다.[89] 전반적으로 국민당은 경쟁력 개선과 민간주도성을 촉진하기 위해 공적 개입 제한, 민영화, 관료적 형식주의 축소, 감세, 예산건전화, 그리고 더 유연한 고용관계를 지속적으로 요구했다. 또한 공공 고용정책은 기반시설뿐만 아니라 연구개발을 촉진시킴으로써, 공급 측면을 개선하는 데 초점을 맞춰야 했다.[90] 사민당 역시 1990년대 기업의 국제 경쟁력을 높은 수준의 고용을 위한 전제조건으로 강조했고, 건실하고 매력 있는 기업을 위한 조건 향상을 당 고용정책의 중심 요소로 생각했다(SPÖ1998: 9, 1999: 3f.).

국민당은 2005년 사적 부문의 민간 투자와 소비증대를 겨냥한 조세개혁 논쟁을 통해 고용정책에서 국가 개입의 효율성 한계를 강조했다.[91]

사기업의 기능을 대체하고자 했던 과거의 모든 시도와 언사들, 즉 국가, 정당, 그리고 또한 노동조합이 직업을 창출할 수 있다는 건 실패했습니다. 끔찍하게도!(ÖVP MP Stummvoll, Sten. Prot. 22/59: 60)

조세 경쟁력 제고는 정당 고용정책의 초석으로 여겨지도록 연계되었다. 특히 유럽연합이 확대되는 과정에서 동유럽 조세 경쟁력의 성장이 국민당에게는 가장 주요한 정치적 도전으로 보였다. 조세 경쟁력은 오스트리아 기업의 성장잠재력을 방해하는 절대적 우선 요인으로 인식되었다.[92]

2000년에 야당이 된 이후, 사민당은 다시 한 번 고용정책에서 제한적 국가 자율성의 인과적 믿음에 대해 의문을 가지기 시작했다. 정당관료들에 따르면, 법인세 감세가 국가의 경제 개입 능력을 약화시켰다.[93] 한편으로는 노동자들의 높은 조세부담과 다른 한편으로는 공공투자 유인부재뿐만 아니라 낮은 공공투자가 핵심적인 난관으로 인식되었다.[94] 그래서 사민당의 고용정책 전략은 피고용자들을 위해 표적화된 면세 혹은 감세(tax relief)와 투자 촉진을 위한 특정 조세 유인책 도입을 목표로 했다. 이와 같은 이유로 사민당은 1980년대와 1990년대를 지배했던 자유주의적 고용정책 패러다임에서 벗어나서 복지에 대한 사회민주주의 이상적 요소를 포함하는 정책을 제안했다.[95]

1980년대 후반부터 2000년까지 세계화가 고용 촉진을 위해 직접적인 경제 개입의 국가 자율성을 제한한다는 인과적 믿음에 근거했던 자유주의적 고용전략은 양대 복지국가 정당이 공유하는 일시적인 인지자물쇠를 구성했다. 2000년 이후, 사민당은 더 이상 이 해석 양식을 받아들이지 않았고, 다시 한 번 고용정책에서 더 많은 정부 책임성을 강조했다. 반면 국민당은 계속 공급 측면의 개선을 핵심 요소로 여겼다.

사회보장정책 논쟁: 형평성 원칙과 수급대상의 엄격화

　1970년대 중반 오스트리아 사민당과 국민당이 선호하는 사회정책 수단은 사회정의에 대한 서로 다른 개념화 때문에 본질적으로 달랐다. 사민당은 연대적 임금정책, 재분배적 재정정책, 공공 서비스 제공 그리고 저소득층에게 현금이전을 통해서 소득편차를 균등하게 하는 데 목적을 두었다. 게다가 사민당은 직업군에 따라 매우 파편화되어 있던 당시 사회보험체계를 다양한 직업군에 대해 동일급여와 동일한 자격기준을 포함하는 중앙집권화된 체계로 대체하자고 제안했다(SPÖ1978: 161, 174). 반대로 국민당은 소득편차 축소 제안을 하지 않았다. 대신 재산권 증진을 강조하기로 결정했다. 더 나아가 현재의 사회보험 구조는 '성과(achievement)'원리 위에 세워졌으므로 임금편차를 사회적 이전[사회보장에 의한 이전 소득]의 영역으로 더 확대하겠다고 공약했다. 사회정책에 대한 그들의 전체적 개념화에서 중심 요소는 개인의 책임성 증진이었다(ÖVP 1972: 202ff.).

　사민당의 사회정책 목적은 재분배로 가는 포괄적 접근법에 뿌리를 두고 있었다. 1981년 경제강령에서 전반적 재분배의 목적이 사민당 정책의 중심 요소로서 강조되었다. 재분배는 '사회정의 원칙을 지향하는 조세정책'을 통해 성취되어야 했고(SPÖ1983: 32), 공적급여와 서비스 제공을 개선시켜야 했다. 1986년 이 접근법은 당시 불공정한 소득분배와 관련된 원인으로 인식되었던 조세특권 폐지로 국한되었다(SPÖ1986a: 5). 사회정책의 목적이 현존하는 사회보장체계의 유지와 위기의 시대에 국민지원을 강조하는 것으로 제한되었던 것이다(SPÖ1986a: 4, 11). 게다가 사민당은 사회적 이전의 대상을 좀 더 분명하게 할 것과 급여남용을 막기 위해 노력할 것을 요구했다(SPÖ1986a:

11; 1994: 16; 1995: 6). 1989년 사민당의 원칙선언에서, 재분배 원칙은 최소기준보장 목적과 균등한 기회 증대로 대체되었다.[96] 소득정책은 이제 사회적 협력자들의 일차적 책임으로(SPÖ1989: 65 ff.), 그리고 복지의 이상적 기독교민주주의적 개념화에 의해 보장되는 것으로 인식되었다. 몇 년이 지난 후, 재분배를 위한 포괄적 주장은 더 이상 명시되지 못했고, 사회적 위험에 대한 성공적인 보호 능력이 우선적인 목적이 되었다(SPÖ1990: 24 참조). 결국 1980년대는 사회 서비스 전달에 있어 보조금 원칙이 중요성을 획득했다(SPÖ1979; 1983: 14f.; 1990: 24; 1998: 9).

1990년대 후반이 되자, 복지급여는 '활성화'가 요구되는 사회적 이전 수급자의 유급고용 수용 의지에 좌우되었다(SPÖ1999: 11). 사민당은 연금정책과 관련해서, 1990년대 초 직장연금에 대한 지원을 홍보하기 시작했다. 1990년대 후반부터 사민당은 또한 사적연금을 지원했고, 반면 동시에 기본적 생활보장 원칙에 근거한 연대적 공적연금 체계에 대한 지원도 계속했다(SPÖ1990: 27f.; 1998: 18; 1999: 9f.; 2002: 12).

우리의 분석 기간 동안 국민당의 사회보장정책 접근법의 특징은 구조적 지속성이었다. 그럼에도 불구하고, 국민당은 사회정책 구조의 전반적 안정성을 추구하면서도 1990년대 중반 이후, 특히 실업보험과 연금 삭감을 포함한 비용 억제 조치를 요구했다. 이러한 삭감 [조치]은 증가하는 재정부담─한편으로는 국가부문과 사적부문 모두에, 그리고 다른 한편으로는 인구문제에 연금설계를 맞춰야 할 필요성에 의한 그런 프로그램들─을 경감시켜야 할 필요성에 의해 정당화되었다(ÖVP 1994: 52f.; 1995a: 17). 동시에 국민당은 표준생계 보장을 위해 사적연금과 직장연금 장려를 더 강력하게 강조하기 시작했다

(ÖVP 1990: 25; 1994: 54; 1995a: 18; 1999: 9f.; 2002: 12). 복지-노동연계와 관련해서, 국민당은 사회적 이전 프로그램의 초점을 이전 년도의 일에 대한 절박함(need)과 의지에 더 엄격하게 맞춘 뒤로는, 1990년대 후반부터 고용이 가능한 사회부조 수급자들을 지역근로 프로그램에 의무적으로 가입하게 하는 근로연계(workfare) 정책을 추진했다(ÖVP 1999 71ff.). 이러한 조치들을 통해 비용 억제와 사회보장체계의 정통성을 강화시키고자 했다(예를 들면 ÖVP 1990: 23; 1994: 54f.; 1995a: 17; 1999: 69; 2002: 81). 사회정책 논쟁에서 이상적 기독교민주주의 원칙이 준거점으로서 주요한 역할을 했다.

1984년 오스트리아 사민당은 인구 변화와 1970년대 중반부터 불리해진 경제 환경에서 초래되었다는 현저한 연금지출 증가 때문에, 연금개혁을 필수적인 것으로 인식했다.[97] 연금개혁의 전반적인 목적은 보험료를 높이고 보험원칙을 강화함으로써 재정기반을 강화하는 것이었다. 이것은 또한 기초급여 폐지 이유이기도 했다. 게다가 납부기간을 늘리면 사회정의가 증대할 것이라는 주장도 있었다.[98] 기민당은 사민당의 문제인식을 거부했는데, 이는 이들이 지출증가 문제가 조기퇴직 확대와 비효율적인 사민당 정책의 결과라고 여겼기 때문이다.[99] 국민당은 [사민당이] 핵심적인 일반원칙을 어겼기 때문에 연금개혁에 대해 비판적이었다.[100] 예를 들어 그들의 시각에서 급여계산규칙 변경은 보험원리를 위반하는 것이었는데, 그 이유는 보험원리가 일반적으로 연금의존성을 문제삼기 때문이다.[101] 하지만 이들 비판의 핵심은 자녀양육으로 인한 불안정 고용의 삶을 살아가고 있는 노동자에 대한 차별이라고 일컬어지는 최저[연금]급여를 폐지하는 것이었다. 이것은 곧 사회적 보상원칙을 위반하는 것이었다.[102] 국민당은 소규모 공동체에서 개인적 책임성과 자조와 같은 사회정책에서 기독교민주주의 원칙과 양립하는 하나의 대안 개념으로서 민영보험 (private provision)과 직장보험의 재정 증진을 제시했다.[103] 연대의 원칙을 근거로, 사민당은 다시 민영보험 도입을 거부했다.[104] 1980년대 중반의 연금 논쟁은 서로 다른 원칙화된 믿음의 해석으로 특징지어졌다. 흥미롭게도 사민당은 우선 개혁을 정당화하기 위해 이상적 기독교민주주의 원칙과 연대의 원칙을 결합시켰다. 국민당은 개인연금과 직장연금 같은 다른 기독교민주주의 이상형의 요소들을 강조했고 오직 가족을 차별하지 않는다는 맥락에서 연대의 신념에 호소했다.

그 이후부터는 개인의 책임원칙이 사회정책 관련 논쟁과 정당 프로그램을 장악했다(ÖVP 1990: 23; SPÖ1989: 19, 65f., 1990: 24). 예컨대 국민당과 사민당은 1996년 구조조정법 논쟁에서 개인의 책임원칙을 힘껏 강조했다. 경제상황의 맥락에서 사민당은 비용절감 조치를 현행 사회보장 수준을 유지하기 위해 필수불가결한 것으로 여겼다.[105] 원칙화된 믿음의 수준에서 형평성원칙의 강화와 개인의 책임성 촉진을 조합하는 것이 핵심이었다.

> 사회정책에서는 국민이 국가에 개별적으로 대응할 수 있도록 책임을 갖게 하는 것이 중요합니다. 사회정책은 더 효율적이 되어야만 합니다 (SPÖ MP Reitsamer, Sten. Prot. 20/16: 369).

특히, 실업보험에서는 실업급여에 접근성을 제한하고 동시에 적극적 노동시장 정책을 확대시킴으로써 보상수단보다 법적 권한 및 제제(enabling)와 통합수단에 더 우선성이 주어졌다.[106] 사민당 국회의원 바우어(Bauer)는 다음과 같이 말했다.

나는 '보상 대신 통합'의 원칙을 지지합니다. 자기 책임성과 법적 권한 및 제제를 통한 주변적 사회집단의 통합이 보상보다 우선되어야 합니다. 모든 사람이 그(녀)가 필요한 존재고 책임을 수행한다는 느낌을 가져야 합니다. 그것이 우리나라에서 사회평화를 지키는 유일한 방법입니다(Sten. Prot. 20/16: 453).

그러나 사민당의 시각에 의하면, 개인의 책임성 원칙이 사회적 위험의 개인화로 이어져서는 안 된다.[107] 비록 사민당이 1980년대 초부터 노령보장에서 개인의 책임성 이념을 지지해왔지만(SPÖ 1983: 19), 공적 노령보험은 연대의 원칙 위에서 유지되어야 했다. 직장과 개별 형태의 노령연금은 공적 노령보험에 대한 보조수단으로 간주되었다 (SPÖ 1998: 12f., 18; 1999: 9ff., 2002: 12). 또한 사회적 이전의 남용은 사회보장체계의 정의(justice)에서 사람들의 신뢰를 유지하기 위해 방지되어야 했다. 이것은 1990년대 이후 양당에게 반복되어 나타나는 주제가 되었다.[108]

국민당에게 구조조정 조치는 목적을 위한 수단일뿐만 아니라 국민의 개별적 발전을 촉진하기 위해 이념적 접근법이 만들어낸 부분이었다.[109]

국가가 모든 것을 책임질 수는 없습니다. 우리는 국민이 자기 자신과 가족을 위해 책임감을 양도받도록 강제해야 합니다. 국가는 나이, 질병 또는 적절한 직업이 없어서 개인이 대처할 수 없을 때 앞으로 내딛는 디딤돌이어야 합니다(ÖVP MP Trinkl; Sten. Prot. 20/16: 422).

따라서 국민당은 보상급여보다 적극적 노동시장 정책에 우선성을 부여했다.[110] 특히 실업보험 프로그램의 대상 집단은 '극빈층'에 대한 지원에 집중하고 급여수급에서 벗어날 수 있도록 유인을 제공함으로써 개선되도록 해야 했다. 그래야 '빈곤의 덫'을 피한다는 것이다.[111] 1990년대 중반까지 개인의 책임성 원칙뿐만 아니라 보험원칙을 강조하는 기독교민주주의 원리가 오스트리아의 사회정책 논쟁을 지배했다. 이것은 변화된 경제, 재정조건에 사회보장을 조정하기 위한 하나의 청사진으로서 양당에 의해 활용되었다. 특히 개인의 책임성 원칙을 강조하는 것이 국민당 프로그램 발전의 특성이었다. 근로 연계 프로그램들은 '진짜' 빈곤층에게 자원이 집중되도록 했고 실업자들을 '활성화'시켰다(ÖVP 1999: 71ff., 2002: 81). 직장 및 개인노령연금 추진은 표준생계를 보장한다는 것이었다. 반면 동시에 인구감소에 직면한 노령보험체계의 재정적 지속력을 강화한다는 것이었다(ÖVP 1999: 36, 2002: 81).

1990년대 사회정책 논쟁과는 반대로, 기민-자유당 정부에 의해 제안된 2003년 연금개혁에 대한 의회 논쟁은 원칙화된 믿음에 반하는 것을 특징으로 했다. 국민당은 세대 간 협약과 부과식(pay-as-you-go) 재정구조 유지를 위한 연금개혁의 불가피성을 강조했다. 연금수급자 대비 기여자의 비율이 줄어들기 때문에, 세대 간 협약 수용을 유지하기 위해서는 사회의 적극적 참여를 위한 구제책이 하나의 필연으로 고려되었다.[112] 국민당은 형평성 원칙에 대한 인식을 개선함으로써 공적연금제도의 유지를 수용하면서도, 이를 기초 사회급여로 전환할 예정이었다.[113] 연금제도 내 보상 요소들은 자녀양육 때문에 불안정한 고용이력을 가진 연금수급자[114]와 저소득 연금수급자[115]에게 국한되었다. 개인의 책임성을 더 강조하는 것과 함께, 표준생계 보장 기능은 법정연금보험과 정부가 후원하도록 되어있는 민간연금 및 직장연금의 조합으로 제공되어야 한다.[116] 국민당의 해석 양식은 기독교민주주의의 이상형 원칙에 부합하면서, 시점 간(inter-temporal) 재분배[18]와 보험료 산정의 형평성에 초점을 맞추었다. 이에 대한 예외는 자녀양육에 쓰인 시간을 보상하기 위한 필요가 인정될 때였는데, 이는 가족에 대해 늘어난 관심에 의한 것이었다.

사민당은 대체적으로 연금개혁의 필요성을 인정했지만, 사회정의에 대한 이해를 바탕으로 특정 개혁 요소에 대해서는 비판적이었다. 그들 시각에서 재분배 요소들로의 퇴보와 사회보상의 부재는 노령세대를 위한 연대를 침해하는 것이었다.[117] 그들 비판의 핵심은 공적 표준생계보장으로부터의 후퇴와 연대적 공적연금제도에서 사회적 보상 없이 개별화되고 사적 자본의 체계로 이동함으로써 발생한 결과에 있었다.[118] 특히 사적연금제도는 연금가입자를 자본시장의 유동성에 노출시키기 때문에 불안정하다고 주장했다.[119] 더욱이 사적 연금제도는 고소득자들에게만 유용한 것으로 인식되었다. 표준생계보장에서 민영, 직장연금으로 옮겨가면 사회적 불평등이 강화되고 노령연금의 연대원칙에 문제가 생길 것이라고 주장했다. 그래서 사민당은 공적 노령연금 내 연대적 요소의 강화를 강조했다. 예를 들어 고액연금의 10%를 삭감하여 낮은 연금수급 퇴직자를 위한 급여재정에 충당하자고 제안했다.[120]

양당 모두 1980년대와 1990년대 사회정책 논쟁에서 이상적 기독교민주주의 원칙에 대한 해석의 차이에 초점을 맞추었던 반면, 2000년대 초 연금 논쟁의 특징은 상반된 해석 양식이었다. 국민당은 [연금]체계 개편을 촉진하기 위해 개인의 책임성 개념에 다시 활력을 불

---

18 정립방식의 연금제도가 갖는 재보배형태로 소득이 있을 때 적립했다가, 이래의 시점에서 급여로 받는 방식을 말한다. 계층과 세대보다는 개인에 초점이 맞춰져 있다.

어넣었다. 또한, 인구 변동을 현행 노령보험의 제도적 기반에 이의를 제기하기 위한 정치적 무기로 이용했다. 반대로 사민당은 연금개혁으로 이미 제공되고 있는 표준생계 보장이 무력화되기 때문에 연금개혁에 반대했다. 동시에 연대원칙을 하나의 무기로 행사했다.

핵심적인 사회정책 논쟁 내 주장뿐만 아니라 프로그램의 발전을 보면, 사회정책에 대한 사민당의 해석 양식은 계속 변화해왔던 반면, 국민당의 해석 양식은 지속적으로 이상적 기독교민주주의의 원칙화된 믿음 요소들에 기반해 있었다는 점이 드러났다. 1980년대 말부터 2000년까지 사민당은 더 많은 분배 요구와 형평성 원칙의 요구를 매우 자제했다. 대체로 그들은 사회정책에서 기독교민주주의 원칙을 받아들였다. 그러나 사민당은 야당으로서의 압박감이 있었기 때문에, 다시 이상적인 사회민주주의 복지 노선에 가까운 정책을 추진했다. 이듬해, 오스트리아 정치논쟁은 정당정치에 의해 아주 강력하게 압도당했다.

가족정책 논쟁: 지속적인 차별화?

양대 복지국가 정당들은 가족을 공공정책으로 보호해야 할 핵심적인 사회기관으로 인식한다. 그러나 양당 간 차이는 가족정책의 목적, 우선성 그리고 수단에서 발견할 수 있다(Rogenberger 1999: 761). 국민당은 가족이 사회통합과 관련해 행사하는 필수불가결한 기능을 강조해왔던 반면, 사민당은 가족의 주요 기능을 '자녀에게 좋은 삶'을 제공하는 것으로 인식해왔다.[121] 국민당의 정책은 가족의 사회적 기능은 국가—가족수당 지급과 세액공제를 직접적인 공적 서비스로 분산시키는 것을 선호하는 —에 의해 대체될 수 없다는 이념적 가정에 근거했다(ÖVP 1978a: 1). 더욱이 국민당의 가족정책은 유자녀가정과 무자녀가정 간 수평적 재분배원칙에 목적을 둔 양육 '부담'에 대한 보상에 중점을 두고 있었다. 반대로 사민당은 1970년대 초부터 서비스와 사회적 소득 이전의 확대를 우선시했고(SPÖ 1978: 168; 1979: 13), 재정적 수단을 통해 가족의 '부담'을 보상하는 방식은 소득집단 간 재분배 문제를 조정할 수 없을 것이라는 이유로 거부했다(SPÖ 1979: 13; 1986a: 6). 양당 모두 가족의 생활계획과 유급고용에 관해 부모의 '자유선택' 원칙을 장려했다. 국민당은 1970년대 이미 자녀를 가진 여성이 구직 혹은 전업 양육 중 '자유선택'하는 원칙을 추진했다. 국민당이 제안했던 정책 수단은 다양한 조세 수단과 급여를 통해 가족소득을 보장함으로써 임금노동에 개입하는 방식이 아니라, 어머니의 선택의 자유 추구를 목적으로 했다. 하지만 국민당의 정책 제안에는 어머니가 고용과 관련한 '자유선택'을 할 수 있도록 사회 서비스와 시간제 고용 확대 또한 포함되어 있었다(ÖVP 1972: 209f.; 1975: 15; 1978a: 7ff.). 사민당은 전통적으로 일과 가정 간 시간 조정을 할 수 있는 능력을 가진 부모와 함께 '가족협력(family in partnership, 예를 들어 SPÖ 1978: 168; 1983: 26)' 방식을 정책으로 추진했다. 정책 수단의 관점에서 사민당은 공적 서비스와 시간제고용 확대를 증진시켰다.[122]

1970년대 후반, 사민당과 국민당 간 차이는 주로 가족 '부담'의 보상논리를 강조하는 데 있어 상이한 원칙화된 믿음으로부터 나왔다. 사민당의 목표는 공정한 지원을 통해 모든 가족의 표준생계를 증진시키는 것이었다. 반면 국민당의 가족정책은 가족 '부담'과 생활조건에 기초한 가족지원을 겨냥하고 있었다. 이러한 상반된 정책지향점으로 1977년 사민당 정부가 제안했던 직접 소득 이전에 부합하는 가족 세액공제 폐지에 대한 논쟁이 벌어졌다. 사민당의 '연대적 가족정책'[123]의 목적은 부모의 소득과는 별개로 아이들을 지원함으로써 가족의 표준생계를 향상시키는 데 있었다.[124] 이러한 맥락에서, 직접 소득 이전 확대에 유리한 세제혜택 폐지가 세제 혜택을 받을 수 없는 저소득 가족을 양산한다고 평가받는 가족 정책의 사회 부정의를 극복하는 데 기여할 것이라고 주장했다.[125]

국민당은 하나의 제도(institution)로서의 가족에 대한 생각(idea)을 강조했고, 사민당의 제안을 다음과 같은 이유로 비판했다.

> [사민당의 가족정책은] 한편으로 가족 부양자를 격하시키고, 다른 한편으로는 전체적인 가족[정책]의 재정 삭감으로, 제도로서의 가족을 총체적으로 손상시킬 것입니다(ÖVP MP Blenk, Sten. Prot. 14/69: 6651).

더욱이 국민당은 한 자녀 이상을 가진 가족에 추가 지원을 요청했다.[126] 1980년대 내내 사민당과 국민당의 가족 세제 혜택에 대한 반목은 계속되었다. 가족과 고용의 양립 가능성에 관해서는 사민당이 이전에 국민당이 강조했던 지점으로 더 가깝게 이동했다. 1980년대 중반 이후, 사민당은 부모가 육아휴직을 통해, 그리고 사회보험제도에서 양육을 인정함으로써(SPÖ 1990: 27), 일정 기간에 임금노동에 참여하지 않아도 될 여지를 확대하기 위한 수단을 장려했다(SPÖ1986b: 12).

그럼에도 불구하고 정반대의 원칙화된 믿음 또한 1989/90 입법제안에 대한 의회 논쟁의 특징이었다. 논쟁은 다음과 같은 사항에 초점이 맞추어졌다. (1)가족과 유급고용과의 관계, 그리고 (2)가족 '부담'에 대한 물질적 보상. 최적의 육아휴직은 사민당과 국민당이 지지하는 서로 다른 원칙화된 믿음 간 타협이었다. 이러한 맥락에서 국민당은 특히 자녀부양에 유리하도록 반드시 고용되어야 한다는 것이 아닌 선택의 자유를 강조했는데, 이것은 자녀교육에서 제도적 정비에 비해 부모의 역할을 강화한 것이라고 설명했다.[127] 기민당은 개인의 책임성과 작은 공동체, 특히 가족에 사회적 책임을 위임하는 원칙화된 믿음을 강조했다. 부모의 선택의 자유는 부모 자신들에 의한 자녀교육이 우월하다는 인식하는 것과 연계되어 있었다.

한편으로 아동복지, 즉 부모의 돌봄을 받을 권리로부터 시작할 필요가 있습니다. 부모의 돌봄은 보육원과 그 유사 기관 같은 제도를 통한 보육보다 우선성을 가져야 합니다. 나는 일반적으로 부모, 가족이 모든 것을 더 값싼 비용으로 처리하지만, 훨씬 더 인간적이라고 확신합니다(ÖVP MP Bauer, Sten. Prot. 17/124: 14608).

사민당은 그들 가족정책의 핵심 목표로 가족의 일과 고용의 양립 가능성을 강조했다.[128] 그래서 어머니의 고용을 정당의 가장 우선적 과제로 설정했다. 이를 통해 육아휴직 기간 동안의 해고보호 확대와 아동보육 기관수의 증가가 촉진되었다. 협력에 기반을 둔 가족의 개념화에 따라서, 사민당 역시 남성의 육아휴직 선택을 강조했다.[129] 사민당은 보편적 육아휴직수당에는 단호하게 반대했는데, 첫 번째는 이것이 보험원칙과 맞지 않기 때문이고, 두 번째는 보편적 육아휴직수당이 여성의 비고용을 촉진하기 때문이었다.

그것[육아휴직수당]은 부모의 노동을 인정하는 것이 아니라, 실제로는 집에 있는 동안의 보상, 즉 일을 포기한 데 대한 보상이고, 그렇기 때문에 또한 여성이 종속되는 하나의 계기가 됩니다(SPÖ MP Hlavac, Sten,

Prot. 17/148: 17066).

가족에 대한 물질적 지원과 관련해서, 전통적인 균열이 지속되었다. 국민당은 인구 변동과 빈곤가족을 지적하면서, 가족에 대한 세제 혜택과 대가족에 대한 지원개선을 요구했다.[130] 사민당은 처음부터 모든 아동이 동등하게 대우받아야 한다는 원칙에 근거해서 이 제안을 거부했다.[131] 하지만 1990년대를 거치면서, 사민당은 기민당의 입장에 더욱 가까워졌고 1998년에는 세액공제, 사회적 소득 이전 그리고 사회 서비스를 결합시키자고 제안했다. 또한 사민당은 육아에 대한 재정적 보상을 강조했지만, 수직적 재분배를 우선했다(SPÖ 1998: 18). 양대 복지국가 정당은 가족과 고용의 책임성에 관한 반대 입장을 유지했다. 사민당이 노동입법에서 시간제 근로수당과 육아휴직 이후 직장 복귀 지원을 포함한 조치뿐만 아니라, 유연한 공공보육의 확대를 제시했던 반면(SPÖ 1990: 26; 1994: 17; 1995: 10; 1998: 16; 1999: 8f.; 2002: 14), 국민당은 무급 돌봄노동에 대한 인정을 일차적 목표로 했다. 그러나 국민당이 부모를 위한 유연근로시간과 유연 아동보육의 확대를 제안했다는 점도 주목해야 한다(ÖVP 1990: 24f., 1999: 85ff.). 국민당은 사회보험 안에서 육아시간에 대한 인정 확대와 1990년대 말 이후로는 부모의 요구 여부와 상관없는 일반육아수당 도입을 요구했다(ÖVP 1999: 85ff.). 정당 간 차이는 아동보육의 조직화와 관련해서도 또한 지속으로 유지되었다. 사민당은 공적 제공을 선호했지만, 국민당은 보조금과 부모의 선택이라는 원칙에 기초해서 공적 제공보다는 다양한 민간주도성을 선호했다.[132]

가족과 고용 간 관계에 관한 서로 다른 원칙화된 믿음은 또한 2001년 보편적 육아수당 도입과 관련한 논쟁을 지배했다. 집권정당들의 주장이 선택의 원칙에 기반해 있었던 반면, 사민당의 논거는 고용과 돌봄의 조화원칙에 뿌리를 두고 있었다. 국민당에 따르면, 하나의 제도로서의 가족에 대한 보호는 국가의 필수적인 책임이다.

> 온전한 가족은 가장 작은 자기 책임성을 가진 공동체입니다. 가족은 모든 각각의 개인뿐만 아니라, 하나의 전체로서의 우리 사회에 기초적인 기능을 채워줍니다(ÖVP MP Stummvoll, Sten. Prot. 21/72: 58).

교육, 돌봄 그리고 사회화는 가족의 독특한 기능으로 인식되었다. 기민당의 가족 모델은 부모와 자녀들, 그리고 이상적으로 조부모를 포함하여, 구성된 공동체로 이해된다(hancellor Schüssel, Sten. Prot. 21/72: 31 참조; Sten. Prot. 21/74: 52 참조). 원칙화된 믿음을 구성하는 것 말고도, 하나의 제도로서 가족에 대한 장려 또한 인구 변동에 대응하기 위한 하나의 청사진으로서 추진되었다. 국민당은 개선된 물질적 지원이 높은 출생률을 이끌 것으로 기대했다.[133] 이들 시각에서 가족내 일에 대한 사회적·재정적 인정은 보험원리[134]에 근거할 수 없었고 오히려 보편주의 원칙에 따라야 했다.[135]

사민당은 협력에 기반한 가족 모델을 추진하면서, 정부의 제안을 구시대적이고 지엽적인 것으로 비판했다.[136] 사민당의 가족정책은 고용과 돌봄의 조화를 겨냥했다.

> 부모와 어머니들은 모두 자녀와 직업을 원합니다. 그들은 이른바 선택의 자유를 원하지 않습니다. 양자택일 말입니다. 그들은 양자의 조합을 원합니다(SPÖ MP Prammer; Sten. Prot. 21/72: 39).

사민당은 보편적 양육수당을 해고보호의 확대뿐만 아니라 보육기관의 증대가 수반되지 않을 때, 여성의 노동이탈을 이끌 일종의 실업의 덫으로 인식했다.[137] 이들 시각에서 기민당식 접근은 일방적으로 '남성부양자 모델'을 증진시킬 것이었다.[138]

※요약: 전체적으로 가족정책 이슈는 시간이 갈수록 점점 더 중요하게 되었다. 가족의 물질적 지원과 관련해서, 1990년대 사민당은 국민당의 입장에 수렴해갔다. 결과적으로 사민당은 현재 역시 사회보험제도에서 자녀양육의 인정뿐만 아니라 가족을 위한 조세 혜택을 지지하고 있다. 이러한 수렴현상에도 불구하고 양대 복지국가 정당은 노동과 돌봄의 책임성 간 소요시간의 조화와 관련해서는 서로 다른 정책 우선성을 강조해왔다. 기민당이 자녀돌봄에 대한 책임있는 일차적 제도로 가족의 중요성을 계속해서 강조해왔던 반면, 사민당은 공공 아동보육기관의 확대 필요성을 강조했다.

시기별 정당의 입장 비교

사민당의 경제 및 사회정책 프로그램은 처음엔 대체로 사민주의의 이상형과 일치했다. 하지만 1980년대 중반과 1990년대 말 사이, 특히 고용과 사회정책의 사민당 프로그램이 기민당식 복지국가 궤적에 더 가깝게 이동했다. 기본 정치목표와 관련해서, 사민당은 포괄적인 국가 책임에 초점을 둔 정책 접근으로부터 좀 더 규제적인 접근을 강조하는 방식으로 옮겨갔다. 사회정책에서, 결과지향성에서 좀 더 과정지향적 사회정의의 이상(idea)으로 이동했던 것이다. 전체적으로 사민당은 몇 가지 중요한 가족정책의 요소를 제외하고는, 이상적 기민당식 복지접근법에 수렴해갔다. 우리가 분석했던 시기 앞부분에서 국민당은 이상적 기독교민주주의 접근법에서 벗어나 몇 가지 케인스주의 고용정책 요소를 지지하는 복지에 가까웠지만, 1980년대부터는 기독교민주주의 프로그램 방식을 추구했다. 그래서 이를 국민당의 '재기독교민주주의화'라고 말할 수 있었다. 이 기간 동안, 양대 정당 모두 경제정책 선호에서 공급 측면의 지향을 따랐다. 더욱이 양 정당 모두 추가적 개인연금과 직장연금 제도를 장려하고자 했고 노동시장 활성화 전략의 창출뿐만 아니라, 자산조사의 확대를 요청했다.

1999년 이후—그리고 2000년 선거 패배 이후 더욱 분명하게—사민당은 '재사민주의화', 예컨대 복지에 대해 이상적 사민주의 요소들과 좀 더 어울리는 입장을 강조하는 과정을 수행해왔다. 연이어 우리는 다시 한 번 정당 간 중요한 차이점을 확인했다. 고용정책에서 사민당은 국가에 더 많은 책임성을 부여했고, 사회정책 영역에서는 특히 연금과 관련해서 공공의 연대주의적 지원의 중요성을 강조해왔다. 하지만 사민당이 케인스주의적 방식—대규모 투자 프로그램 혹은 과거 공공기업의 재국유화를 포함한—으로 되돌아간 것은 아니었다. 2007년 양 정당이 다시 한 번 대연정을 이룬 후, 예산건전화가 제일 우선적으로 유지되었는데, 구체적으로는 더 많은 감세가 진행되었다(Simonian 2007). 그러므로 정당간 차별성은 다시 한 번 축소될 수 있었고, 2000년대 초는 단지 막간 촌극(brief intermezzo) 정도의 차이를 만들었을 뿐이었다.

독일

전통적으로 경제와 관련한 국가의 역할은 오스트리아보다 독일에서 훨씬 더 제한적이었다. 비교의 측면에서 이러한 제한성에도 불구하고, 독일 기민련은 복지국가가 지나치게 확대되었고 1970년대 중반부터 시작된 이러한 과정이 다시 되돌려져야 한다고 비난했다(Sten Prot. 7/199: 13646 참조). 1980년대 초, 높은 수준의 사회보험 기여금과 세금으로 투자가 억제되고 독일 기업의 국제 경쟁력이 제한된다는 말이 있었다. 게다가 기민련은 과거의 임금소득자 중심의 사회정책 설계가 가[역할]을 무시하고 차별해왔다고 주장했다. 결국 기민련은 가족정책을 확대할 것을 요구하는 동시에, 전체적인 정부 개입의 축소를 제시했다(CDU 1978: 147; CDU 1983: 73). 1980년대 사민당은 국가 개입을 제한하는 방식에 극렬하게 반대했다. 게다가 이들은 복지에 대해 어느 정도 고전적 사민주의 방식을 추구했다(SPD 1983, 1988). 그러나 1990년대 후반에 이르자, 사민당은 1970년대 중반 이후 기민련에 의해 추진된 제한적 국가 책임의 해석 양식을 대체로 받아들였다(SPD 1998, 2002).

경제 및 고용정책 논쟁: 세계화 시대의 제한적 국가 자율성

1970년대 중반 이후, 복지국가 논쟁은 세계화가 국가 자율성을 제약한다는 생각에 의해 주도되었다. 이에 따르면, 독일이 세계경제에서 경쟁력을 유지하기 위해서는 사회보험 기여금 증가와 높은 과세 정책을 중지시키고, 종국에는 되돌려져야 했다. 결국 사회정책의 변화가 필요했다. 사민당은 점점 더 세계화되는 시대에 포괄적 복지국가의 혜택을 규범적으로 인정했던 반면(SPD 1976: 21f.), 1970년대에는 전체 체계를 유지하기 위해서는 몇 가지 변화가 필요할 것이라는 점을 이미 인지하고 있었다.[139) 사민당에 따르면, 경제의 세계화는 국가적 거시경제 관리전략을 잠식했다(SPD 1975: 354). 그럼에도 불구하고 그들은 완전고용 추진과 소득과 부의 좀 더 공정한 분배를 성취하기 위해 조세체계 활용을 고수했다(SPD 1976).

처음에 기민련은 1970년대 독일 경제의 위기가 대체로 잘못된 국내 정책 추진의 결과라고 주장했다(Sten. Prot. 7/199: 13661ff.). 그러나 1980년에 이르러 그들은 고율의 세금과 사회보험 기여금이 세계경제에서 독일 기업의 경쟁력을 낮추었고, 그래서 사회보험 기여금은 축소해야만 한다는 해석 양식을 구축했다(CDU 1980: 46). 1982년 기민련이 정권을 획득한 이후 이 해석 양식이 1986/87 선거운동에서 다시 등장하긴 했지만, 정책 변화를 정당화하기 위해서 더 이상이 해석 양식을 공식적으로 명시해서 사용하지는 않았다(CDU/CSU 1986: 24). 그럼에도 불구하고 국가 적자의 감소와 가격안정은 정당의 경제 및 고용정책의 정당성에 결정적 요소들로 지속적으로 추진되었다. 1982년 정권 획득 후, 노동사회부 장관인 기민련의 노베르트 블룀은 사민당과 새 연립정부 간 노동시장 정책의 차이를 짤막하게 다음과 같이 강조했다.

> 당신(SPD)은 완전고용을 원하고, 일단 그렇다고 해둡시다. 우리도 완전
> 고용을 원합니다. (⋯) 당신들의 방식은 '더 많은 공공적 개입'을 의미하
> 고 우리의 접근법은 노동자, 고용주, 시장경제의 생산요소들의 활력에
> 기반을 두고 있습니다.[140]

1982년 사민당이 야당으로 밀려난 이후, 사민당 의원들은 더 이상 예산지출의 조정 및 삭감이나 수당 남용을 단속할 필요성에 대해 인정하지 않았다. 대신 늘어나는 실업에 대처하고 사회보장체계를 보호하기 위해서 공공고용 프로그램의 확대를 요청했다. 사민당은 예

산 삭감 정책의 종식과 재정적자를 기반으로 한 고용 프로그램의 입법화를 요구했는데(SPD 1983) 이러한 입장은 1980년대에 걸쳐 지속적으로 전개되었다. 사민당은 1989년 겨울에 채택한 기본강령에서 경제 권력의 제한이 요구되는 선에서, 시장에서 정부 개입을 옹호했다. 국가는 공정한 조세정책과 모든 이의 일할 권리뿐만 아니라 사회보장과 사회정의를 보장할 사회정책을 추진해야 한다. 더욱이 강령에는 경제와 예산정책이 균형적인 경제성장과 완전고용을 성취하는 데 사용되어야 한다는 점을 담고 있었다(SPD 1989).

1989년에서 1992년까지 독일 통일 과정 동안, 보수–자유연립 정부의 일차적인 관심은 비용에 대한 어떠한 고려도 하지 않고, 서독의 사회보험체계를 동독에 성공적으로 이전시키는 것이었다. 1993년 봄, 야당들은 늘어나는 예산적자 문제에 직면한 정부와 대치했다. 연방재정부 장관 테오 바이겔(Theo Waigel, CSU)은 의회에서 다음과 같이 발언했다.

당신들(야당들)은 적자 증대에 대해 우리를 비판합니다. 나는 우리가 1989년 이후 독일 통일에 지불했던 모든 독일인의 노력(mark)을 지지합니다. 특히 나는 내가 독일 통일을 위해 필요한 것과 가능한 것 모든 것을 했기 때문에 부끄럽지 않습니다. (…) 1천 7백만 명의 국민들에게 자유를 줄 수 있다는 것은 우리가 현재 독일에 지불하고 있는 것만큼의 값어치가 있습니다(Sten. Prot. 12/161: 13734).

하지만 1993년 초, 기민–기사련과 자민당(FDP)은 다시 한 번 그들이 독일 기업의 국제 경쟁력 약화로 판단한 것과 증가하는 사회보험 기여금 및 높은 조세를 강력하게 연계시켰다. 이 해석 양식은 곧

1990년대 잔여기간 동안 연립정부가 제안한 감세와 사회정책 변화를 정당화했다(Seeleib-Kaiser 2001: 108-115). 유럽 통합 과정과 마스트리히트 조약의 적합기준은 이러한 제안과 명시적으로는 관계가 없었다. 어쨌든 유럽 통합 과정이 행한 역할에서 유일한 것은, 혹자가 주장하듯, 특히 기민련 국회의원들에 의해서 수많은 다른 유럽연합 국가들이 추진했던 모범 정책으로 자주 언급되었다는 것이다(Seeleib-Kaiser 2001: 121-123 참조).

1990년대 후반기, 사민당은 1970년대 중반부터 기민당이 내세웠던 경제 및 고용정책의 입장을 마침내 수용하기 시작했다(SPD 1994: 10f.; Seeleib-Kaiser 2001: 118-120 참조). 1990년대 말 무렵에 사민당은 재정적자를 통한 고용 프로그램의 관념에 대해 분명하게 기각했는데, 권리와 책임성 원칙에 입각해서 새로운 일자리 창출에서 실업자들의 더 많은 개인적 노력을 요구했고 시장체제의 장점과 개인의 책임성을 강조했다(SPD 1998, 2002 참조). 블레어-슈뢰더 공동선언(Blair-Schröder Paper, 1999)에는 고위급 사민당 정치인들 간 이 새로운 사고의 좀 더 '급진적' 강령 해석을 강조하고 있다. 이 문서에 따르면, 사민당의 정책은 다음과 같은 원칙(credo)에 따라야 한다.

우리는 오늘날 현대화된 새로운 경제 틀 안에서 우리 정치를 적용할 필요가 있습니다. 그 틀에서 정부는 기업을 지원하기 위해 모든 것을 다 할 수 있지만, 정부가 기업에 의해 대체된다고 믿는것은 결코 아닙니다. 시장의 핵심 기능은 정치 행동에 의해 보완되고 개선되어야 하지만, 방해받지는 않아야 합니다. 우리는 시장사회가 아니라, 시장경제를 지지합니다.[141]

이 선언문이 비록 좀 더 '전통적인' 사민당 당원들에게 거센 비판을 받았지만, 당수이자 수상인 슈뢰더(Gerhard Schröder)는 선언문에 제시된 정책 방향에 몰입했다. 2003년 봄, 향후 정책 방향을 제시하는 의회연설로 널리 받아들여지고 있는 의제2010(Agenda 2010)이란 제목으로 슈뢰더는 다음과 같이 선언했다.

우리는 사회보장체계의 재설계와 관료체제 축소로 대규모 예산 절감을 이룩할 것입니다. 그럼에도 수당 삭감은 불가피합니다. (…) 블루칼라와 화이트칼라 노동자들은 우리가 세금과 사회보험 부담을 줄여줄 것이라고 기대합니다. (…) 사회보장체계의 혁신을 위한 우리 정책으로 사회보장기여금을 삭감함으로써 추가 임금비용을 줄일 것입니다.

경제, 고용 그리고 사회정책에 대해 이러한 접근법을 취했다는 것은 사민당이 1970년대 중반부터 기민당에 의해 분명하게 표현된 복지국가 노선, 즉 정부 개입을 줄이고 개인의 책임성을 더욱 장려할 필요성을 향해 이동했다는 것을 의미했다.

적극적 노동시장 정책과 관련한 시장체제에 대한 강조는 2002년 하르츠위원회보고서(Hartz Commission Report)에 의해 제시된 제안의 핵심 요소들이었다. 많은 사민당원들에게 노동시장 개혁정책, 특히 공적보조금으로 비정규 고용 기회를 증진시키는 것은 '문화혁명'을 조성하는 것이었다. 그것은 이러한 방식이 대체로 국가 개입보다 시장의 우월성을 수용하는 데 기반하고 있기 때문이었다.[142] 야당인 기민당이 충분하지 못하다는 점을 비판하기는 했지만,[143] 적녹연정은 원칙적으로 시장에 의한 해결책을 받아들였다. 해석 양식─국가는 원칙적으로 시장에서 직접적인 개입을 삼가야만 하고 최선을 다해 시장의 해결책을 신장시키고 가능하게 해야 한다는 것이 독일에서 양대 복지국가 정당 간에 지배적 해석양식이 되어갔다. 그래서 사민당은 전통적으로 기독교민주주의 복지노선의 부분을 이루었던 고용정책을 향한 자유주의적 접근법에 한층 더 가깝게 이동했다.[144]

사회정책 담론: 사회보험비를 제한할 필요성

수년 동안 사회정책 담론은 비용 유지와 '극빈층'에 초점을 맞추려는 요구가 지배했다. 실업보험과 관련해서, 개인의 책임성 강화뿐만 아니라 수당 남용을 제한하고 대처해야 할 필요성에 의해 그 정당성이 확대되었다. 인구 변동과 세대 간 정의가 점점 더 연금개혁을 정당화하기 위한 레퍼토리가 되어갔다. 이미 주어진 표준생계에 대한 공적 보장을 철회하는 것이 암묵적으로 새로운 해석 양식에 연계되었다.

1975년 이후 줄곧 실업보험 논쟁은 지출 규제와 수당 남용 제한에 대한 쟁점들이 지배해왔다. 사민-자민 연정은 제안된 [지출] 삭감 정책이 고통스러울 것이라는 점을 인정했지만 공공부문에는 견딜 만한 경제적 폭풍우일 뿐이고, 필수적인 사회수당은 비용과 적자증가에 대한 통제가 유지된다면, 유지할 수 있다고 말했다.[145] 1975년 노동시장 축소 정책을 시작으로, 기민련은 사민-자민 연정이 제안한 삭감[정책]으로는 지출 증대를 통제하기에 불충분하고 이러한 지출 증가는 기업과 추가 비용이 드는 특수고용노동자(dependent worker)[19]에게 부담을 줄 것이라고 주장했다.[146] 비용과 관련된 주장은 기민련이

---

19 특수고용노동자(economically dependent worker)란 개념상 피고용인과 자영업자 사이에 위치해 있는데, 보통 1인의 고용주와 피고용 관계를 맺고 있지만, 고용계약에 의한 보호를 받지 못하는 신분상 제약이 있다.

1978년 기본강령에서 언급했던 것처럼, '극빈층'에 대해 재정자원을 제한적으로 집중한다는 개념에 딱 들어맞았다. 지출 축소의 필요성에 더해서, 기민련은 실업급여에 의존하는 사람들과 적극적 노동시장 프로그램 참여자들 때문에 사회보험체계가 남용되고 있다는 의혹을 끌어들임으로써 지출 삭감을 정당화하려고 했다.[147]

기민련은 집권 이후, 연이은 연방고용청의 예산흑자와 1980년 중반부터, 적극적 노동시장 정책의 확대, 특히 고령의 노동자들을 위한 실업급여 수급의 확대를 이전 예산전략의 성공적 결과로서 받아들였다.

> 실업보험 요율을 낮췄지만, 우리는 고령의 노동자들을 위한 급여수급을 확대할 수 있습니다. 신사숙녀 여러분, 제가 업무를 시작했을 때, 우리는 잉여금을 어떻게 지출할지에 대해 논의할 필요는 없었습니다. 130억 마르크화의 적자를 지니고 있었기 때문이지요. 우리는 먼저 130억 마르크의 적자를 해소해야 했습니다. 이제 우리는 기여금 수준을 낮추고 동시에 급여기간을 연장할 수 있습니다. (…) 다달이 실업보험기금에 납부해왔고 이제 처음으로 실업자가 된 (…) 고령의 노동자가 단지 3년만 일한 사람들과 동일한 급여기간 자격을 주어야 한다고 생각하는 사람은 아무도 없습니다. (…) 특히 고령의 노동자들이 장기 실업에 직면한 이후로 말입니다.[148]

이 실업보험 급여수급의 확대는 형평성 원칙의 적용에 근거했던 것이었고, 그래서 기독교민주주의 복지노선의 이상과 부합하는 것이었다.

통일 이후, 비용 유지는 다시 한 번 기민당에 의해 점증하는 세계화된 경제에서 사회보험기여율의 축소 '필요성'과 강력하고 분명하게 연계되었다(CDU 1994a: 14; 1994b: 44ff.). 반대로 사민당은 실업과 사회부조 급여의 삭감은 국내 수요의 감소로 이어질 것이라는 주장을 이어나갔다.[149] 지출 축소에 대한 해석 양식은 고용촉진법개정법률에 대한 1997년 의회 논쟁에서 최고조에 달했다.[150] 게다가 급여 남용은 이러한 노동시장 정책개혁을 정당화하는 데 결정적인 역할을 했다. 이제 정치인들은 '암시장경제(black market economy)'에서 활동하는 동시에 [실업]급여에 의존하는 실업자들에 대해 관심을 기울였다. 보수-자민 연정의 정치인들은 보험체계의 이러한 남용을 막을 수 있는 것은 모든 보험가입 노동자들의 이해관계 속에 있다고 주장했다.[151] 동시에 기민련은 실업 상태의 사회부조 수급자들을 활성화시킬 필요에 대해 강조했다(CDU 1994a).

1990년대 초부터 사민당은 서서히-모순된 발언들과 내부 갈등이 없었던 것은 아니었지만- 노동시장 정책에서 좀 더 시장지향적 방식으로 이동했다. 사민당은 사회부조에 의존하는 실업자가 고용 기회를 거절한다면, 행정당국은 급여 삭감을 위한 모든 법적 조치를 강구해야한다고 주장했다(SPD 1998). 당시 사민당 의장이자 수상이었던 슈뢰더는 실업자 스스로의 책임성을 누구보다 강조하는 주요 옹호자로 활약했다. 이는 2001년 4월 타블로이드 잡지인 『빌트(Bild)』지에 수상의 다음과 같이 말이 헤드라인으로 실리면서 최고조에 달했다. "우리 사회에서 게으를 자격은 없다. 이것이 의미하는 바는 적절한 직업 제안을 거부한 모든 실업자들은 수당 삭감에 직면할 수밖에 없다는 것이다(Buhr 2003: 157에서 인용)". 몇 년간의 논쟁을 거치고 난 후, 실업자들에 대한 압력을 강화할 필요가 있다는 시각을 지닌 사민당 내 이른바 현대화론자들이 최종적으로 승리했다. 경제노동부 장관인 클레멘트(Wolfgang Clement)는 적절한 일을 재정의한 하르츠 법안의 조항, 예컨대 원칙적으로 비정규 노동(non-standard work)을 적절한 것으로 규정한 조항, 실업자들에게 제안된 직장이 부적절하다는 증명을 요구하는 조항을 수당 남용에 대응할 수단의 근거로 제시했다. 이러한 조치들이 포함된 상황에서 활성화 개념은 또한 법적인 실업제도의 대상인 납세자들과 노동자들에게 상당한 정도의 개인적 역량을 보여줄 수 있는 실업자들만이 공적 프로그램에 도움을 받을 수 있다는 점을 웅변해준다고 평가되었다.[152]

보수 진영은 실업수당 청구자들의 더 많은 개인적 책임성을 강화하는 적녹연정의 노동시장 정책 노력에 찬사를 보냈다.[153] 또한 전체 노동시장기구 내 자영업을 장려하는 것이 남용을 위한 동기부여를 최소화할 것이라는 주장에 의해 정당화되었다. 이 자영업 장려는 무엇보다 실업급여 수급기간 동안 실업자들이 불법으로 일하지 않고 합법적으로 그들의 사업을 운영할 수 있도록 도움을 주고자 설계되었다.[154] 2003년 3월 슈뢰더 총리는 그의 정책연설에서 고령의 실업자들이 18개월까지 받을 수 있는 실업수당 수급기간을 축소하려는 계획이 사회보험 기여금 축소 필요성에 의해 정당하다고 주장했다.[155]

사회보험 기여금 축소, 예산지출 통제, 수당남용 방지, 그리고 노동시장 내 더 많은 시장 기제를 '재구축'할 필요성은 시점이 다르고, 실업보험 개혁이 불가피하다는 인식 정도의 차이는 있었지만, 양대 복지국가 정당 모두 인정했다. 기나긴 야당 기간 동안 사민당은 처음에는 노동시장 정책에 대해 한층 '전통적인' 접근법으로 회귀했었지만, 결국 기민련의 해석 양식의 많은 부분을 받아들였다. 전체적으로 정책개혁은 이들 정당들이 실업보험체계의 장기적 활력을 지속시켰다는 것으로 정당화되었다. 급여 남용과의 전쟁은 실업보험의 역할과 특성에 대한 원칙화된 믿음과 일치하는 규범적으로 정당화된 명분으로 제시되었다. 정부는 또한 사회보험 기여금 축소를 하나의 긍정적인 진전으로 내세웠는데, 이것이 일자리 확대를 촉진할 수 있다는 이유에서였다. 정치인들이 이미 획득한 표준생계 보장의 애초 목표에서 벗어날 필요성을 언급하는 일은 거의 없었다. 더욱이 그들은 [실업]급여가 '극빈층'에 집중되어야 한다고 강조했다. 양당 모두 원칙화된 믿음에 의해 관념을 규정된 제한적인 통로 안에 있는 무기로 사용하고 있었다. 하지만 해가 지날수록 노동시장 정책에 관한 한, 정치인들이 시장을 정부 간섭보다 우위에 있다고 생각한다는 것이 분명해졌다. 이런 측면에서 시장의 힘에 대항해서 노동자들을 보호하는 해석 양식은 '위법적' 혹은 '과잉 확대된' 정부 보호를 줄임으로써 시장 기제를 활성화하는 것이 최우선 목표인 양식으로 전환되었다. 같은 직장 혹은 이전의 임금 수준에서 재취업을 요구하는 실업자들은 점점 받아들일 수 없는 요구를 하는 것으로 간주되었다. 정치인들은 적절한 직업제안의 구성 요소와 시장원리 강화에 대해 재정의했기 때문에, 한때 암묵적으로 실업노동자들에게 주어졌던 표준생계를 보장하는 데 지배적이었던 해석 양식에서 이탈했다. 분명한 것은 그들이 보험원칙의 강화 필요성을 지속적으로 강조했다는 것이다.

실업보험 개혁 담론과 유사하게, 정치인들은 사회보험 기여금을 안정화하고 궁극적으로 줄일 필요성을 언급하고, 예산상의 불가피성과 급여는 '극빈층'에게 집중되어야 한다는 점을 강조함으로써, 연금체계 개혁을 정당화하고자 했다. 더욱이 인구 구성의 변화는 노령보험에 하나의 도전으로 인식되었다. 결국은 다음과 같은 세 가지 차원의 정의가 정책 변화를 정당화하는 정치 담론 내에서 진전되는 원인으로 작용했다. (1)기여금과 급여에 관한 정의, (2)임금소득과 가족 서비스와 관련된 정의, (3)세대 간 관계, 즉 기여자와 수급자 간 관계에 관한 정의.

　가사노동과 임금노동을 노령보험체계 안에서 동일한 기반에 놓으려는 노력으로, 사회정의에 대한 새로운 주장이 수립되었다. 동시에 이러한 움직임은 사회보험급여는 실적(achievement)에 기초해야 한다는 '옛' 해석 양식과 공존했다. 기민/기사련(1983: 73)은 다음과 같은 언급을 계속했다. "연금은 빈민구호품이 아니다. 연금은 평생에 걸친 연금수급자의 실적에 대한 수익이다. 그래서 연금은 실적과 기여의 기초 위에서 지속되어야만 한다." 다시 말하면 실적의 원리는 또한 가사 노동에 적용되었다. 이것의 근본적인 이유는 개인적 선택의 자유 장려-다른 말로 하면, 부모가 일을 할지와 집에 머물면서 아이를 돌볼지를 결정하게 하는-에 관한 더 폭넓은 논쟁에 근거하고 있다(CDU 1983: 73). 1986년 유족연금과 양육수당법 논쟁이 벌어졌을 때, 기민련의 노동사회부 장관인 블륌(Norbert Blüm)은 연금제도 내 100세의 사회 불의(injustice)에 종식을 가져 올 육아 크레디트 도입을 주창했다.

　나는 오늘 육아 크레디트가 연금법에 도입되었다는 것을 자랑스럽게 생각합니다. (…) 연금이 내일모레도 여전히 지급될 수 있다는 사실에 대한 전제조건인 아이들이 이전의 연금체계에서 인정되지 않았던 것은 무지가 아니었습니까? 오늘의 아이들은 내일 연금기여금을 납부할 노동자들입니다. 진보는 오직 점진적으로 일어날 뿐입니다. 우리는 여전히 모든 문제를 풀지 못했지만, 오늘 중요한 발걸음을 내딛었습니다.[156]

　사민당은 육아 크레디트는 '정기적인' 사회보험기여금으로 적립될 수 없기 때문에, 노동시장에 계속 참여해오고 있는 어머니들-게다가 육아에 대한 책임성도 주어진-에 대한 차별이라는 점을 들어 비판했다.[157]

1980년대 후반까지, 연금논쟁에서 인구 변동 문제는 두드러지게 나타나지는 않았지만, 그 이후 내내 아동 크레디트의 개선은 분명하게 인구 변동의 맥락에서 토론되었다.[158]

연금체계가 부과식에 기초해 있고, 잠재 기여자들이 엄격하지 않은 수급으로 피해를 입는다면, 반드시 이 문제에 대해 설명해야 합니다. 이것은 인구 정책과 관련이 없습니다. 연금체계는 가사노동과 보육에 전념하려면 직장을 그만두어야 하는 여성의 사회적 조건에 대한 합리적 판단과 개선에 기초해 있습니다. 이에 대한 균형을 맞추지 않으면, 여성들은 연금체계에서 차별을 받게 됩니다. (…) 노령보험의 미래는 결정적으로 가족정책의 확장에 기반해 있습니다.[159]

양당의 협력에 기초해서 연금개혁에 타협했던 기민련과 사민당의 비공식 대연정 구성원들은 부과식 재정 방식과 연금수급자들이 이미 획득한 표준생계에 대한 공적 보장을 유지함과 동시에, 미래의 인구 축소 조건에 대응하는 방법(mechanism)을 발견했다고 확신했다. 1980년대 말, 적립식 연금체계로의 개혁이 정치적으로 우선적인 것은 아니었다(Marschallek 2004 참조). 기본 정당정책에서조차도 기민련뿐만 아니라 사민당 역시 부과식 재정체계를 포기해야 한다고 요구하지 않았다. 사민당은 특수고용에 사회보장기여금을 부과할 뿐만 아니라, 자본집약적 기업에 '기계세'의 도입을 촉구했다(SPD 1986; 1988). 기민련은 연금수급자의 기초연금 유지보장은 고수하면서도 기업연금을 포함한 더 많은 개인노령연금제도 촉진을 제안했다(CDU 1994b: 69f.).

그럼에도 불구하고, 몇 년 지나지 않아 기초연금의 공적 보장에 대한 쟁점이 연금 논쟁의 중심무대로 이동했다. 자민당 의원들은 법정 연금체계로 기초연금을 더 이상 보장할 수 없다고 주장한 반면,[160] 기민련 출신 노동사회부 장관은 월수급액을 이전 소득의 70%에서 64%로 삭감했던 1999년 연금개혁법이 연금 삭감을 의미하는 것은 아니라고 주장했다. 브림은 다음과 같이 설명했다.

> 연금수급의 수준과 기간이 전체 연금수당을 결정합니다. 수급기간이 늘어나면, 전체 수급액은 증가합니다. 일만(10,000) 마르크를 10년에 걸쳐 분배해야 할 때의 연수급액은 12년 동안 동일한 금액을 분배해야 할 때와는 다를 겁니다. 전체 연금수급액은 삭감되지 않을 것입니다. 단지 몇 년 더 나누어 지급될 뿐입니다.[161]

연립정부는 이러한 변화들이 두 가지 이유에서 반드시 필요하다고 주장했다. 첫째, 이것은 독일에서 직장을 유지하기 위해 사회보험 기여금을 조정하고 줄이는 데 관한 것이었다.[162] 달리 말하면, 연립정부는 세계화를 연금개혁의 중심적인 인과적 논거로 활용했다. 둘째, 연정 구성원들은 월수당 삭감 필요성은 세대 간 형평성원칙에 입각해 있다고 주장했다. 그들은 젊은 세대가 지속적으로 더 높은 사회보험기여금을 납부함으로써 스스로 인구 변동의 부담을 져야 한다는 생각을 하지 않도록 해야 한다고 주장했다.[163]

야당인 사민당은 이 개혁에 대해 강력하게 비판했다. 그들 시각에서 연금체계의 개혁을 다시 할 이유가 없었다. 사민당은 결국 국가가 기초연금 보장 유지를 철회하도록 할 '인구통계적 요소'를 도입했다는 이유로 집권 기독-자민 연정을 거세게 공격했다.[164] 1998년 선거 강령에서 사민당은 그들이 승리하면 1999년 연금개혁법을 즉각 되돌리고 과거의 연금 수준으로 복원시킬 것이라고 공약했다. 사민당이 기초연금을 계속 보장할 것이라고 역설했지만, 노령연금체계가 완전 적립식의 사적연금과 직장연금에 부가적으로 의존할 수밖에 없다는 점을 강조하기도 했다(SPD 1998: 28f.). 기민/기사련은 사적연금과 직장연금제도의 영역이 확장될 수 있도록 유인책을 증대시킬 것을 주문했다(CDU 1998: 21).

집권하자 적녹연정으로 전술을 바꾼 사민당은 이후 2001년 포괄적 연금개혁법, 즉 사회보험기여 수준 축소 필요성뿐만 아니라, '세대 간 형평성'의 논거를 이용하여 부분 민영화로 이끌었던 연금개혁을 옹호했다. 사민당 출신 노동사회부 장관이자 구조적 연금개혁 설계자인 발터 리스터(Walter Riester)는 의회에서 다음과 같이 발언했다.

이전에 법정연금체계만으로는 더 이상 표준생계 보장을 할 수 없다고 지적했던 것은 필요하고도 고통스러운 일인 만큼 (…) 오늘 우리는 (사적연금 혹은 직장연금에) 가입하는 사람들은 분명히 더 많은 전체 노령소득을 얻을 것이라는 것을 선언할 수 있습니다.[165]

더욱이 사민당은 2001년 연금개혁이 "개인의 책임성 촉진, 사회보험요율의 안정화, 빈곤예방, (그리고) 노령 여성의 소득안정성을 증대"시킨다고 주장하며 정당화했다.[166] 기민련은 민영화로의 부분적인 이동이 포함된 연금개혁의 전반적인 개혁 방식에 대해 이념적으로 반대하지 않았다. 그들의 주요 비판은 새로 도입된 최저수당

(minimum benefits)이 기여금에 기반한 재정 방식의 타당성을 잠식할 것이라는 데 있었다.[167] 마지막으로 기민련은 1980년대와 90년대 사민당이 사용했던 논거와 같이, 노령보험 내에서 가족 중심의 수당 개선이 매우 불충분했다고 주장했다.[168]

사회보험기여금 수준을 안정화시키기 위한 '필요'를 우선했던 논거들이 사회정책 변화를 정당화하는 데 결정적인 역할을 했다. 이러한 정당화—이미 1980년대 개혁에 영향을 미쳤던—는 1990년대 말 지배적인 것이 되었다. 세대 간 부담나누기라는 관념에 입각해서, 미래 급여수준을 줄이는 것은 정당하게 인식되었다. 노동자들은 자발적으로 민간 혹은 직장연금제도에 가입을 결정했더라도, 은퇴기간 동안 이미 자격을 획득한 표준생계가 보존되는 통합급여(combined benefit) 수준을 원할 따름이었다. 그래서 사회보험기여금을 제한할 필요에 의해 기초연금의 공적 보장의 철회가 정당화되었다. 연금체계 내 가족 중심 급여의 확장은 사회적 공정(fairness)의 문제로 점차 인식되었다. 왜냐하면 부모가 연금체계의 장기 지속성을 위해 필수적인 서비스를 제공하기 때문이다. 이 두 가지 정당화는 하나의 해석 양식으로 통합되어 미래의 연금체계 발전은 사회보험기여금을 통제할 필요와 가족 중심적 요소의 부가적 개선을 통해 계속 진전될 것이다.

실업보험과 노령보험 모두에서 복지국가 정당들은 예산제약의 강조와 사회보험기여금의 안정화 필요를 통해 개혁을 정당화해왔다. 이러한 논거들은 경제 및 고용정책에 대한 자유주의적 접근과 더 잘 들어맞았다. 하지만 양당 모두 '극빈층'에 더 강하게 초점을 맞춤과 동시에 사회보험체계를 계속 지원한다. 이 해석 양식은 실업노동자들의 기초연금 보장에 대한 생각을 점점 취약하게 만들어갔다. 적절한 일자리 제공의 구성 요소들은 무엇인가에 대한 재정의가 매우 중요했다. 연금보장의 철회 여부에 대한 훨씬 더 솔직한 논쟁이 진행되었다. 인구 변동의 부담을 세대 간 공평하게 나누는 것은 미래의 은퇴소득에 관해 젊은이들 사이의 개인적 책임감을 더 강화시킬 필요뿐만 아니라 미래급여의 축소를 정당화한다. 전체적으로 이러한 해석 양식이 우리의 이상적 복지 모델에 딱 들어맞는 건 아니다. 그러나 제도적으로 이러한 해석 양식은 자유주의적 요소들을 기독교민주주의 경로에 결합시킨다. 이 해석 양식의 경계는 사회적 시민권 개념에 기초한 보편적인 사민주의식 접근을 분명하게 배제하고 있다.

가족정책 논쟁 : 더 많은 지원이 필요한 가족

가족정책 논쟁은 임금 부양자 중심 정책을 지배하는 담론 양식과는 매우 달랐다. 1970년대 기민련은 부모가 일을 할지 자녀양육을 전담할지에 대한 선택권을 가져야 한다는 새로운 해석 양식을 성공적으로 구축했다(CDU 1983: 73). 기민련은 또한 핵심적인 사회제도로서 가족에 대해 전통적으로 독일인들이 가지고 있는 강한 집착에 기초한 소명으로서, 가족정책이 전반적으로 더 확장되어야 한다고 주장했다. 독일인들이 가지고 있는 가족정책에 대한 구조적으로 차별화된 인식 덕분에, 가족제도에 더 많은 지원이 시급하게 필요하다는 그들의 주장은 계속되었다. 기민련의 시각에서 보면, 과거의 임금부양자 중심의 사회정책은 근본적으로 가족이 필요한 것들(needs)을 무시했다(Bleses and Rose 1998: 293f.). 앞으로 보겠지만, 사민당은 모든 가족에게 더 강력한 지원을 한다는 정책적 입장으로 전환했던 데 반해, 기민련은 2000년대 초 제도적인 자녀양육 정책에 더 많은 지원을 하기 시작했다.

1970년대 후반, 사민-자민 연립정부는 통합아동수당 도입과 아동세액공제 폐지를 정당화하기 위해 평등의 논거를 활용했다. 정부는 모든 아동에게 동일한 공공지원 자격이 있어야 한다고 했다.[169] 기민련은 이 법안에 찬성했지만, 이전의 다른 지출들이 소득세액 공제될 수 있고 양육비용은 조세법에서 유사하게 처리되어야 한다는 이유로, 과거 양면적 접근에 대한 선호를 분명히 했다.[170] 아동수당 증액에 대한 전반적인 합의에도 불구하고, 어머니를 위한 지원과 관련하여 양대 복지국가 정당 사이에 차이가 있었다. 이러한 차이점은 1979년 육아휴직과 확장된 육아휴직급여 도입에 관한 의회논쟁에서 분명해졌다. 사민당의 청년·가족·보건부 장관인 후버(Huber)는 다음과 같이 주장했다.

> 노동시장에 참여하고 있는 어머니들에게는 우선적으로 모자관계의 개선이 필수적입니다. 무엇보다 우리에게 필요한 것은 일하는 여성에 대한 특별한 대우입니다(강조는 필자).[171]

기민련의 입장에서 이러한 접근법은 재가(stay-at-home) 부모에 대한 불공정한 처우에 해당했다. 기민련의 브룀 의원-이후 노동사회부 장관이 되는-은 다음과 같이 말했다.

> 우리는 노동시장에서 남성과 여성의 동등한 권리를 지지합니다. 우리는 여성이 그들의 직장에서 차별받는 것을 원치 않습니다. (…) 하지만 평등에 대한 우리의 개념은 사회주의자들의 평등 개념을 넘어서는 것입니다. (…) 또한 우리는 재가 어머니와 일하는 어머니 사이의 평등을 원합니다. (…) 임금노동이 모든 것에 대한 구제수단이 될 수는 없습니다. 그러나

사회주의 경전에서 임금노동에 참여하지 않는 어머니는 장애가 있는 인간으로 취급됩니다.[172]

기민련은 1983년 선거강령에서 가족 중심의 수당 확대 필요를 크게 강조했다(CDU 1983: 73). 반면, 사민당은 가족정책의 포괄적 전략을 발전시키지 않았고, 우선적으로 통합아동수당 도입 성과와 연금체계에서 몇 가지 향후 개선책에 대해 언급했다.

비록 사민당이 육아휴직과 육아(휴직)수당 도입에 대해 불공정한 수당의 평준화를 만든다며 강력하게 반대했지만,[173] 기민련은 스스로를 혁신 세력으로 위치 지었다. 기민당의 가족부 장관은 다음과 같이 말했다.

우리에게 가족노동과 자녀양육은 임금노동만큼 중요하고, 그래서 자녀양육은 임금노동과 유사한 방식으로 국가에 의해서 인정되어야 합니다. (…) 이것을 받아들이지 않는 사람들이 상당수의 여성을 차별하며 여전히 시대에 뒤떨어져 있습니다. 아버지들 역시 육아수당을 받습니다. 이것 또한 새로운 것입니다. 아버지들도 어머니들처럼 자녀양육에 대한 동일한 책임감을 수행합니다. 이 법률로, 연방정부는 가족 내 노동분업을 공식적으로 법령화한다는 생각(concept)을 거부합니다.[174]

불과 몇 년 후, 사민당은 기민련에 의해 추진된 가족 중심 정책 확대의 논거들을 대체로 받아들였다. 사민당의 유일한 비판은 육아휴직과 육아(휴직)수당이 정부가 제시한 것보다 더 빠르게 확대되어야 한다는 것이었다(SPD 1989: 22). 1990년대 초, 낙태법 개정 논란이 크게 있었지만, 보육기구의 확대 필요성에 양당이 합의했다. 이에 대한 그들의 논리는 3세부터 6세까지 모든 아동들에게 보육기관에 양육될 자격이 주어지면, 낙태 숫자도 줄어든다는 것이었다. 또한 이를 통해 부모가 일과 가족에 대한 의무를 병행하기가 더 용이해진다는 것이다.[175] 1998년 선거기간 동안, 모든 정당들이 가족에 대한 공공지원을 더욱 확대하는 정책발의를 제안했다. 사민당은 아동(세)수당이 더욱 늘어나야 한다는 요청 이외에도, 고용과 보육 양립을 개선할 조치를 요구했다(SPD 1998: 27f.; CDU 1998: 20). 육아휴직개정 논쟁에서 [기민-자민 연립정부에 이어 집권한] 적녹연정은 새로운 조치가 부모들이 고용과 가족의 책임성을 양립시키기 위해 활용할 수 있는 선택을 증대시킬 것이라고 강조했다. 부모에게 모두 자신의 노동시간을 줄이고 동시에 부분적으로 육아휴직을 향유할 수 있는 선택권이 주어졌다. 이 조치는 아버지가 육아에 더 많이 참여하게 하는 중요한 단계로 채택되었다. 게다가 의회는 자산조사 기준을 완화하여 앞으로 더 많은 부모들에게 육아(휴직)수당 자격이 주어질 것이라고 강조했다.[176] 적녹연정은 이전 연립정부, 특히 기민련이 도입한 현행 육아휴직 제공의 경직성 때문에 어머니들을 노동시장 밖으로 밀어냈다고 비난했다. 새 가족부 장관인 사민당의 베르그만(Bergmann)은 의회에서 다음과 같이 말했다. "이 법은 선택의 경계와 관련해, 특히 부모의 수당을 늘리고 공공보육의 증대를 포함하여 궁극적으로 노동과 가족의 삶의 조화를 개선하는 수단 또한 지원하는 '선택'의 자유를 만들어 낼 것입니다. 점차 가족정책의 확대는 연금체계와 전체적인 복지제도의 지속가능성을 늘리는 수단으로 인식될 것입니다."

네덜란드

　네덜란드 기민당의 중심적 정치목표는 소득과 부의 재분배를 증진하지 않고 자본주의의 사회적 조절에 전력하면서(CDA 1984: 41; 1986: 4), 사회적 통합과 응집뿐만 아니라, 전통적으로 경제적 안정성을 도모하는 데 있었다(CDA 1977: 31; 1980: 27; 1989: 6; 1993: 13; 1995: 2; 2002: 3). 기민당은 사회보장에 주도적으로 집중하면서 빈곤과 싸운 반면, 1990년에는 좀 더 과정지향적 개입으로 초점을 이동했다(CDA 1998: 53). 전통적으로 네덜란드 기민당의 철학은 공동체 조직의 책임성에 강고한 뿌리를 두고 있었다. 기민당의 전신인 구교 및 신교뿐만 아니라 기민당도 공동체에 대한 개인의 의무가 상실되었다고 비판했다(CDA 1977: 4; 1980: 8; 1986: 28). 보충성[의 원칙]이 언제나 중심 목표였다(CDA 1980: 6; 1986: 4; 1995: 2). 기민당은 국가의 가장 중요한 책임은 시민들이 자기 스스로 책임지는 방식으로 사적인 삶을 조직하도록 필수조건을 제공하는 것이라고 강조했다. 그러나 최소한 1978년까지 '시민들에게 필수조건을 제공'한다는 정의가 광범위해서, 처음에는 공동체와 자기 책임성에 대한 초점과 복지국가의 확대를 조합했다. 사실상 기민당은 경제관리를 위해 거시경제적 국가 개입에 목표를 두었고 복지국가 확대를 지원했다.[177]

　하지만, 1980년대 초부터 시장 지배력의 프로그램적 중요성이 커져갔고 '필수조건의 제공'에 대한 관심은 점차로 축소되었다(CDA 1982: 3; 1995: 8). 이전의 해석 양식과는 반대로, 복지국가는 자기 책임성에 방해물이라는 합의가 커져가고 있었다. 그럼에도 불구하고 기민당은 사회적 응집과 공동체 제도를 강조하면서 더 자유주의적인 정당의 입장과는 분명하게 다른 개인, 공동체, 그리고 국가를 위한

환경을 지속적으로 도모했다.[178]

보충성과 공동체에 초점을 맞춘 기민당과 달리, 네덜란드 사민당 [노동당]은 재발하는 자본주의 경제위기에 필연적인 대응으로 간주되었던 국가 개입에 우선적으로 집중했다(PvdA 1977a: 9f.). 더욱이 노동당은 공공고용의 확대와 선택적 투자활성화로 완전고용을 위한 국가 책임성을 강조했다(PvdA 1982: 2; 1986: 13; Handelingen Tweede Kamer 1978/1979: 253, 265, 393). 전통적으로 네덜란드 노동당은 경제와 사회정의를 성취하는 핵심 수단으로 소득과 부의 재분배를 촉진했다 (PvdA 1977a: 24; 1981: 8; Handelingen Tweede Kamer 1975/1976: 100, 224). 하지만 1982년 선거정책에서, 사민당은 1984년 복지국가에 대한 전반적 검토가 요구되기 전까지, 소득과 부의 평준화 확대를 제한하는 선택을 처음으로 허용했다(PvdA 1984: 4f.). 1987년 시장경제로의 성공적인 참여 촉진을 핵심 목표로 삼는 포괄적 정책개혁이에 일어났다(PvdA 1987: 123f.; 1994b: 10).

1980년대 후반에 이르러 노동당은 '국가가 모든 문제에 대한 방어를 독점할 때', 시민의 자유와 자기 책임성이 제한된다고 강조하면서, 국가의 역할을 재정의했다(PvdA 1989: 12). 반대로 국가의 임무는 시민이 성공적으로 주도하기 위한 전제조건을 제공하는 데 국한되어야 한다. 이를 통해 사민당은 기민당식 용어를 받아들였다. 즉 "우리는 인민들의 자기 책임성을 장려하고, 주도하고, 북돋우며, 촉진하는 국가가 (…) 필요하다. 모든 사람을 위해 안락한 환경을 제공하는 국가란 과거의 생각이다(Handelingen Tweede Kamer 1994/1995b: 3-69)." 소득 격차의 보상을 목적으로 하는 이전의 사후적 재분배 대신, 노동당은 동등한 기회를 제공하기 위해 사전적 개입을 추진하기 시작했다(PvdA 1987: 101; 1994a: 18).

1980년대 중반까지 사민당은 사회적 응집에 기초한 기민당의 공동체 개념에 대해 개인을 종속시키는 퇴보라며 비판했다(PvdA 1987: 125). 그러나 곧 공동체적 접근은 사민당 정책의 주요 초점이 되었다. 공동체의 활성화, 자기 책임성, 그리고 개인적 주도성이 사민당의 전통에 근거해서 논의되었지만, 실제는 공동체주의적 분석에 점점 더 기반하게 되었다(PvdA 1989: 21; 1998: 9; 2002: 74). 복지국가의 확장이 자기 책임성과 공동체에 근거한 활동을 방해한다는 생각에서 출발했기 때문에, 사민당과 기민당은 1980년대 후반 이후로 유사한 해석 양식을 발전시켰다. 이 해석 양식은 동등한 기회에 초점을 두고 빈곤과 맞서는 정책합의, 새로운 제도 청사진을 불러일으켰다.

경제 및 고용정책 논쟁: 케인스주의에서 활성화까지

1970년대 후반까지 네덜란드 사민주의자들은 기간산업에 대한 국유화, 노동의 재분배, 공공고용의 창출, 선택적 투자정책과 실업 감소를 위한 임금적정화와 같은 반(反)자본주의적 수사를 썼다(PvdA 1971: 9; 1977b: 10. 23, 26). 노동당은 이윤증가가 고용친화적 재투자를 촉발시킬 것이라는 자유주의적 가정을 거부하면서, 사회에 이익이 될 것이라며 국가가 통제하는 투자결정을 요구했다(PvdA 1977b: 11; Handelingen Tweede Kamer 1975/1976: 181). 1971년 선거정책에서는 여러 가지 목표를 추구하는데 재정 억제가 쟁점은 아니었지만, 1977년 노동당은 공공지출 확대를 제한해야 할 필요성을 명시적으로 수용했다(PvdA 1977b: 92). 1% 기준의 도입으로, 노동당은 높은 노동비용이 실업 증대에 기여한다는 주장을 받아들였다.

노동비용 증가와 투자, 이윤, 그리고 고용과의 연계를 부정할 수는 없습니다. (…) 노동비용 증가와 총(collective) 조세부담의 연계성이 존재한다는 것 또한 사실입니다(Handelingen Tweede Kamer 1975/1976: 179).

그러나 노동당은 노동비용을 경제위기의 주요인으로 보는 편파적 시각—자민당과 가톨릭국민당의 정책을 특징짓는 입장—을 비판했다(ibid.: 109; 155). 1% 기준에 대한 의회 논쟁이 벌어지는 동안, 정부의 노동당 구성원들과 원내노동당은 위축되고 있는 시장문제를 거듭 강조했다. 노동당은 세계적 경기침체로 인한 사적 수요의 침체를 보상하기 위해서 공공수요가 늘어나야 한다고 주장했다(ibid.: 181). 더욱이 의회 내 토론을 통해서 노동당 대표들이 사적 부문의 기술 향상 때문에 실업자가 된 모든 사람들에게 일자리를 제공하기 위해 공공고용의 확대를 촉진했다는 점이 드러난다(ibid.: 101; 225). 이러한 입장을 배경으로, 그리고 1% 기준의 논거와는 달리, 노동당은 부유세와 상속세의 증세를 제안했다. 그 목적은 공공지출의 증가에도 불구하고, 예산적자를 안정화시키데 있었다(PdvA 1977b: 20; 1981: 27). 노동당은 더 넓게 보면, 중요 정책을 변경하기보다는 국가주도적 거시경제 관리를 1980년대까지 계속 요청했다(PvdA 1981: 4; 1982: 3). 1% 기준에 대한 논쟁이 사민당 내 새로운 인과적 관념, 즉 높은 노동비용과 실업 간의 연계성을 드러냈지만, 과거의 인과적 관념은 계속 존재했고 전체적으로 더 영향력이 있어 보였다.

연정 파트너인 가톨릭국민당의 대표들은 1% 기준이 반드시 필요할 만큼 궁극적인 것은 아니라고 강조했지만, 효과적으로 노동비용을 더 낮출 수 있도록 전체적인 조세부담의 안정화를 요구했다(Handelingen Tweede Kamer 1975/1976: 161f.). 게다가 가톨릭국민당은 높은 이자율과 인플레이션율로 인해 사적투자가 '철수'되는 것을 두려워했다(ibid.: 163). 이에 따라 완고한 통화주의 경제정책과 제한적 공공부문 성장이 1977년 선거에서 기독동맹 강령의 중요 요소를 형성했다(CDA 1977: 17, 30).[179] 생산성을 넘지않는 임금 상승이 실업을 줄이고 공공지출을 제한하는 싸움에서 결정적 요소로 고려되었다(CDA 1977: 17). 완고한 통화정책에 대한 요구와 신고전주의적 임금비용 이론의 수용에도 불구하고, 기민당은 여전히 공공일자리 확대를 통한 실업 감소를 위해 국가가 책임을 져야 한다고 생각했다(Handelingen Tweede Kamer 1978/1979: 358). 1970년대 후반까지 기민당의 정책 역시 노동시간 단축과 선택적 투자 촉진을 포함함으로써 기민주의의 이상형에서 벗어나, 훨씬 더 전통적인 사민주의적 접근을 포괄했다(Handelingen Tweede Kamer 1975/1976: 167; Handelingen Tweede Kamer 1978/1979: 280, 284; CDA 1977: 17).

1% 기준과는 반대로, 1978년 6월 기민당과 우파 자유주의 정당들과의 연정에 의해 통과된 중기 프로그램인 〈청사진 81〉은 전반적인 담세 안정화에 목표를 두었고 예산적자 축소를 우선과제로 두었다. 기민당의 재정부 장관인 안드리아서(Andriessen)가 〈청사진 81〉의 방향대로 박차를 가했으나(Handelingen Tweede Kamer 1978/1979: 353; 456), 몇몇 기민당 의원들은 국가주도의 팽창주의적 정책 요구를 계속했다(ibid.: 439).[180] 그래서 당시 기민당의 경제접근법은 자유연정 파트너였던 자민당처럼 자유주의에 완전히 뿌리를 둔 것은 아니었다(Handelingen Tweede Kamer 1978/1979: 300ff.). 실제 기민당의 판 아흐트(van Agt) 수상은 시장주도의 정책을 활성화하기 위한 일방적 경제 접근법을 분명하게 거부했다(ibid.: 439).

비록 기민당이 공급 측면의 분석에 기초한 예산제약 정책을 추진했지만, 정치적 변화를 정당화하고 사민당에 대해 압력을 행사하기 위해 새롭게 설계된 정의 개념을 언급하기도 했다. 바로 미래 세대와 환경에 대한 책임성이 팽창주의 정책을 거부하는 주요 논거가 되었다. 게다가 적자지출에 대한 인식은 국가채무의 결과로서 현재의 문제가 불공정하게 미래세대로 이전된다는 것이었다(ibid.: 276). 기민당은 적자재정에 관대한 복지국가가 기초했던 이전의 정의 개념에 문제를 제기하기 위해 세대적 정의 관념을 무기로 배치했다(CDA 1986: 3). 조세부담을 유지시키면서도 국가예산을 건전화하는 방법은 현재의 사회정책이 아니라 미래세대를 위한 책임감과 연계되어 있었다. 이런 식으로 새로운 인과적 신념이 도입되었지만, 여전히 사회정의의 원칙적 관념에 착종되어 있었다.

하지만, 1980년대를 시작으로 기민당은 적극적 거시경제의 국가 개입 요구를 중단했고 국가지출 축소를 활발하게 전개했다(CDA 1986: 30; 1994: 36; 2002: 8). 먼저 1980년 기민당은 공공부채 감소와 포괄적 감세를 동시에 요청했다. 2년 후, 기민당은 노동시장 탈규제가 필요하다고 선언했고, 더 많은 소득세 감면과 제한적 민영화를 요구했다(CDA 1982: 8, 24, 39). 낮은 노동비용과 자본소득세 부과와 더불어, 혁신과 교육에 대한 새로운 관심이 거시경제 조정에서 더 자유주의적인 공급 측면 정책으로 이동했다(CDA 1986: 29f; 1994: 33; 1995: 9; 1998: 8, 55).

노동당은 1% 기준 원칙(idea)을 후퇴시키기까지 하는 〈청사진 81〉에 대한 근본적 반대입장을 전개했다(Handelingen Tweede Kamer 1978/1979: 259; Green-Pedersen 2002: 98f.). 노동당은 총 조세부담의 유지와 예산적자 감소 모두 맹렬하게 거부했다(Handelingen Tweede Kamer 1978/1979: 254, 259). 일방적인 공급 측면의 활성화는 시장을 위축시키기 때문에 무의미한 것으로 간주되었다.

새로운 투자기회를 확대한다면, 시장을 발굴하는 건 어떻습니까? 물론 이 과정에서 고임금과 저이윤이 한 몫 할 겁니다. 하지만 이를 주요 문제로 고려하는 것은 상황에 대한 기괴한 왜곡입니다(ibid.: 253).

대신 노동당은 완전고용을 보장하기 위해 공공고용의 확대뿐만 아니라, 국가주도의 성장 촉진을 목표로 삼았다(ibid.: 253, 267). 하지만 1980년대 중반, 노동당은 임금 축소에 대한 보상으로 소득세 인하(PvdA 1986: 28)와 공공부채 축소(PvdA 1986: 15)를 요구하며, 이 정책에 대해 몇 가지 결정적인 변형을 주었다. 하지만 노동당은 여전히 총 조세부담 축소를 확대하는 것은 거부했고(PvdA 1986: 64), 고용정책은 대체로 공공부문 내 시간제 근로 촉진과 노동시간 단축에 국한되어 있었다(PvdA 1986: 24). 1987년에 이르러 이전의 국유화의 중심 목적은 후퇴하여 더 이상의 민영화는 중단할 것을 요구하는 것으로 대체되었다(PvdA 1987: 70). 더욱이 노동당은 그들의 경제 접근법을 적극적 노동시장 정책으로 옮겨갔을 뿐만 아니라, 조사와 [직업]훈련에 대한 투자활성화의 필요성과 같은 몇 가지 공급 측면의 수단을 포함시키기 시작했다(PvdA 1987: 69, 111). 그들은 지난 10년을 마무리하면서 공급측면을 강조하는 거대한 전환을 실행했는데, 이제는 네덜란드 기업의 국제 경쟁력 향상을 위해 임금순응, 세율과 다른 공급 측 조건들을 강조한다(PvdA 1989: 1, 6, 9; 1998: 28; 2002: 78). 1990년 선거정책에서 노동당은 선택적, 사회적이고 생태적으로 책임성을 갖는 성장의 요구를 축소하고, 공급 측면의 일반적 조건 개선을 통한 확장적 성장 촉진을 제시했다(PvdA 1989: 3). 1994년에 노동당은 경제 및 고용정책의 전환을 완료했다.

현재의 선거경쟁 상황에서 소득 격차에 대한 근본적 보상은 정치적 자살
행위다. [또한] 오늘의 지구적 시장경제에서 통속적 케인스주의(공공지출
증대, 예산적자 증가의 수용, 그리고 평가절하를 통한 인플레이션 억제)는
경제적 자살 행위다(PvdA 1994a: 19f.).

예산정책의 연속성에 관한 의회 내 토론은 1980년대 중반부터 불
거졌던 노동당과 기민당의 방법론적 유사성을 상징한다. 이른바 잠
(Zalm) 규칙을 기초로, 국가채무와 총 조세부담의 동시 축소는 경
제 및 고용정책의 주요 축이 되었다. 정부와 의회의 노동당 당원들
은 정부지출의 축소가 초래된데 대해 단호하게 옹호했다. "견고한 예
산정책을 추진하지만, 감세를 위한 환경을 조성하기 위해서는 현재
의 우리 사회보장체계 내에서 필요한 것은 (⋯) 깊숙한 개입입니다
(Handelingen Tweede Kamer 1994/1995b: 2-22; 3-86)." 기민당이 논쟁을
주도한 지 14년이 흘러, 노동당도 조세부담과 국가부채를 동시에 축
소하자는 기민당의 입장으로 수렴하게 되었다. 국가부채와 공공지출
에 대한 합의는 부채 감소를 세대정의에, 공공지출 감소를 자기 책임
성의 증진과 연결시킨 해석 양식과 연계되어 있었다.
　이러한 정책 전환이 완료된 후, 노동당 주도의 정부는 기민당조
차도 탈규제에 찬성하여 사회적 쟁점을 무시한다고 비판했던 그
런 광적인 방식의 시장원칙을 포용했다(Handelingen Tweede Kamer
1994/1995b: 2-19; Leijnse 1994: 452; Lepszy and Koecke 2000: 223 참
조). 이러한 비판에도 불구하고, 포괄적 합의는 양대 복지국가 정당
의 고유한 접근법이 되었고, 노동당 정책을 기민당의 것으로 범주화

한 기민당의 보고서에 의해 절정에 다다랐다(ibid.: 3-110; Handelingen Tweede Kamer 1994/1995c: 8-314). 2002년 집권에 실패한 이후, 노동당은 다시 한 번 예산적자의 증대를 받아들이는 약간의 정책 변화를 시도했지만, 오래가지는 못했다. 전반적으로 노동당은 부채 감소와 공공 부문의 축소를 요구하는 해석 양식을 계속 고수했다(PvdA 2003: 492).

1980년대 중반 이후 노동당의 입장에서 심오한 정책 변화뿐만 아니라 재정 및 경제정책에 대한 기민당 접근 방식의 장기지속이 존재함을 발견했지만, 두 정당 모두 지난 30년 동안 노동시장 정책에 대한 접근법을 근본적으로 바꿨다. 1980년대 초까지 두 복지국가 정당은 조기퇴직 장려와 같이 실업을 줄이기 위한 소극적 노동시장 정책을 촉진했다(Handelingen Tweede Kamer 1978/1979: 267, 290). 하지만 1990년대 초에 이르러 양 정당은 모두 노동시장 참여를 늘리는 데 광범위한 초점을 맞추기 시작했다(Handelingen Tweede Kamer 1994/1995b: 2-14; PvdA 1998: 32). 동시에 노동당은 표준적 고용관계에 기초한 공공고용 확대를 통해서 완전고용에 이르는 국가 책임성을 결국 기각했다(PvdA 1994a: 1). 집권당인 노동당, 민주당, 그리고 자민당은 멜커트 고용계획이 1년으로 제한되어 있다는 점을 홍보하는 동시에, 장기실업자들이 정규 노동시장 진입을 위해 훈련하고 준비하는 데 관심을 가지고 적극적인 공공의 역할을 활발하게 전개했다(Handelingen Tweede Kamer 1994/1995b: 3-73f.).

이 접근법 이면에는 노동시장 정책과 관련한 새로운 해석 양식이 존재한다. 국가가 장기실업자들을 위해 유리한 조건을 제공하고자 시장에 직접 개입할지라도, 장기간 고용 제공의 책임을 지지는 않는다. 적극적 노동시장 정책과 함께, 노동당은 전반적인 공급 측 조건을 개선하는 것이 매우 중요하다는 점을 강조했다. 노동당 의원은 국가의 "제1과제는 시장부문에서 고용을 촉진하는 것이어야 합니다. 그것이 노동당이 이미 공약한 감세를 찬성하는 이유이고 (…) 또한 기업인들에게 방해가 되는 모든 것은 제거되어야만 합니다"라고 힘주어 말했다(Handelingen Tweede Kamer 1994/1995c: 8-322). 1976년 공공고용의 확대를 통한 완전고용과 시장원칙의 동시 촉진은 모순된 것으로 인식되었던 반면(Handelingen Tweede Kamer 1975/1976: 224), 1990년대 후반 이후 고용과 시장운영원칙의 활성화는 동전의 양면을 구축해왔다. 유연성과 안정성의 성공적인 조합이 이러한 배경 안에서 중요한 역할을 했다. '유연안정성(flexicurity)'이라는 신조어를 토대로, 정치인들은 사회정책 개념의 확대-'일자리가 최고의 사회보장'이라고 가장 잘 요약되는-에 있어 주요한 부분으로 유연성과 탈규제를 정착시키는 데 성공했다(PvdA 1998: 32). 또한 노동당은 1970년대 말 기민당에 의해 주도적으로 추진되었던 세대정의의 해석 양식을 수용했다. 이 해석 양식을 사용함으로써, 국가부채 감소는 사회정책적 개입으로 구축되었다(Handelingen Tweede Kamer 1994/1995b: 3-74).

  ※요약: 네덜란드 노동당의 경제 및 고용정책 접근법은 최근 25년 동안 근본적으로 바뀌었다. 노동당은 케인스주의 수요관리 요청을 기각했으며, 완전고용을 포기했고 적극적 노동시장 정책을 활성화하기 시작했다. 사민주의 정당 간 정책적 변화는 양대 복지국가 정당의 포괄적 합의를 위한 필수조건을 구축했다. 신고전적 임금비용이론과 통화안정의 우선성에 기초한 제한적 재정정책의 기본적 '필연성'은 1990년대 중반까지 우리를 인지자물쇠의 언술로 이끈 양 정당의 정책에 깊숙이 연계되었다.

사회정책 논쟁: 활성화와 민영화?

기민당은 언제나 개인의 책임성과 공동체의 중요성을 강조해왔다. 그런데 1980년 처음으로 복지국가의 수동적 특성을 명시적으로 비판했다(CDA 1980: 29). 하지만 현재의 국민보험, 근로자보험, 그리고 조세를 재정으로 하는 보편적인 사회부조 안전망의 혼합에 근본적인 의문을 제기하는 데까지 나가진 않았다(CDA 1982: 7). 전체적으로 복지국가의 위기는 수동적인 복지국가 구조의 결과가 아니라, 비효율적인 네덜란드 경제의 경쟁력에 있다고 생각했다. 그래서 공급 측 수단을 통한 고용활성화가 사회정책의 접근 방법으로 인정되었던 것이다(CDA 1982: 26; van Kersbergen 1997: 326). 상황 개선을 위해, 기민당은 사회보장 프로그램의 소득대체율 축소와 임금 및 사회적 소득 이전 증가 간 연계의 단절을 제안했다(CDA 1977: 19; 1982: 7). 노동당은 1970년대 경제위기의 결과로 복지국가의 성장이 제한되었다고 인정했지만, 근본적으로 사회적 소득 이전의 어떠한 삭감도 거부했다. 더욱이 노동당은 사회적 이전급여와 임금 상승의 연동을 재도입하겠다고 약속했고(PvdA 1977b: 15, 93; 1981: 9), 개별 최저임금 수준에서 사회적 소득 이전의 최저선 한계를 다시 한 번 설정했다(PvdA 1977b: 15, 93; 1981: 9). 최종적으로 노동당은 보편적 보험체계를 조세재정의 최저소득보장으로 대체하는 포괄적 계획을 제안했다(PvdA 1977b: 19). 하지만 10년 후 노동당은 이 계획을 철회했다(PvdA 1986).

1980년대 후반, 양 정당은 사회정책 개입 방식을 완전히 바꿨다. 노동시장 참여 증대를 목적으로 하는 구조적 복지개혁이 양대 복지국가 정당에 최우선 과제가 된 것이다. 기민당은 1970년대 말부터 구조개혁의 제시 없이, 복지국가의 수동적 성격을 비판해왔지만,

1986년까지 활성화와 남용과의 전쟁을 정당전략의 주요 축이라고 분명하게 밝혔다(CDA 1986: 37). 1986년 의회 내 복지개혁 논쟁에서 베이요스(Weijers) 의원은 과거 체계는 "시민들에게 새로운 기회"를 충분하게 제공하지 못했고, "⋯ 국민들의 의존성을 강화시켰다."고 강조해 말했다(Handelingen Tweede Kamer 1985/1986: 4306). 이전에 개인의 책임성과 고용의 필요조건으로 간주되었던 복지국가가 점차 고민거리로 인식되어갔다. 기민당은 복지-노동 연결망을, 복지수급자들을 노동시장에 통합하는 수단으로 강화하겠다고 약속했다(ibid.: 4312). 1980년대 중반, 기민당은 복지수급자들이 직장-공식적인 자격기준 이외의 기회를 포함해서-을 갖게 하기 위해 더 엄격한 적합기준을 요청하기 시작했고, 실업급여와 장애급여를 결정할 때 기초소득공제(income disregards)를 완화함으로써 근로유인을 높이자는 제안을 했다(ibid.: 4319; Handelingen Tweede Kamer 1994/1995: 6; CDA 1989: 27; 1993: 43ff.; 1998: 53). 1980년대 초부터 [직업]훈련과 교육에 관해 많은 노력을 해서 노동시장 정책의 중심적 요소가 되었음에도 불구하고(Handelingen Tweede Kamer 1985/1986: 4334f.), 급여 삭감과 엄격한 적합기준이 사회부조 수급자들의 활성화를 위한 주요 정책도구로 인식되었다(Handelingen Tweede Kamer 1992/1993: 42-3108; CDA 1994: 44). 억제정책은 복지국가에 대한 근본적인 공격이라기보다는 복지국가를 보호하기 위한 하나의 접근 방법으로 묘사되었다. 즉 "원내 기민당은 사회보장체계 개혁을 장기적으로 사회보장을 담보하기 위한 하나의 방식으로 찬성" 했다(Handelingen Tweede Kamer 1985/1986: 4312).

1986년, 노동당은 노동시장 진입이 이전급여(tranfer benefits)의 수급보다 우선적이어야 한다는 점을 인용하며, 기민당과 유사한 방식의 주장을 했다(PvdA 1986: 14, 32; 1987: 115). 그러나 기민당과는 달리 활성화 수단으로서의 복지 삭감은 수용하지 않았고, 복지 삭감이 수급자 수에 영향을 미친다는 점에서 반대했다(Handelingen Tweede Kamer 1985/1986: 4390; PvdA 1986: 32f.). 이에 더해 노동당은 양질의 사회보장체제가 노동시장 유연성 증가뿐만 아니라 임금 억제의 결과를 수용하기 위한 사람들의 의지에 기초가 된다는 점을 강조했다(PvdA 1987: 114; Handelingen Tweede Kamer 1985/1986: 4396). 그러나 이러한 인과적 관념은 몇 해 지나지 않아 근본적으로 변했다. 1990년대 초, 노동당 국무장관인 테르 펠트(ter Veld)는 공식적으로 [복지 삭감 수용 거부에 대해] 반대선언을 하면서 소득대체율 삭감을 요구했다. 그녀에 따르면, 높은 복지이전은 조세와 보험료 상승을 통해 노동비용을 상승시키고 그럼으로써 고용을 망친다(Handelingen Tweede Kamer 1992/1993: 43-3191). 이미 1989년 노동당은 임금소득과 이전급여의 연계와 관련해 몇 가지예외를 인정해왔는데(PvdA 1989: 10), 이를 통해 실질적으로 복지수급자들에 대한 재원을 제한했다. 4년 후 기민당은 복지이전의 수준 삭감과 기간 단축을 명시적으로 제안했다(Handelingen Tweede Kamer 1992/1993: 43-3189).[181] 복지지출의 삭감과 함께, 노동당은 고용유인 강화를 위해 사회부조 수급자뿐만 아니라 실업자와 장애인에 대한 더욱 엄격한 자격기준을 수용했다(Handelingen Tweede Kamer 1992/1993: 42-3141; Handelingen Tweede Kamer 1994/1995a: 18-1019f.; PvdA 1998: 32). 이러한 광범위한 변화를 반영해서, 1994년 선거정책에서 사회정책은 활성화 전략의 하나로 개념이 재설계되었다. 즉 "사회보장이 소득보장에 지나치게 집중되어 있다. (…) 그래서 사회부조, [노동시장] 복귀, 그리고 조정의 새로운 균형이 내년에는 진전되어야만 한다(PvdA 1994a: 56; Handelingen

Tweede Kamer 1994/1995a: 18-1021 참조)." 이를 배경으로, 사회보장체제의 개혁이 노동시장 참여 증대를 목적으로 한 주요 정책 축의 하나가 되었다(PvdA 1994a: 49).

기민당의 정책 전개와 비슷하게(Handelingen Tweede Kamer 1994/1995a: 18-1020), 노동시장으로의 진입이 노동당 사회정책 접근의 핵심 요소가 되었다. 1980년대 중반 노동당의 사회정책 접근이 직업훈련에 대한 공공재정 투입뿐만 아니라 시장임금의 상승과 연계된 소득 이전에 초점이 맞춰 있었다면, 1990년대에는 개인적 동기, 급여 삭감, 더 엄격해진 자격기준, 그리고 제재를 통한 활성화가 노동당 사회정책의 핵심 요소가 되었던 것이다(Tweede Kamer 1994/1995: 15; PvdA 1998: 32; 2002: 25). 여기에 더해 1995년 공공부조 개혁 과정에서, 사회정책의 초점은 정규 노동시장에 복귀할 수 없는 급여 수급자의 활성화를 확대시키는 것이었다(Handelingen Tweede Kamer 1994/1995a: 18-1021; Handelingen Tweede Kamer 1994/1995: 12). 활성화 연계가 노동당 [노동시장] 복귀 정책의 두 번째 주요 축이 되었다(PvdA 2002: 22). 노동당은 기민당이 1982년 선거정책으로 취했던 입장인(CDA 1982: 9), 활성화 조건을 준수하지 않을 경우 급여지급 철회를 담보로, 급여수급자들이 공동체 근로에 순응해야 한다는 점을 수용하고 홍보했다(Handelingen Tweede Kamer 1994/1995a: 18-1010; PvdA 1998: 32). 노동당은 언제나 취업훈련과 금전적 동기부여를 강조했지만, 혹자는 노동당이 전반적으로 당근과 채찍에 기초한 활성화 전략을 추진 중이었다고 주장할 수도 있다(PvdA 1994a: 54; 1998: 32). 기민당과 마찬가지로, 노동당도 연금을 제외한 사회정책과 노동시장 정책을 연계시켰고, 활성화와 진정한 '사회'정책의 기초로 간주한 적극적 노동시장 정책을 기반으로 제도적 청사진을 추진했다. 게다가 노동당과 기민당 모두 '극'빈층에 대한 사회정책에 초점을 맞춰 급여 남용을 엄격하게 통제하고 대처하는 접근법을 추진했다(PvdA 1994a: 54; Tweede Kamer 1994/1995: 3; 8).

1982년 초, 기민당은 시민들에게 더 많은 책임성을 부여하는 '신뢰할 만한 민영화(responsible privatization)'를 제안했다(CDA 1982: 8; CDA 1986: 5도 참조). 처음에는 기업이 공적 사회이전을 보완하는 체계에 중점을 두었지만, 1990년대 이후에는 보편적 보험과 소득연계보험의 전통적 조합에 개인적 추가를 장려하는 이른바 카푸치노(Cappuccino) 모델을 추진했다(Handelingen Tweede Kamer 1992/1993: 42-3109; CDA 1995: 10; 1998: 55; Handelingen Tweede Kamer 2000/2001: 55-4047). 장해보험 개혁 논쟁에서 비쉘벌(Biesheuvel) 의원은 민영화와 책임성의 연계를 강조했다.

> 국가의 책임은 어디까지 미치며, 개인의 책임은 어디서부터 시작합니까? 우리의 비전에 따라, 보조적 개인보험에 대한 잠재력을 확대해서 국가, 사회적 협력자들, 그리고 시민들의 책임을 재조정해야 합니다(Handelingen Tweede Kamer 1992/1993: 42-3109; CDA 1993: 45; 1998: 53).

1998년 선거정책에서, 기민당은 시장운영원리와 공공 서비스를 보완하는 자기 책임성을 장려하여 민영화 기획(perspective)을 확대했다. 시장화와 개인적 동기는 공적 서비스 제공에 대한 보조금 수요를 우선으로 하는 사회 서비스 영역에서 지원을 받았는데, 이는 사회적 보호 제공의 성격을 근본적으로 대체하는 것이었다. 즉 "오늘날 보조금 지원을 받는 공급자들이 상업적 공급자들과 경쟁할 수밖에 없다면, 자기 책임성을 다하는 사회적 기업인으로 일을 할 것이다(CDA 2002: 46; PvdA 1998: 15 참조)."

노동당은 1987년 사회보장의 부분적 민영화를 근본적으로 거부하면서, 민영화가 비용절감을 이끄는 것이 아니라, 단지 공적 영역에서 사적 영역으로 비용이 이동한다는 점을 지적했다(Handelingen Tweede Kamer 1985/1986: 4403). 더욱이 노동당은 사회체제 의질 하락을 의심했고, 네덜란드 체제의 미국화를 경고했다(ibid.: 4396). 그러나 기민당은 획일적인 복지가 선택권의 박탈을 가져오는 반면, 자신들이 제안한 방식은 개인의 책임성과 자유를 신장시킨다는 점을 효과적으로 주장했다. 1994년에 이르자, 노동당은 현대 네덜란드 시민들이 대부분 위험에 대비해 개인적으로 보험에 가입할 만큼 충분하게 독립적이고 성숙하다는 견해를 활발하게 전개했다(PvdA 1994a: 21). 사실상 노동당은 공적 이전의 삭감을 보상할 수 있는 추가적 민영보험의 선택을 강조함으로써, 1993년 장해수당 삭감에 동의했다(Handelingen Tweede Kamer 1992/1993: 42-3136; 43-3191). 더욱이 추가적 민영보험이 재정적 이유로만 강조된 것은 아니었다. 즉 "비용 문제의 발생을 늦추자고만 하는 것이 우리 노동당의 의도는 아니었습니다. 우리는 오히려 참여, 더 많은 활동, 그리고 당연히 개인의 선택의 확대를 원합니다(ibid.: 43-3192)." 그래서 부가적 민영보험을 적극적으로 추천한다는 것은 결과적으로 자기 책임성의 강화와 시민들의 선택의 자유와 연계되었다(ibid.: 42-3136; 43-3191). 노동당 의원들에 따르면, 인민의 생활과 노동조건은 보편적 사회보장체제가 더 이상 합리적일 수 없을 만큼 분화(ibid.: 42-3136)되었다. 그럼에도 불구하고 그들은 고위험군의 사람들을 포함해서 모든 이들을 포괄하는 민영보험 보장의 필요성을 강조했다(ibid.: 42-4137). 노동당이 더 이상 민영화의 어떤 분배적 효과도 논의하지 않았다는 점은 주목할 만하다(PvdA 2002: 73).

　※요약 : 전체적으로 노동당은 1990년대 기민당의 정책입장으로 수렴해갔다. 공적사회체제의 적실성은 1990년대 초부터 부침을 거듭했다. 자율성에 대한 전제조건으로 인식되었던 탈상품화(Esping-Andersen 1990)에 대한 강조가 정치 논쟁에 사라진 반면, 복지 확대가 자유와 개인의 책임성에 대한 위협이라는 해석이 인지자물쇠가 되었다. 노동시장 참여가 사회통합을 위한 결정적 메커니즘으로 강조됨으로써, 복지이전의 제공은 어느 정도 배제와 해체의 행동으로 이해되었다(PvdA 2002: 21). 활성화와 임금보상 및 사회 서비스를 제공하는 시장운영원리의 강화와 결합된 복지급여 남용과의 전쟁이 2000년대 초 양대 복지국가 정당의 정책적 접근 방식을 구성했다. 하지만 개략적 변화에도 불구하고, 노동당은 여전히 기민당에 비해 사회적 이전급여의 삭감 추진을 주저했다(PvdA 1998: 34f.). 일반적으로 노동당과 기민당 모두 복지국가의 규범적 이상을 고수하지만, 동시에 '새로운' 경로와 전략을 도모한다. 즉 "복지국가 원칙을 유지해야만 한다는 데는 의문의 여지가 없습니다. 그러나 우리는 이 중대한 목표를 현실화하는 수단을 개혁해야만 합니다"(PvdA 1987: 123; Handelingen Tweede Kamer 1985/1986: 4312).

가족정책 논쟁: 양육과 일의 균형

　기민당은 결혼과 가족의 특별한 중요성을 지속적으로 강조해왔고, 그래서 가족을 핵심적 사회제도의 하나로 초점을 맞추는 사회정책을 추진했다(CDA 1977: 1; 1980: 6; 1989: 72; 1993: 75; 1995: 3; 1998:

11). 하지만, 시간이 지나면서 사회적 관계에 대한 전통적 이해를 수정했고, 결혼과 '장기 연애관계'가 동등한 개념임을 지지하기 시작했다(CDA 1982: 43; Handelingen Tweede Kamer 1985/1986: 4324). 기민당과 달리, 노동당은 사회를 위해 결혼과 가족이 특별히 중요하다는 점을 분명하게 인정하지 않았다. 대신 아동수당, 육아 혹은 출산휴가와 같은 문제들은 여성해방의 촉진을 위한 도구로서 논의되었다(PvdA 1986: 14, 31; 1989: 8, 17; 1998: 30). 더군다나 노동당은 사회권의 개인주의화를 추진했고, 하나의 제도로서의 가족 대신에 개별 가족 성원에 초점을 맞춘 사회정책을 주문했다(PvdA 1981: 9; 1989: 21; 1994a: 55). 기민당은 항상 보편적 아동수당을 추진했고, 이를 통해 자녀가 있는 가정과 그렇지 않은 가정 간 수평적 재분배를 지지했던 반면(CDA 1977: 18), 노동당은 원래 1980년대 중반까지 자산조사를 통한 아동수당을 지지(PvdA 1977b: 18; 1981: 9)하여 저소득 가정을 위한 수직적 재분배를 우선시했다. 하지만 1980년 중반 이후에는 보편적 아동수당에 찬성하는 기민당의 입장을 받아들였다(PvdA 1986: 35).

1980년대 초까지, 기민당은 남성부양자 철학에 기초한 사회정책을 추진했고(CDA 1977: 19), "아이들은 … 일정한 복지 제공과 부모의 책임성 하에 성장해야 한다"는 점을 분명하게 강조했다(CDA 1980: 6). 그러나 몇 년이 지나 특정한 환경을 조건으로 공적 아동보육의 확장을 요청했다(CDA 1982: 43). 마침내 1990년대 초, 기민당은 일과 가정의 양립을 신장하기 위해 시간제 보육 제공의 전반적 확대를 제안하면서, 부모 모두 노동시장 참여를 높일 것을 주문하기 시작했다(CDA 1993: 75). 특히 이들은 여성해방을 위한 필연적 전제조건으로 여성의 경제적 독립을 요구하기 시작했다(CDA 1994: 43). 그럼에도 불구하고 이 시기 이후로 여성의 경제적 독립이 아니라, 일과 가정의 양립에 관한 선택의 자유가 기민당이 주목한 대상이 되었다(CDA 1993: 47; 1997: 24; Handelingen Tweede Kamer 2000/2001: 55-4044; CDA 2002: 6). '선택의 자유'는 기민당의 가족정책에 성공적인 해석 양식이 되었는데, 왜냐하면 이것이 한편으로는 기민당이 현대적 개방성을 보여줄 수 있게 해주었고, 다른 한편으로는 가사노동에 가치를 부여하게 해주었기 때문이다. 그렇지만, 기민당은 종일 보육에 의존하는 정규직 맞벌이 부부의 이중소득 가계에 대한 지원에는 여전히 반대했다(CDA 1998: 12). 대신 기민당은 부모가 모두 시간제로 일하는 협력 모델(partnership model)이나 한 쪽 부모로 제한된 부양자 모델을 추진했다(CDA 1997: 12, 85; 1998: 11). 재정과 관련한 선택의 자유를 보장하기 위해, 기민당은 부양자 가계를 위한 면세 제공에 항상 노력을 기울였다(CDA 1995: 4; 1998: 58; 2002: 46).

노동당은 1980년대 초부터 여성의 경제적 독립과 일과 가정의 양립에 관한 선택의 자유를 강조해옴으로써, 패권적인 남성부양자 모델에 적극적으로 도전했다(PvdA 1982: 2; 1989: 9; 1994a: 52; 1994b: 10; 1998: 11, 28; 2002: 22). 일과 가정의 양립을 위한 이러한 방식에서 주요 강조점은 기민당의 그것과 완전히 달랐다. 노동당은 정규직인 부모를 포함해서 여성의 노동시장 참여를 적극적으로 추진했고, 우선시했다(PvdA 1989: 17; 1994b: 10, 47; Handelingen Tweede Kamer 2000/2001: 55-4034). 1980년대 내내, 모든 아동들에 대한 공공보육 추진이 중심 이슈가 되었는데(PvdA 1982: 3), 1989년 선거정책에서 노동당은 다음과 같이 주장했다. "국가는 충분하고 적정한 비용의 보육시설을 제공해야 한다(PvdA 1989: 9)". 덧붙이자면, 노동당은 1986년부터 부모에게 시간제 근로자격을 제안했고, 출산휴가를 확대하며, 6개월의 유급 육아휴직 도입을 약속했다(PvdA 1986: 35; 1994a: 52).

1991년 무급 육아휴직 도입에 관한 의회토론에서 일과 가정의 양립 문제에 관한 기민당과 노동당 간의 계속된 차이가 드러난다. 노동당과 반대로, 기민당은 여전히 부모의 양육에 근거한 가족 모델을 선호했다(Handelingen Tweede Kamer 1989/1990: 53-3072). 비록 이들이 공적 소득비례 육아휴직수당은 사회적 협력자들의 책임으로 인식될 수 있다는 이유로 반대했지만, 시간제 육아휴직은 양립을 위한 최선의 해결책임을 인정했다(ibid.: 53-3071). 이듬해부터 기민당은 늘어난 출산휴가 기간 이후 시간제근로, 육아휴직, 그리고 해고보호의 개선 조건을 계속 요청했다. 기민당은 "부모는 … 자녀를 양육할 수 있도록 가능한 많은 지원을 받아야 한다. 보육의 과도한 전문화는 기민당의 비전과 맞지 않다"(CDA 1997: 28; CDA 1993: 47; 75; 1998: 11f.; 2002: 6 참조)는 점을 강조했다.

보라연정은 가족이 사회정책의 주요 준거점이라는 기민당의 원칙화된 믿음을 분명하게 거부했다. 1994년 세계 가족의 해를 맞아 정부는 다음과 같이 선언했다. "네덜란드의 정책은 가족보다는 아이에 초점을 맞추고 있음으로, 국제적 지위에 합당하지 않는 어떠한 가족정책도 수행하지 않는다"(CDA 1997: 139에서 인용). 그러나 1990년대 후반부터 우리는 가족이 중요한 준거점으로 점차 재평가되고 있음을 발견하게 되었다(PvdA 2002: 20; Handelingen Tweede Kamer 2003/2004: 69-4495). 노동당은 계속해서 가족정책의 중심을 성 평등과 노동시장 진입에 두었지만, 기민당의 공동체주의적 입장을 포괄하는 무급 가족보육을 더 적극적으로 가치평가하기 시작했다.

노동당은 자발적 보육-연민에 근거한-이 필연적이라는 의견에 공감합니다. 이러한 보육은 사회에 사회적 기초를 제공하며 전문화된 기구에 의해 대체될 수 없습니다(Handelingen Tweede Kamer 2000/2001: 55-4034; PvdA 1998: 26 참조).

가족은 기민당에 항상 중요한 존재였지만, 가족정책은 1990년대 말에 이르러, 가족부의 수립 요구에서 절정에 이르며 전통적인 사회 및 경제정책 목표에 우선한다는 점이 받아들여졌다(CDA 1998: 6, 11; 2002: 6). 일과 가정에 대한 양립 정책의 수렴에도 불구하고, 우리는 2001년 '일과 보육'에 관한 의회 논쟁에서 표출되었던 것처럼 양립 정책의 구체적인 조직화에 관해 지속되는 차이점을 인식할 수 있다. 노동당과 그들의 자유주의 연정 파트너인 자민당(VVD)과 민주당(D66)은 여성의 노동시장 참여와 경제적 독립을 중심에 놓았던 반면, 기민당은 아버지를 보육제도에 통합해야 할 필요성을 강조하며, 보육을 법률의 필수적 부분으로 삼았다(ibid.: 55-4043). 고용을 강조하는 정부에 대해 불만을 표시하며, 기민당 의원인 당커스(Dankers)는 다음과 같은 점을 강조했다.

우리 입장에서 법안은 (…) 여성의 노동시장 참여를 활성화하는 도구라는 인상을 줍니다. (제목에서 제시된 것처럼) 양육의무와 유급노동의 양립에 관해 더 균형을 촉진하려는 수단이 아니고 말입니다(ibid.: 55-4041).

그러나 기민당이 2002년 다시 집권했을 때, 노동시장 참여는 더욱 진전되어 가족정책의 주요 부분이 되었다. 1998년 선거운동에서 기민당은 한부모의 적극적인 구직활동 혹은 취업의무 폐지를 약속하면서도(CDA 1998: 13), 이 의무가 2004년 사회부조 개혁의 일부임을 강조했다. 아동보육의 새로운 입법 방향에 관한 의회 토론에서 기민당

대표는 다음과 같이 힘주어 말했다.

노동시장 참여의 확대는 가까운 장래에 절대적으로 필수적입니다. 좋은
보육이 중요합니다. 왜냐하면 그것이 일과 가정을 연계할 수 있는 가능
성을 제공하기 때문입니다(Handelingen Tweede Kamer 2003/2004: 69-
541).

기민당은 아동보육법이 노동시장 장치로 이해되어야 한다고 강조
했다(ibid.). 그럼으로써 노동당의 입장에 수렴되었던 것이다. 1990년
대의 체계적 수렴에도 불구하고, 2004년 아동보육법의 의회 토론에
서는 여전한 차이점이 두드러졌다. 첫째, 노동당은 사용자의 보육재
정 기여의무를 요구했다(ibid.: 69-4496). 반면 기민당과 이들의 연정
파트너인 자민당은 지나친 간섭이라고 꺼려했다. 이들에 의하면, 이
러한 방식은 경제발전에 불이익을 가져오므로, 사용자들의 자발적
기여를 선호한다는 점을 강조했다(ibid.: 69-4542; 72-4687; 70-4595).
둘째, 토론을 통해 전문보육의 교육적 중요성에 관한 근본적인 이견
이 드러났다. 노동당은 전문적인 보육이 아동교육에 중요한 역할을
한다고 강조했다(ibid.: 69-4501). 그래서 노동당은 교육의 질적 기준
이 국가주도의 기구에 의해 정해지고 연구되어야 한다는 데 동의했
다(ibid.: 69-4496). 기민당이 전문보육을 수용하긴 했지만, 교육은 부
모의 독점적인 의무여야 한다는 그들의 입장은 변함이 없었다. 이러
한 이유로, 기민당은 전문보육 기구[설립]에 대한 교육 구상은 거부했
다(ibid.: 69-4502, 69-4542). 이 두 가지 사례는 노동당이 국가 역할을
재정의한 지 한참 후인 2002년에조차도 여전히 기민당보다 국가가
주도하는 통제에 찬성하고 있다는 점을 보여준다.

이러한 차이점에도 불구하고, 우리는 가족정책에 대한 합의가 커지고 있다고 말할 수 있다. 이 합의는 기민당 가족 모델의 심대한 변화, 1990년대 후반 이후 노동당의 가족의 사회적 역할 증진, 가족과 노동시장 정책 양 측면에서의 통합 증대, 그리고 재분배에 관한 노동당 내 시각 변화 때문이다. 과거에 기민당과 노동당은 일과 가정에 관해서 우선성을 서로 다르게 추진했지만, 일과 가정의 양립을 위한 가능성을 향상시키는 것이 양당 모두에게 핵심 이슈가 되었던 것이다. 1990년대 말부터 가족은 국가에 의해 지원되어야만 한다는 해석 양식이 양당 모두에 정착하게 되었다(CDA 1998: 11ff.; 2002: 6; PvdA 2002: 23f.).

시기별 정당의 입장 비교

1975년 이후, 양대 복지국가 정당은 과잉 확대된 복지국가는 개인의 책임성, 자유, 그리고 공동체에 기반한 활동을 방해한다는 해석 양식에 수렴해갔다. 그러나 사회적 최저기준에 대한 국가 책임성의 원칙화된 믿음은 동등한 기회와 빈곤과의 전쟁에 초점을 둔 새로운 사회정책 청사진을 내놓으며 포기되지 않았다. 양당 모두—기민당은 노동당보다 몇 년 앞서—사회정책과 노동시장 정책의 통합을 요청했다. 노동시장으로의 통합은 빈곤 감소를 목표로 한 최저선 제공과 함께 핵심 사회정책이 되었다. 결론적으로 우리는 가족을 사회의 핵심 제도로 활성화시키려는 합의적 해석 양식의 발전을 목도했다. 양대 복지정당 모두 복지정책의 중심이 노동시장과 가족이 되어야 한다는 점에 동의한다.

이러한 발견은 1980년대 이후 기민당과 노동당 간 정당 차별성이 눈에 띄게 쇠퇴하고 있는 것과 궤를 같이한다(Michels 1993: 115; Koole 1995: 75). 문헌 속에서 이 발전은 크게 더 자유주의적이 되어간 양대 정당과 이를 주도한 노동당의 결과로 이해된다. 게다가 노동당의 '제3일의 길' 방식 안에서 자유주의자들과 사민주의자들의 조합이 폴더 모델(polder model)[20]의 성공에 기여한 것으로 자주 강조되었다(Cuperus 2001; Green-Perdersen et al. 2001). 또한 판 커스베르겐(van Kersbergen, 1995a; b; 1997)은 구래의 사회보수당식 정책에 기반한 기독교민주주의의 쇠퇴를 강조했다. 그러나 정당 입장에 대한 우리의 경험적 분석은 노동당이 국가의 제한적 역할과 개인의 책임성을 강조하는 기민당식 복지노선의 핵심 요소들에 통합되어 가면서, 기민당이 실제 현대화되어왔다—특히 활성화 정책과 가족정책에 관하여—는 점을 보여주었다. 노동당의 광범위한 변화를 토대로, 우리는 노동당의 전반적인 기민당화를 제시한다(Koole 1995: 242 참조).

　세계화(globalization)가 독일에서는 정치 논쟁을 지배했지만, 네덜란드 복지노선 개혁 논쟁에서는 별로 중요한 역할을 못했다. 경제의 세계화가 케인스주의 정책을 포기하는 데 필연적으로 기여했다는 1994년 노동당의 선거정책을 제외하면(PvdA 1994a: 19f.), 정당강령에 세계화에 대한 간략한 언급은 경제 및 사회정책 개혁을 설명하거나 정당화하는 기능을 하지 못했다(PvdA 1987: 24ff., 102f.; 1989: 4; 2002: 13; CDA 1986: 27; 1989: 21; 1994: 33f.). 문헌을 보면, 이 현상은 네덜란드 경제가 오랫동안 국제 경쟁력에 의존해왔고 '네덜란드 병'

20　폴더 모델이란 네덜란드의 조합주의(corporatism) 모델을 특정해서 일컫는 말로, 정부(사회경제위원회, SER), 사용자단체(VNO-NCW), 그리고 노조연맹 간 삼자협력체제를 말한다. 노동시간 단축과 고용 증대, 임금 축소에 합의했던 1982년 바세나르(Wassenar)협약이 대표적이다.

이 기본적으로 국내 성장 문제의 결과였다는 사실로 거슬러 올라간 다(Bussemaker 1997: 108ff.). 마스트리히트 기준은 양당 모두 네덜란드 가 신중한 예산정책을 기반으로 기준을 충족할 첫 번째 국가가 될 것 이라는 애초의 선언 이후에도 준거점이 되지 않았다(CDA 1994: 36; PvdA,1994a: 69).

복지정책에 대한 정당 입장 비교

분석기간 초기에 세 국가의 사민주의정당은 전반적으로 국가 개입 을 통해 더 많은 경제정의와 완전고용을 성취하려는 목표를 추진했 다. 일반적으로 세 국가의 기민주의정당은 공동체와 제한적 국가 개 입을 추진하면서 사회안정성에 더 많은 강조점을 두었다. 독일 기민 련은 대체로 케인스주의 고용정책을 지지하지 않았지만, 다른 두 나 라의 기민당은 케인스주의적 방식의 요소들을 처음부터 포용했다. 더 나아가 독일 기민련은 이미 1976년 초에 국가 개입에 대한 제한 을 주문했다. 네덜란드 기민당과 오스트리아 국민당은 1980년대 어 느 정도 [독일 기민련의] 선례를 따랐다. 더 세부적인 데 까지 들어가 지 않아도, 세 나라의 기민당은 모두 '자유화' 과정을 수행했고, 공공 지출의 건전화를 요구했다는 점을 강조하지 않을 수 없다. 어느 정도 이것은-특히 네덜란드 기민당과 오스트리아 국민당에게는-그들의 고용 및 경제정책을 다시 한 번 이상적인 기독교 민주주의 노선의 원 리에 밀착시켜 재설정하는 것을 의미했다.

우리의 분석을 통해 세 기민주의정당의 발전과 비교해보면, 사민 당들은 그들의 목표에 대한 포괄적 재규정[과정]을 겪었다. 처음엔 완전고용뿐만 아니라 '정당한' 소득과 부의 분배가 경제적 효율성과 함께 우선적인 목표였지만, 시장에 더 많이 의존함으로써 더 높은 고용률을 성취하고 더 많은 공동체와 자기 책임성을 촉진하는 것이 사민당의 핵심 목표가 되었다. 네덜란드와 오스트리아의 사민주의 정당 간 변화의 차이가 매우 커보였는데, 그 이유는 출발점이 서로 달랐기 때문이다. 비교해보면, 1970년대 네덜란드 노동당은 매우 '급진적', 반자본주의적 접근법을 취했고, 오스트리아 사민당은 국유화된 거대 제조업 부문을 보호하고 있었다. 그럼에도 불구하고 네덜란드 노동당은 1980년대 후반 사회주의화를 거부하고 개방경제에서 국내 수요 관리 정책을 비효율적인 것으로 특징지으면서, 경제에서 국가의 역할을 포괄적으로 재규정하기 시작했다. 이를 배경으로 공동체와 자기 책임성의 개념이 재규정된 국가 역할의 중심이 되었다.

네덜란드 노동당의 변화와 유사하게, 오스트리아 사민당은 국가가 여전히 비교적 많은 부분의 제조업부문을 소유하고 있었던 1986년, 포괄적인 정책 변화에 시동을 걸기 시작했다. 네덜란드 노동당과 오스트리아 사민당은 1980년대 이미 고용 프로그램에 대한 적자 재정 지출요구를 자제했고, 고용 정책에 대한 케인스주의 방식을 분명하게 거부했으며 독일 사민당보다 훨씬 앞선 1990년대부터 시장의 장점들을 강력하게 홍보하기 시작했다(Feigl-Heihs 2004 참조). 하지만 비교하자면, 독일 사민당이 그들의 자매정당보다 더 '온건'했으며, 1970년대 말과 80년대 초 집권했을 때 국가 개입의 제한을 인정했다는 점은 주목해야 한다.

세 국가 모두에서 경제와 고용정책의 초점은 공급 측면의 개선으로 옮겨갔다. 완전고용을 위한 공적 책임성의 이러한 후퇴에 맞춰, 사민당은 부와 소득의 재분배를 통한 더 높은 수준의 평등을 추구한다고 강조하던 데서 부분적으로 물러났다. 다시 그 과정은 독일 사민당이 다른 두 정당보다 오래 걸렸다. 그러나 네덜란드 노동당이 유일하게 정당정책에서 부의 재분배 문제를 분명하게 제외시키는 데까지 갔다(Michels 1993 참조). 세 정당 모두 그들의 경제정책을 시장과 재정적 보수주의를 활발하게 하는 방향으로 더욱 강력히 추진했다. 네덜란드 노동당의 변화(development)를 특정해서 언급했으나, 그린페데센과 판 커스베르겐(Green-Pedersen and van Kersbergen 2002: 518)은 다른 두 사민당에게도 이러한 특성을 적용하려는 것 같다. 즉 "'새로운' 사민당은 소극적 이전지출 대신에 적극적 노동시장 정책을 추진하기 시작했고 조합주의와 국가주의 정책 혼합 모두에 가능한 대안으로 시장적 해결책을 받아들였다. 평등은 노동시장과 사회적 포용에 관한 동등한 기회로 점차 정의되었다." 달리 말하면, 경제와 고용정책에 관해 사민당들이 기민당의 방식으로 수렴하는 과정을 보여주었다. 세 나라의 기민주의 정당들이 더 자유주의적 정책 입장을 향한 분명한 경향을 보여왔지만, 그들이 자유주의 정당이 되었던 것은 아니다.[182] 더욱이 기민당과 사민당은 이른바 사회적 자본주의라는 공통의 목표를 추진하는 듯 보인다. 이러한 방식 속에서 활성화 개념은 중요한 역할을 한다. 이것은 사민당뿐만 아니라, '수동적 혹은 반응적 유형'으로 사회정책을 특징지었던 기민당에게도 해당한다(van Kersbergen and Hemerijck 2004: 172). 앞서 살펴본 바와 같이, 활성화와 노동력 참여 증대의 중요성은 1980년 후반기 네덜란드 노동당 내에서 그리고 약 10년 후 오스트리아와 독일의 사민당 내에서 실제 분명하게 커졌다. 그러나 이는 최소한 정당 위상에 대한 우리의 분석에 의하면 판 커스베르겐과 헤이머라이크(van Kersbergen and Hemerijck 2004)가 주장한 바와 같이 사민당과 기민당이 활성화의 핵심 요소를 다르게 규정한다는 점에서 편견일 수 있다.

실제로 1980년대 초 복지국가의 수동적 성격을 비판하고 개인의 책임성과 공동체 정신을 요구했던 것은 바로 기민당이었다. 이 입장은 1986년 선거강령에서, 기민당이 활성화에 대한 전반적 요구와 사회정책 구조를 연계시키면서, '정강정책적 실천(programmatic practice)'으로 옮겨졌다. 독일 기민당은 1990년대 초 근로연계(workfare) 수단의 강화를 분명하게 제안했고, 노동이 가능한 사회이전 수급자들을 활성화하는 새로운 조치들을 주문하기 시작했다. 오스트리아 기민당은 사회급여의 '남용'을 막기 위한 통제 강화에 집중하자는 요구에 앞서 1990년대 후반 복지수급자들의 활성화를 요청했다.

사회보장정책 영역에서 기민당 정책 입장의 몇 가지 중요한 변화를 인식할 수 있었지만, 이러한 변화들이 이상적 개인주의 복지노선 구조에서 근본적으로 일탈한 것으로 볼 만한 것은 아니었다(Roebroek 1993: 181; Lepszy and Koecke 2000: 202). 처음부터, 제안되었던 개혁은 대체로 비용 억제와 축소 조치에 한정된 것이었다. 1990년대 후반, 세 나라의 기민당은 모두, 특히 노동 가능한 수급자들과 관련해서 공적 사회이전제도에 대한 자산조사를 강화하는 동시에, 사적 및 기업의 보충적 혹은 보완적 보험제도를 추진했다. 반복하건대, 이러한 경향을 주도하고 앞서 나간 것은 네덜란드 기민당이었던 것으로 보였다. 우리는 세 국가의 사민당의 일련의 개혁 과정에서 유사한 경향을 목격했는데, 이 중 특히 네덜란드 노동당(PvdA 1994)이 이 분야를 선도했다. 우리는 경제 분야와 비슷하게, 사회보장 영역에서도 기민당의 정책적 입장에 사민당이 전반적으로 수렴한 것으로 말할 수 있다.[183)

가족정책 분야는 정책적 측면에서 복지국가를 설계하는 여섯 정당 모두에게 무엇보다 중요성을 더해갔다. 사민당은 더 많은 공공보육기관을 요구하는데 정책적으로 더 강력한 성과를 쌓았지만, 처음부터 기민당만큼 강하게 가족을 하나의 핵심 사회제도로 강조하지 않았다. 우리의 분석 기간 동안, 독일과 네덜란드의 기민당은 가족과 가족정책에 대한 그들의 개념을 상당히 '현대화'했다(van de Streek 1997: 406f.; Bleses and Rose 1998; Bleses 2003a 참조). 전체 분석 기간에 걸쳐, 오스트리아 국민당은 부모가 자녀를 양육할 지 결정하는 것은 그 가족에 달렸음을 의미하는 '선택의 자유' 개념을 지지했다. 그러나 그 수단에 관해서 오스트리아 국민당은 전업주부에 편향된 정책을 추진했다. 독일 기민당은 1970년대 말 '선택의 자유' 개념을 채택한 후 1980년대에 이를 확대하면서 육아휴직과 보편적 보육수당을 주문했다. 개념적으로 부모가 보육에 쏟는 제한된 시간은 원리상 연금자격에 관련한 고용과 동일하다고 인식되었다. 오스트리아 기민당은 1980년대 후반까지 부모 중 한 명은 자녀를 보육해야 한다는 기대를 분명히 했다. 그러나 보육을 어머니의 역할로 엄격하게 규정하지는 않았다. 1990년대 초부터 네덜란드 기민당은 부모가 모두 임금노동에 반드시 종사하는 방식을 지지했는데, 비교해보면 사민당조차도 부모 모두의 정규직 고용을 추진하지는 않는다. 정책적 입장의 이러한 변화로, 독일과 네덜란드의 기민당은 전통적 남성부양자 모델에서 벗어나 다양한 가족제도와 보육제도를 수용했다. 그러나 그들의 시각에서 보육의 장소가 국가에 의해서만 혹은 우선적으로 제공되어야 하는 것은 아니다. 더욱이 부모는 다양한 제도와 지원에 대한 선택권을 가지고 있어야 한다.

네덜란드 노동당 또한 사회 서비스가 다양하게 제공되는 방식을 지지한다. 반면 오스트리아 사민당과 독일 사민당은 여전히 공공보육지원을 선호한다. 하지만 더 중요한 것은 사민당이 그들의 정책방안에 가족정책을 더 많이 부각시키고 있다는 것이다. 비록 그들이 여전히 일과 가족에 대한 의무를 양립하는 데 정책 우선순위를 두고 있지만, 오스트리아와 독일 사민당은 한편으로 사회보험체제 내에서 보육 크레디트(care credit)와 같이 재가부모를 위한 조치도 찬성한다. 전체적으로 가족정책에서 대칭적 수렴, 즉 양대 정당이 자신들의 이전의 정책적 입장을 어느 정도 양보하고 있다고 말할 수 있다(Bleses 2003b 참조).

세 복지민주주의 국가에서의 중요한 의회 논쟁과 정당의 공식 문서에 대한 질적(in-depth) 비교 분석을 통해, 우리는 수많은 정책 차원에서 현대화된 기민당의 복지노선에 사민당이 수렴함으로써 사민당과 기민당의 차이가 희미해진다는 결론을 내릴 수 있다(Seeleib-Kaiser 2002). 기민당이 더 '자유주의적' 입장으로 온건한 정책적 변화를 수행했지만, 그들을 자유주의 정당으로 규정할 만큼의 구조적 변화를 추진하지는 않았다. 더 나아가 기민당의 입장이 이상적 기독교민주주의 노선의 경계 안에 있다고 주장할 수 있을 것이다. 그러나 사민당의 사례에서 우리가 발견한 것은 정당 입장에서 기본 구조의 지속성이 아니다. 우리가 분석한 기간 동안, 네덜란드 노동당, 오스트리아 그리고 독일 사민당은 완전고용의 추진과 재분배 정책의 확대를 통한 더 많은 사회적 평등이라는 그들의 목표에서 후퇴해왔다. 그럼으로써 사회 및 경제정책 관리에서 과거 국가의 광범위한 역할을 현저하게 축소시켰다. 게다가 이제 사민당은 사회정책을 '극빈층'에 더 많이 집중할 필요성뿐만 아니라, 정부 개입 축소, 보조금 추진, 공동체, 자기 책임성, 그리고 공평한 기회의 필요성을 강조한다. 달리 표현하면 사민당이 사회적 자본주의의 개념을 촉진하고 있는 것이다.

따라서 이들은 근로복지와 사회적 위험을 보상범위로 하는 부분적 '민영화'뿐만 아니라 제한적 탈규제와 분권화를 수용한다. 전체적인 사민당과 기민당의 수렴에도 불구하고, 복지 축소와 민영화 조치의 정도뿐만 아니라 특정한 수단과 관련해서 차이가 여전히 존재한다. 또한 오스트리아 사민당과 정도는 약하지만 네덜란드 노동당은 2000년대 초 정권 획득에 실패하자 재사회민주주의화를 진행시켰다. 그러나 이 과정에 의해 사회적 시민권에 기초한 완전한 케인스주의 고용정책이나 보편적 사회정책의 촉진으로 회귀한 것은 아니었다. 그러므로 이전에 형성된 인지 자물쇠가 약화되지는 않았다.

정당의 정책수렴은 해석 양식, 즉 이념적 무기의 전략적 활용뿐만 아니라, 새로운 인과적 믿음과 제도적 청사진의 수정에 기초해왔다. 정책 변화의 담론 틀 짓기에 관해, 우리는 세 국가에서 분명한 유사점과 차이점을 둘 다 발견한다. 오스트리아와 독일에서 높은 사회보험기여와 공공지출이 점점 더 세계화되는 세계에서 경쟁력을 잠식한다는, 세계화와 국제화(internationalization)에 대한 언급이 중요한 역할을 했고, 이는 하나의 해석 양식으로 귀결되었다. 이 해석 양식은 경제적 세계화 과정에서 민족국가는 고용과 사회정책을 설계하는 데 자율성을 잃는다는 인과적 믿음에 근거해 있다. 반대로 네덜란드에서 세계화에 대한 언급은 별 중요성을 띠지 못했는데, 사실 이것이 국제 경쟁력을 유지하고 촉진하는 것이 중요하지 않다는 의미는 아니었다. 하지만 네덜란드에서의 논쟁은 국내의 대응에 더 명확한 초점이 맞춰져 있었다. 1990년대 초부터 네덜란드의 노동당과 기민당은 모두 복지국가의 확대가 자기 책임성, 자유와 공동체에 기반한 활동을 방해한다는 해석 양식을 인용해왔다. 비록 이 해석 양식이 오스트리아와 독일에서도 발견될 수 있지만, 그 중요성은 덜하다. 보충성과 공동체에 대해서 다시 새롭게 초점을 맞춘 것은 기민주의의 이상적 유형에 가까운 것으로 분류될 수 있지만, 기민당의 입장이 시간이 지나면서 안정적으로 유지되었다는 의미는 아니다. 예컨대 네덜란드 기민당은 분명히 복지국가에 대한 자신의 관점을 바꿨다. 1970년대, 자기 책임성과 공동체 정신의 전제조건으로 이해되었던 확장된 복지국가는 점점 더 개인의 책임성을 약화시키는 문제점으로 인식되었다.

경제의 경쟁력을 향상시킬 필요성에 관해 복지국가의 변화를 정당화하는 데 대한 적실성은 세 국가에서 차이가 있었지만, 시장의 힘에 더욱 기댈 필요성은 사민당과 기민당에게 상식이 되었다. 그러나 동시에 자본주의 경제는 최저기준의 법적보장을 포함한 사회적 보상조치를 요구한다는 원칙화된 믿음을 계속 고수했다. 정치행위자로서의 국가 역할에 대한 관심은 네덜란드에서는 1980년대 후반부터, 오스트리아와 독일에서는 1990년대 후반부터 더 진전되었다. 자산조사의 최저기준과 형평성 원칙을 더욱 강조했을 뿐만 아니라, [근로] 유인과 [노동시장] 복귀 조치를 강제하는 제재를 통해 복지수급자의 활성화가 사회정책 개혁 논쟁의 중심으로 이동했다.

이러한 광범위한 정책이동은 '신자유주의' 방식과는 분명히 달랐고, 체제의 장기적 생존력에 기여할 복지국가의 필수적인 적응력 혹은 재규범화를 구성하는 정책으로서 정당화되었다. 수많은 개혁들은 '극빈층'에 사회정책을 집중할 필요성뿐만 아니라, 이제 기만과 남용과의 전쟁이 포함된 공정성(fairness)의 원칙에 기반해왔다. 더 나아가 사회정의의 새로운 개념화는 '세대 간 정의'에 대한 언급이 이따금 하나의 이념적 무기로 쓰이며 발전해왔다. 세대 간 정의 개념은 특히 연금개혁에 관한 독일과 오스트리아의 논쟁뿐만 아니라, 예산건전화에 관한 네덜란드와 오스트리아 논쟁에서도 적합하다. 급여 삭감과 노령보험제도의 부분적 민영화를 이끈 예산건전화는 미래세대의 이익을 위해 반드시 필요한 정책으로 간주되었다.

두 가지 해석 양식, 즉 '세계화가 사회정책을 제한한다'와 '과잉 확대된 복지국가가 자기 책임성을 방해한다'에 기반한 이러한 정당화와 함께, 정치인들은 전반적으로 공공 사회정책이 더 가족 중심의 복지국가를 향해 재구축되어야 할 필요성에 더욱 공감해갔다. 이 과정에서 가족은 사회의 '극빈층' 구성원으로 인식되었다. 독일과 오스트리아에서 임금 중심의 복지국가는 가족을 배제한다는 해석 양식은 보험에 기반한 연금체계 개혁의 밑그림을 제공했다. 고용과 사회보장정책과 달리, 우리는 전통적인 남성부양자 모델에 대한 거부, 즉 가족이 가족 구성원 각자의 노동 분업을 결정할 권리(선택의 자유)를 가져야 한다는 전제와 사회의 핵심 제도로서의 가족의 증흥에 기초한 양대 복지국가 정당의 대칭적 수렴을 발견한다. 구체적인 가족정책의 수단에 대한 갈등과 무엇이 가족친화적 정책으로 간주될 수 있는가 하는 서로 다른 신념에도 불구하고, 가족에게 더 많은 국가 지원이 필요하다는 원칙적인 합의가, 사회정책을 제한하는 세계화와 시장의 지배력을 강화할 더 일반적인 '욕구' 속에서도, 등장했던 것이다.

6

기민당과 사민당의 복지정책과
복지정치 비교 :
자유주의적 공동체주의
복지 국가를 향하여?

• • •

우리의 분석은 두 가지 주요한 사실을 담고 있다. 첫째, 주목할 만한 복지국가 변화를 관찰했다. 둘째, 전통적인 '정당 중요성' 이론은 이러한 변화를 설명하기에 부족하다. 보수주의 복지국가를 '개혁'하는 데 매우 큰 어려움이 있다는 생각(Esping-Andersen 2002a)뿐만 아니라 '복지국가 지형 동결론(Esping-Andersen 1996)'과는 반대로, 대체로 두 복지국가 정당의 경쟁(Kitschelt 2001)으로 인해 중요한 개혁이 실제 가능하다는 점을 우리 연구는 보여주고 있다. 사실상 세 국가 모두 자유주의적 공동체 복지국가 모델로 그들의 정책을 이동시켰다. 이렇게 이동하는 데에는 사민주의 정책적 입장의 기민주의화가 도움이 되었다. 하지만 세 국가의 양대 복지국가 정당 간 복지국가 개혁의 범위뿐만 아니라 시기에 따른 차이점을 주목하는 것이 중요하다.

복지국가 개혁의 첫 번째 요소들은 세 국가 모두 1970년대 후반기에 실행되었다. 그러나 당시 개혁정책은 곧 도래할 변화기뿐만 아니라 '황금기' 동안 추구했던 정책들과의 비교가 상대적으로 중요시되지 않았다. 어느 정도 이 시기의 정책들은 어떤 분명한 방향도 없이 지지부진한 방식(muddling-through approach)으로 만들어진 것이 특징이라고 할 수 있다. 하지만 1980년대 이후 복지국가 개혁은 예산건전화와 거시경제정책의 조정(adjustment)에 훨씬 더 강력한 초점을 맞추었다는 특징이 있었다. 이러한 정책들의 '성공'은 통일 이전의 독일과 네덜란드에서 복지국가 지출 삭감에 의해 상징화된다. 1980년대 독일과 네덜란드의 개혁은 대체로 당시 각 정부의 정당 성격에 의해 설명할 수 있다. 1980년대 중반까지 오스트리아 사민당은 전형적인 사민주의 복지국가 경로의 핵심적 요소에 기반한 고용정책을 지속적으로 추구했다. 그러나 수요관리의 종식, 국영기업의 민영화와 공급 측 조건의 전체적인 개선을 천명한, 1986년 선거강령을 통해 프로그램 수준에서 중요한 경로 변화를 일으켰다. 오스트리아 사민당의 정책 입장은 대연정 성립 이전에 바뀌었기 때문에 이러한 정책이동을 연합정치(coalition politics)—예를 들어 사민당이 국민당이 요구한 경제와 고용정책을 받아들여야만 한다는—로 설명할 수는 없다. 또한 정당 성격으로는 1990년대 이후 독일과 네덜란드의 고용정책을 충분하게 설명할 수 없다. 1998년 선거에서 승리한 후 독일 사민당과 1990년대 네덜란드 노동당의 고용정책은 전통적인 사민주의식 접근과 분명히 달랐다. 선거에서 승리하기 전에, 양당 모두 하나의 실제적인 고용정책으로서의 케인스주의를 명확하게 폐기했다. 게다가 양당 모두 점점 시장의 장점들(benefits), 재정적자를 제한하고 공급 측면의 조건을 개선할 필요성을 강조했다. 다시 한 번 강조하면, 연립정부에 참여하기 전에 입장 전환을 시작했기 때문에 양당의 연정 파트너를 언급함으로써 이들 정당정책을 설명하기는 불충분하다.

사회보장정책으로 좀 더 시각을 좁혀보면, 네덜란드에서는 1980년대 후반 이후 개혁 추진력에 상당한 속도가 붙었고 1990년대 전반기에 더욱 가속이 붙었다. 정책 변화의 상당수는 당시 성인 인구 사이의 비교적 낮은 경제활동 수준과 비교함으로써 어느 정도 설명될 수 있는 활성화 정책에 우선적인 초점이 맞춰졌다. 독일의 사회정책 개혁은 통일 과정의 우선성과 필요성을 다뤄야 한다는 인식 때문에

1990년대 초에 잠깐 답보 상태가 되었다. 하지만 개혁의제는 1993년에 다시 출발점으로 돌아왔고, 1998년 적녹연정으로 집권한 이후 상당한 정치적 추진력을 얻었다. 두 나라에서 사민당은 보편주의와 사회적 시민권의 원리에 기초한 사회정책을 추진한다는 '정당중요성' 이론의 기대와는 맞지 않는, 중대한 구조적 복지국가 개혁을 추진하고 촉진하는 핵심적인 정치 행위자였다. 더욱이 양당은 정도는 다르지만, 이전에 두 나라에서 기민당이 추진했던 것과 마찬가지로, 사회적 위험(social risks)을 부분적 민영화로 수용했고 그 결과 시장에 대한 의존도는 더 커졌다. 오스트리아의 사회정책 개혁은 2000년 기민당과 사민당 간 대연정이 끝날 때까지 훨씬 더 점증했다. 그러나 이 기간 동안 사민당은 전형적인 기민당식 복지 경로와 일치하는 형평성의 원리 강화정책을 대체로 수용했다. 사민당이 한때 야당으로 돌아왔을 때, 다시 연대의 원리(solidaristic principles)을 강조했지만 보편주의와 사회적 시민권에 기초한 사회정책 접근법을 제시하지는 않았다.

세 나라 모두 눈에 띌 정도로 가족정책을 확대시켜왔다. 크게 보면, 이것은 기민당이 가족에 대한 더 많은 지원을 효과적으로 추진한 결과였는데, 이 가족정책에 대한 입장은 사민당에 의해 받아들여졌다. 오스트리아에서는 기민당의 정책 입장이 불분명한 반면, 개별 정책수단은 남성부양자 모델에 강고하게 의존하는 제도인 가족지원에 분명한 의도를 지니고 있다. 오스트리아 국민당과 사민당 사이의 정당 분할(partisan divide)은 강력하게 지속될 것으로 보인다. 공동으로 통치하지만, 개별적인 개혁은 양당 간 협약에 의해 그 성격이 부여되었다. 독일뿐만 아니라 네덜란드 기민당도 정책적 입장을 상당히 바꿔왔기 때문에 정당의 차별성도 줄어들었다. 특히 독일 사민당은 재가부모에 대한 공공지원 필요성도 받아들였다. 보육정책과 관련 네덜란드 노동당이 시장을 통한 선택과 제공의 원칙을 수용하는 듯한 모습을 보였던 반면, 오스트리아와 독일 사민당은 공공 아동보육 시설을 선호한다.

프로그램이 이동한 이유에 대해 설명하는 것은 이 연구의 범위를 벗어난다. 우리의 목적은 복지국가 발전과 '정당 중요성' 이론이 어느 정도 설명력을 가질 수 있는가를 분석하는 것이다. 이 지점에서 우리는 왜 세 국가에서 양대 복지국가 정당들, 특히 사민당이 그들의 해석 양식을 변화시켜왔는가에 대해 추측만 할 수 있을 뿐이다. 정당들은 정말 명백한 사회문제를 '개관적인(objective)' 문제로, 제안된 정책에 대해 어떠한 대안도 없이 받아들였는가? 사민당이 주요 경쟁자인 기민당에 의해 이전에 하나의 공직 추구(office-seeking) 전략으로 추진된 특정한 해석 양식으로 수렴되었던 것인가? 우리가 본 것이 정치 행위자들이 다른 국가에서 실행된 정책을 훨씬 효과적이고 정책학습 과정에 기여할 것으로 이해했던, 지식 확산(knowledge diffusion)과 연계된 감염 효과(contagion effect)였는가? 이러한 모든 요소들이 일정한 역할을 해왔다는 증거가 있을 듯하다. 하지만 그 기록들(archives)에 충분하게 접근할 수 있을 때에 우리는 이 질문에 고도의 확신을 가지고 대답할 수 있을 것이다. 해석 양식이 바뀌는 특정한 이유와 관련된 불확실성에도 불구하고, '새로운' 해석 양식은 선거강령에서 나타나고 있고, 의회 내 논쟁을 통해 정책이 산출되어왔다.

이 책의 도입부에서 개요로 설명한 전통적인 복지경로와 관련해서 우리는 어디쯤에 위치하고 있을까? 우리 견해로는 정당 성격에 근거한 전통적인 복지 경로는 지금까지 보아왔던 정책 변화를 설명하는 데 단지 제한적인 가치를 가질 뿐이고 미래의 발전을 예측하는 데 매우 한계가 있을 것으로 보인다. 또한 우리는 정치경제적이고 제도주의적인 설명이 제시한 것은 오히려 변화보다는 안정성이었다는 점을 보여줄 수 있었다. 이러한 측면에서 관념과 해석 양식의 발전이 복지 개혁을 이해하는 데 결정적인 것 같다. 우리의 경험적인 작업에 기초할 때, 오스트리아, 독일, 네덜란드의 복지국가 정당들은 점점 복지에 대해 자유주의적 공동체주의적 접근의 규범적 틀, 대체로 현대화된 기민당 복지국가 경로를 반영하는 요소들에 의존하고 있다. 이것이 정당 계열(party families) 간 더 이상 차이가 없다거나, 세 국가의 기민당과 사민당에 의해 촉진되고 추진되는 정책들이 똑같다는 것을 의미하지는 않는다. 세 국가 안에서 두 복지국가 정당들은 때때로 새로운 경로의 다른 요소들을 강조했다. 마찬가지로 여러 국가에서 같은 정당 계열의 정당들이 다른 요소들을 강조할 수도 있다. 그래서 자유주의적 공동체주의적 접근의 다층적 상이함이 존재한다. 하지만 우리가 강조하고 싶은 것은 사민당과 기민당에 의해 제안되고 실행된 방식들이 분명하게 전통적인 경로와 다르고, 시간이 지남에 따라 새로운 경로에 수렴되어 왔다는 점이다. 네덜란드의 복지국가 정당들과 정당에서 실행한 복지정책들은 전형적인 자유주의적 공동체주의의 경로에 가장 근접해 보인다.

몇몇 연구자들은 최근의 정책 발전을 '신자유주의적' 접근으로 특징짓지만(Tálos 2001; 2005: 59; Unger 1999), 다른 이들은 활성화(activation)를 강조하는 최근의 정책들이 오히려 기민주의 복지국가의 사민주의화로 보아야 한다고 제안해왔다(van Kersbergen and Hemerijck 2004). 우리 시각에서 보면, 이 두 가지 특성 모두 여러 가지 요소들을 강조하지만, 전체적인 복지 경로를 충분하게 포괄할 수는 없다. 자유주의적 공동체주의 접근에서 국가는 적자재정을 초래하는 고용정책은 삼가야 하고, 공급 측면의 조건을 개선하고 비인플레 통화정책 추구에 관심의 초점을 맞춰야 한다. 그러나 세 국가의 양대 복지국가 정당은 다양한 활성화 수단을 통해서 실업 상태의 복지수급자들이 노동시장에 다시 합류하도록 '지원'하는 국가의 적극적인 역할을 지속적으로 수용해왔다. 이러한 방식은 공급 측면을 지향하는 고용전략과 사민주의적 적극적 노동시장 정책 요소 사이를 연계시킨다. 공급 측면 정책에 더 강력하게 집중하는 것을 반드시 '신자유주의'와 동일시할 필요는 없다. 왜냐하면 이러한 방식은 또한 더 많은 국가 개입을 의미할 수 있기 때문이다(King 1999). 마찬가지로, 활성화는 분명히 완전고용과 같은 전통적인 사민주의 접근법과 다르다. '완전고용—원하면 누구라도 직업을 보장해주는—을 지향하는 오늘날 고용의 최대화는 열망(aspirations)의 충족과는 연계성이 적고 과거 유급고용을 기대하지 않았던 사람들을 포함해서 모든 시민을 목표로 하려고 한다. 두 가지 목표를 성취하는 수단은 매우 다르다(Bonoli 2004: 202).'

더욱이 실업노동자의 사회적 이전의 수취는 그들이 책임성을 이행하는 한, 여전히 권리나 수급권으로 여겨진다. 과거 기민주의 복지국가에서 이러한 책임성이 대체로 사회보험설계에 선행하는 기여도에 의해 규정되었다면, 지금은 재고용 기회를 늘리는 개인적 능동성에 의해 규정된다. 그래서 권리와 책임성의 개념은 재설정(reframing)된다. 다른 사회정책 영역에서 복지국가 정당은 공공사회정책 제공에 대한 공약을 줄이고, '사적' 사회정책제도를 장려한다. 하지만 이러한 '사적인' 사회제도는 필연적인 국가의 완전한 퇴각이 아니라 국가의 역할이 제공자(provider)에서 조정자(regulator)—사회적 협력자들과 시장행위자들에게 사회정책제도를 고안하는 새로운 기회를 부여한다는 목표를 가진—로 변화해야 한다는 점을 의미한다.

이 모든 수단은 사회적 통합(social cohesion)에 지속적인 가치를 부여하는 사회 안에서 자기 책임성을 촉진시키기 위해 고안된 것이다. 이 다양한 정책을 범주화하는 것은 힘들지만, 자유주의와 공동체주의적인 가치의 혼합체를 반영하고 있는 것으로 보인다.

마지막으로 세 국가의 복지국가 정당 모두 가족에 대한 더 많은 공적 지원을 실행한다. 이러한 계획은 명백하게 자유주의적인 것으로 성격지울 수 없다(Pfau-Effinger 2000). 더욱이 이들 정당들은 사회에서 가족의 중요한 역할과 관련해서 '수정된' 공동체주의적 개념화를 구축한다. 과거 전형적인 기민주의 복지국가에 따르면, 국가는 표준가족(standard family)을 보호하고 가족임금 지원 이외의 적극적 정책은 지양해야 한다. 이제 양대 복지국가 정당은 부모가 노동시장에 진입하는 평등한 접근권을 장려함으로써 남성부양자 개념에서 이탈하고 있다. 그래서 가족정책은 부모가 노동과 가족 책임성을 양립할 수 있는 방식으로 고안되어야 한다. 이러한 접근법은 유급 육아휴가부터 아동보육 시설의 확장뿐만 아니라 시간제 고용에 이르기까지 수많은 수단들을 포함하고 있다. 이러한 모든 수단들을 잠재적으로 더욱 '탈가족화'(Esping-Andersen 1999)로 이끄는 특징이라고 할 수는 없다. 게다가 이 수많은 계획들은 가족에 의한 몇 가지 돌봄 기능을 지속적으로 지원해왔다. 이러한 측면에서 우리는 가족정책의 한 요소로서 네덜란드의 시간제 고용과 오스트리아와 독일의 사회보험급여에서 보육의 인정, 그리고 유급 육아휴가의 중요성을 강조하고 싶다. 결론적으로 가족정책에서 '새로운' 자유주의적 공동체주의 복지국가는 분명하게 '과거'의 기민주의 전형(ideal)과 다르다.

전체적으로 이 '새로운' 복지국가 개념화는 에치오니(Amitai Etzioni

1993)[184]와 같은 '공동체주의'가 조형한 계획에 따르고 있다. 특히 공적 가족정책의 확대(Gilbert 2002)와 우리가 분석했던 정책뿐만 아니라 대체로 정당 프로그램에서 발견된 유사한 주장들인 사회적 이전 급여와 관련한 권리와 책임성의 개념을 지지하는 그의 규범적 주장에 주목하는 것이 중요할 것 같다. 정치의 목적은 사회적 통합을 성취하는 데 있다. 몇몇 연구자들은 '공동체주의'를 1990년대 후반과 2000년대 초기에 '제3의 길 토론'에 영향을 주었던 관념적 흐름(ideational streams)의 하나와 동일시하고 있다(Levitas 1998; Vorländer 2001). 세 복지민주주의 국가에서 공동체주의는 특히 기민당이 수행한 중요한 역할을 통해서 항상 정치문화의 일부분이 되어왔다.[185] 복지국가 개혁을 다룬 수많은 문헌에서 전반적으로 이러한 과거의 공동체주의적 접근을 부정했던 이유는 '최근의' 공동체주의 논쟁뿐만 아니라 '제3의 길 토론'도 기독교 민주주의를 전혀 경험하지 못했던 미국의 문화적 배경에 뿌리를 두고 있기 때문인지도 모른다.

1) 개괄적인 설명으로는 Amenta(2003) 참조.

2) 이에 대한 비판적 시각에 대해서는 Jessop(2002) 참조.

3) 이에 대한 고전적인 주장에 대해서는 Hibbs(1997) 참조. 복지국가에 대한 사민당의 영향력을 다룬 다양한 접근들은 Shalev(1983), 더 최근의 연구로는 Garrett(1998)을 참조. 기민당과 복지국가의 관계 분석은 van Kersbergen(1995) 참조.

4) Thomas(1979)의 논문도 참조.

5) 사민당을 다룬 최근 문헌에 대한 비판적 평가는 van Kersbergen(2003) 참조.

6) 프랑스 사례는 [유럽 기민당 역사에서] 예외적인 하나의 수수께끼에 속한다(Kalyvsa 1996: 114-166).

7) 이에 대한 최초의 시론적 연구는 Seeleib-Kaiser 2002 참조.

8) 일정 기간에 걸친 정당선호를 분석하는 데 (복지)전문가의 판단을 활용하는 것은 두 가지 점에서 문제가 될 수 있다. (1)범주가 형식적으로 일정하다고 하더라도 범주 자체의 의미가 바뀔 수 있다. (2)전문가들의 판단에 기초한 정보는 정당선호인지 정책 결과인지 불분명하다. 만약 후자−신뢰하지 못할 선택은 아닌 것 같은−라면, 전문가의 판단을 활용하는 것은 동어반복의 입론으로 이끌 수 있다. (복지)전문가들이 그들의 판단 근거를 정책 발전에 두고, 분석자들은 정책 산출을 설명해주는 정당선호 혹은 이념적 입장에 대한 하나의 변수로서 동일한 자료를 활용한다고 생각해보라. 이러한 경우 정책 결과로 정책 결과를 설명하게 되는 것이다.

9) 이 문헌들에 대한 좀 더 자세한 비평은 Seeleib-Kaiser 2002 참조.

10) 유사하게 보이지만, 우리가 사용한 범주와 변수는 에스핑-안데르센(Esping-Andersen 1990)'이 개발한 연구방법과 다르다.

11) 코르피와 팔메(Korpi and Palme 2003)는 완전고용이 전후 복지국가 설계의 한 부분으로 구성되어 있음을 명료하게 논구했다.

12) 수렴과 분기의 다양한 개념에 대한 심도 있는 토론은 Unger and Waarden(1995) 참조.

13) 하지만 서비스 범위를 규정하는 데 있어 자치는 보건정책 부문까지 장악했다(Döhler and Manow 1997).

14) 가족정책과 관련해서 아동보육 서비스의 제공은 주정부의 몫이다.

15) 정부 스스로 이 회의에 대표 자격으로 참석할 수는 없지만, 전문가를 지명할 수 있다.

16) 이 의무는 1995년에 폐지되었다.

17) 사회주의당은 1991년에 오스트리아 사민당으로 개명했다.

18) 당명상, 국민당은 1933년에서 1938년 사이 권위주의 정권을 지배했던 기사당과는 달랐다. 그러나 인물뿐만 아니라 조직적 측면에서 대체로 국민당의 형성기에 연속성이 있었다.

19) Gottweis(1983); Busek(1992); Müller(1997); Ettmayer(1978); Kriechbaumer(1990, 1995); Pelinka(1985).

20) 독일 사민당의 최초 당명은 독일 사회주의노동자당이었다.

22) 나치집권기 모든 민주주의 정당은 금지되거나 해산되었다.

22) 이외에도 기독교 전통에 공통적 준거를 두고 있지만 광범위한 정치신념을 포괄하는 가톨릭정당뿐만 아니라, 수많은 전통적이고 진보적인 개신교 군소정당들도 존재한다 (Koole 1995: 126ff.; Andeweg/Irwin 1993: 75). 세 개의 거대 기독교 정당보다 훨씬 더 보수적이고 종교지향적인 개혁당(SGP)을 지지하는 사람들도 있고, 개신교국민당 (EVP)과 분명하게 좌파정당으로 분류될 수 있는 급진당(PPR)의 지지자들도 있다.

23) 진보인민당은 공식적으로는 창당하지 못했다.

24) 네덜란드를 보수주의 복지국가로 보는 것은 논쟁의 여지가 있다(Goodin et al. 1999; Castles 2001; Castles and Mitcell 1993; Esping-Andersen 1990; Cox 2001b). 높은 급여수준뿐만 아니라, 피고용자와 일반 국민, 그리고 조세에 의한 기본급여 제공이 혼합된 형태는 에스핑 안데르센의 유형화에 기초해서 네덜란드를 분류하기 어렵게 한다. 그러나 소극적 노동시장 정책의 전통, 몇 가지 근로자 관련 보험의 존속, 그리고 지배적인 보수적 가족정책은 논쟁의 여지가 없으며, 우리 시각에서 보수주의 복지국가 집단에 분명하게 속하는 '황금기'의 네덜란드 복지국가의 핵심적 요소이다.

25) 역사적 발전 과정의 더 자세한 개괄은 Tennstedt(1981)와 Reidegeld(1996)을 보라.

26) 더욱 진전된 수단은 유연퇴직연령제의 도입이었다. 35년간 일한 노동자들은 이제 65세가 아니라 63세에 은퇴할 수 있었다.

27) 1970년대까지 [독일의] 가족이념과 가족정책에 대한 개괄서로는 Neidhardt(1978)을 보라.

28) 이 접근 방식은 또한 1990년대까지 네덜란드에서 가족정책으로 정부 부서의 분리가 일어나지 않았다는 사실로 상징화된다.

29) 오스트리아 정부는 이미 1986년 사민-자유 동맹에 의해 발의된 1987년 가예산에서 증세를 통한 예산건전화 전략을 받아들이지 않았다.

30) 그러나 보장범위가 주(Bundesland)마다 매우 들쭉날쭉하다는 점도 지적되어야 한다. 2005년 비엔나는 약 22%의 유아들이 혜택을 받아 가장 높은 보장비율을 나타냈다. Statistik Austria 참조. (http://www.statistik.gv.at/fachbereich_03/Kinderbetreuungsquoten_2005.pdf; 2006년 6월 10일 검색).

31) 보수당 정부의 경제정책에 대한 개괄은 Zohlnhöfer(1999) 참조.

32) 급여자격을 받기 위해서는 해당 기업이 과도기의 어려움을 겪어도 노동시간을 줄이면서 노동자들의 해고를 회피해야 했다.

33) Heinelt and Weck(1998: 127ff.)와 Grosser(1998: 252f., 298f) 참조.

34) 구체적인 분석은 Zohlnhöfer(2003)을 보라.

35) 내재적이고 명료한 다양한 수급자격 박탈 형태 연구는 Standing(1995: 179-184)를 보라.

36) 1994년의 변동 내용에 대해서는 Götz(1995)를 보라.

37) BverfG, 1 BvL 1/98, 24 May 2000.

38) 이에 대한 비판적 평가는 Hering(2002)를 보라.

39) 이 개혁에 대한 정치학적 시각을 담은 자세한 분석은 Nullmeier and Rüb(1993), 비교 시각(1983년 미국의 연금개혁과 1989년 독일 개혁법의 분석)은 Hinrichs(1993), 그리고 경제적 시각은 Schmähl(1990)을 보라.

40) 신규 퇴직자들의 절대수를 기초로 한 필자들의 계산에 의하면, 상대적으로 서독 지역의 비율은 18.68%였다(Bundesregierung 2002: 94).

41) 실업자들은 여전히 60세에 연금급여를 받을 수 있었지만, 이들은 18%까지 올라가는 지속적인 급여 삭감을 받아들여야만 했다. 다양한 추가 수단에 대한 정리는 Steffen(2003: 31-33)을 보라.

42) 이와 유사한 주장에 대해서는 Remsperger(2000)를 보라.

43) 적녹연정 기간 정치학의 시각에서 연금정치를 포괄적으로 해석한 것으로는 Nullmeier(2003)을 보라.

44) Unterhinninhofen(2002: 213)에서 인용된 슈뢰더(Schröder) 총리의 말.

45) 연금개혁 수단에 대한 간략한 총평은 OECD(2003b: 165-171)를 보라. Nullmeier(2001, 2003)와 Lamping and Rüb(2001)은 연금개혁에 대해 정교하고 비판적인 평가를 제시하고 있다. 좀 더 낙관적인 평가는 Kohl(2001)을 보라.

46) 정부가 공식적으로는 급여의 소득대체율이 단지 67%로 떨어질 것이라고 주장했지만, 이 수준은 연금계산공식이 바뀐 다음, 새로운 계산법으로 나온 것이다. 과거 공식에 따르면, 대체율은 정확하게 1999년 연금개혁에 포함되었던 인구통계 요소의 실행으로 얻어진 것과 동일한 수준으로 떨어진다.

47) 아동은 연간 소득이 10만유로 미만이면, 빈곤부모에 대한 법적를 부양 의무가 없다.

48) 개별적인 출산휴가급여는 우선적으로 소득에 기본을 두었고 월 최고 휴가수당은 750 마르크(383유로)로 제한되었다.

49) BverfGE 82, pp.60, 198; 91; 93. 판결에 대한 요약과 평가는 Gerlach(2000) 참조.

50) 현재(2008년) 부모는 더 이상 두 가지 수당을 모두 받을 수는 없고 하나를 선택해야만 한다.

51) 육아연금 크레디트 자격이 있는 부모가 법정 노령보험에 의해 보장되는 고용관계에 있다면, 납부금과 육아연금 크레디트는 소득제한선까지 누적될 수 있다.

52) '신뢰할 만한 초등학교'(verlässliche Grundschule)는 각 학기 중 오전부터 이른 오후까지 고정계획을 보장한다. 전통적으로 독일의 초등학교 교육은 일과표가 일정하지 않아 가능한 한 부모가 모두 일하기가, 시간제근로일지라도 매우 힘들었다.

53) 개별적으로는 사회부조의 수급인이지만 교육과 사회활동의 강제적 특성에 기초해서, 스피스와 판 베르켈(Spies and van Berkel)은 근로수행에 추가된 '활동수행'으로 말할 수 있다고 주장했다.

54) 오스트리아와 독일의 이 비율은 적극적 노동시장 정책의 활동을 상회하는 것이었지만, 다른 유럽 국가들과 비교할 때 특별히 높은 것은 아니다(OECD 2004; Becker 1999/2000: 121).

55) http://www.acpl.nl/nieuws/archief/kort216.htm

56) 2000년 사회부조를 받는 한 부모의 거의 절반이 지역단위의 활성화 정책에서 면제되었다는 사실은 이 법적 규범의 대단히 논쟁적 성격의 증거로 판단된다(Knijn 2004: 343).

57) http://www.home.szw.nl/index/dsp-index.cfm. 참조.

58) http://www.kennisring.nl. 참조.

59) 이 규제들은 1995년 6월에 폐지되었다.

60) 32세 이하는 소득비례급여 자격이 주어지지 않았고 33세에서 37세 사이는 6개월의 소득비례급여 자격이 부여되었다. 이 기간은 매 4년간 6개월씩 늘어나서 53세에서 57세까지는 3년의 소득비례급여 자격이 주어졌다.

61) 부분장애인을 위한 유인책 개선뿐만 아니라, 사용자들이 장애인을 고용하도록 하는 유인책을 늘리고자 WAO는 사실상 2006년 '근로 능력에 따른 고용과 소득법'으로 대체되었다.

62) 65세 이상 1인당 급여는 평균 최저임금의 70%이다.

63) http://www.svb.nl/nl/regelingen/kinderbijslag/jsp. 참조.

64) http://www.eurofound.eu.int/emire/Netherlands/Parentalleave-NL.html. 참조.

65) http://internationalezaken.szw.nl/index.cfm?fuseaction=dsp_document&link_id=37028.

66) Statistics Netherlands(1997); www.oecd.org/dataoecd/3/24/34004969.pdf, 2006년 4월 21일 검색.

67) 순세계화란 순수무역 규모와 순투자 규모의 합으로 정의한다.

68) ECJ의 역할에 대한 더 자세한 논의는 Leibfried and Pierson(2000) 참조. EU의 사회정책에 대한 더 광범위한 전망에 대해서는 Falkner(1998)와 Leibfried and Pierson(1995) 참조.

69) 노동시장 정책과 연금정책 분야에서 이러한 과정에 대한 논의는 Zohlnhöfer and Ostheim(2002)와 Sommer(2003) 참조.

70) 이 자료는 서독만 해당됨.

71) 다양한 사회경제집단 간 균열을 분석하는 이러한 방법론에 대한 비판적 평가에 대해서는 Alber(1984) 참조.

72) 적녹연정은 단지 몇 년 후 유사한 제안을 실행했는데, 앞서 논의한 바와 '일반실업부조'를 완전히 폐지하는 것이었다.

73) 최근의 예외는 Taylor-Gooby(2005)와 King(1999). 전반적 이해를 위해서는 Campbell(2002)과 Béland(2005)을 보라.

74) 오스트리아에 대한 자료 분석은 매우 문제가 있어 보인다. 종합점수뿐만 아니라 높은 유동성은 코딩 오류의 결과일 수 있거나 혹은 이 양적 접근의 한계를 보여준다.

75) 오스트리아와 네덜란드에 대해 우리는 경제 및 고용정책, 사회보장정책, 그리고 가족정책의 세 가지 정책 영역 각각에서의 세 가지 핵심 결정에 대한 의회 내 논쟁을 분석해왔다. 오스트리아 사례에서 법률은 (1)경제 및 고용정책-1987년 연방재정법, 1993년 조세법, 2004/05년 조세법; (2)사회보장-1984년 연금개혁법, 1996년 구조조정법, 2003년 연금개혁법; (3)가족정책-1977년 아동세액공제 폐지법, 1989/90년 종합가족법, 2001년 보편적 부모수당 도입법. 네덜란드의 경우 우리는 다음을 선택했다. (1)경제 및 고용정책-1% 규정(1975/76), 청사진 81(1978/79), 잠-규칙(Zalm-Norm, 1994/95); (2)사회보장-1987년 종합사회보장개혁법, 1992/93 장애인 개혁법, 1994/95 사회부조개혁법; (3)가족정책-1989/90 육아휴직법, 2000/01 고용 및 양육법, 2003/04 기본 자녀양육수당법. 선행연구에 기반해서(Seeleib-Kaiser 2001; Bleses/Seeleib-Kaiser 2004), 우리는 독일에 대한 더 많은 논쟁 사례를 가져올 수 있었다.

76) ÖVP 1986: 4ff.; 1990: 8ff.; 1994: 16ff. 1995a: 10ff.; 1995b: 73ff.; 1999: 5ff.; 2002: 19ff. 참조.

77) SPÖ 1979: 8; 1983: 25; 1986a: 11, 1990: 18; 1994: 15; 1998: 9 참조.

78) Sten. Prot. 17/5: 428f.; Sten. Prot. 17/3: 120.

79) Sten. Prot. 17/2: 28; Sten. Prot. 17/6: 658.

80) Sten. Prot. 17/5: 424.

81) Sten. Prot. 17/3: 100.

82) Sten. Prot. 17/6: 585.

83) Sten. Prot. 17/6: 178f., 579; Sten. Prot. 17/6: 578.

84) Sten. Prot. 17/3: 132.

85) Sten. Prot. 17/3: 116.

86) Sten. Prot. 17/6: 586.

87) Sten. Prot. 18/137: 15839.

88) Sten. Prot. 18/137: 15839.

89) Sten. Prot. 18/137: 15820, 15857.

90) ÖVP 1994: 13ff., 1995: 10ff., 1999: 64ff., 1999a: 5ff.

91) Sten. Prot. 22/59: 61, 78, 54.

92) Sten. Prot. 22/59: 40, 60.

93) Sten. Prot. 22/59: 90, 82, 99, 36.

94) Sten. Prot. 22/59: 37, 57, 82.

95) Sten. Prot. 22/59: 78, 82f.

96) '사회민주주의(Sozialdemokratie) 2000' 원칙 선언은 사민당 전국당대회에서 채택되었고, 향후 정책개발 토론을 위한 기초로 제시되었다.

97) Sten. Prot. 16/59: 5005ff.

98) Sten. Prot. 16/59: 5033.

99) Sten. Prot. 16/59: 5001ff., 4983ff.

100) Sten. Prot. 16/59: 4984.

101) Sten. Prot. 16/59: 4987, 4999.

102) Sten. Prot. 16/59: 5042, 5029f.

103) Sten. Prot. 16/59: 4989.

104) Sten. Prot. 16/59: 5036, 4997, 5022.

105) Sten. Prot. 20/16: 367, 398, 429.

106) Sten. Prot. 20/16: 453.

107) Sten. Prot. 20/16: 458.

108) ÖVP 1994: 53ff., 1995: 17; SPÖ 1986: 4, 11, 1990: 24, 1994: 16, 1995: 6.

109) Sten. Prot. 20/16: 422f.

110) Sten. Prot. 20/16: 422.

111) Sten. Prot. 20/16: 436.

112) Sten. Prot. 22/20: 18, 69, 37.

113) MP Kapeller(ÖVP) Sten. Prot. 22/20: 318.

114) Sten. Prot. 22/20: 157.

115) Sten. Prot. 22/20: 38, 63.

116) Sten. Prot. 22/20: 373f., 18, 349.

117) Sten. Prot. 22/20: 139, 145, 164.

118) Sten. Prot. 22/20: 34, 60, 210, 323.

119) Sten. Prot. 22/20: 60f., 174, 198.

120) Sten. Prot. 22/20: 14, 176, 205.

121) ÖVP 1972: 209f.; 1975: 14; 1983: 10f.; 1990: 24; 1994: 9; 1999: 29ff.; 2002: 74ff.; SPÖ 1978: 167f.; 1979: 12f.; 1983: 26; 1986: 11; 1990: 20; 1994: 17f.; 1998: 17f.; 2002: 14.

122) SPÖ 1979: 168, 1986: 12, 1990: 26; 1994: 17; 1995: 10; 1998: 16; 1999: 8f.; 2002: 14.

123) MP Metzker(SPÖ) Sten. Prot. 14/69: 6588.

124) Sten. Prot. 14/69: 6588.

125) Sten. Prot. 14/69: 6587, 6589.

126) Sten. Prot. 14/69: 6648.

127) Sten. Prot. 17/124: 14608.

128) Sten. Prot. 17/124: 14601, 14616.

129) 몇몇 ÖVP 소속 의원조차도 가족과 고용의 양립성과 협력을 기초로 한 가족설계의 가능성을 강조해왔다. 이러한 문제에서 ÖVP 내부의 분명한 차이들이 드러났다. 이에 대해서는 다음을 참조. Sten. Prot. 17/124: 14633; Sten. Prot. 17/124: 14590f.;

Tálos and Falkner(1992).

130) Sten. Prot. 17/124: 14629.

131) Sten. Prot. 17/124: 14631.

132) SPÖ 1994: 17; 1998: 16; 1999: 8f.; 2002: 14; ÖVP 1990: 24; 1995a: 89f.; 1999: 32; 2002: 75.

133) Sten. Prot. 21/72: 31.

134) Sten. Prot. 21/72: 43.

135) Sten. Prot. 21/72: 30, 59.

136) Sten. Prot. 21/72: 38.

137) Sten. Prot. 21/74: 40f., 70.

138) Sten. Prot. 21/74: 58.

139) 1975년 예산법과 함께 SPD 의원인 에렌베르크(Ehrenberg, Sten. Prot. 7/199: 13723)와 그로벡커(Grobecker, Sten. Prot. 7/200: 13744)의 연설 참조.

140) Sten. Prot. 9/140: 8847. 이 해석 양식은 1980년대와 1990년대를 거쳐 의회 내 동맹세력 의원들에 의해 지속적으로 활용되었다.; Sten. Prot. 13/155: 14012 참조.

141) Sten. Prot. 15/32: 2489.

142) SPD 경제노동부 장관 클레멘트(Wolfgang Clement, Sten. Prot. 15/8: 394)와 SPD 의원인 브란트너(Brandner, Sten. Prot. 15/11: 672) 참조

143) CDU 파이퍼(Pfeifer) 의원의 연설(Sten. Prot. 15/11: 682) 참조.

144) 수년 뒤, 완전고용 성취 목표는 여러 정부의 단어장에서 사라진 반면, 예산건전화와 가격안정화가 최우선 목표로 배치되었다(Lantzsch 2003 참조).

145) SPD 그로벡커 의원, Sten. Pro. 9/64: 3277 참조. 또한 1981년 고용촉진 강화법과 관련 SPD 노동사회부 장관인 에렌베르크의 연설(Sten. Prot. 9/64: 3733)을 보라.

146) (렘샤이트(Remscheid) 출신) CDU 뮐러(Müller) 의원 참조(Sten. Prot., 7/200: 13769).

147) 급여 남용에 대한 정치적 논쟁에 관해서는 오쉬미안스키(Oschmiansky, 2003) 참조.

148) Blüm Sten. Prot. 10/95: 6983; Sten. Prot. 10/163: 12198f. 참조.

149) SPD 의원이자 재정부 대변인인 마테우스-마이어(Ingrid Matthäus-Meier)의 연설(Sten. Prot. 12/171: 14697)과 함께 자를란트 주지사인 SPD의 라퐁텐(Oakar Lafontaine)의 1993년 10월 의회연설(Sten. Prot. 12/182: 15663) 참조.

150) CDU/CSU 쉡켄 의원(Sten. Prot. 12/113: 9610) 참조.

151) Sten. Prot. 12/231: 20177 참조.

152) Sten. Prot. 15/8: 393.

153) FDP 니벨(Dirk Niebel) 의원(Sten. Prot. 15/8: 410) 참조.

154) Clement(Sten. Prot. 15/8: 392) 참조.

155) Sten. Prot. 15/32: 2489.

156) Sten. Prot. 10/147: 10942.

157) Sten. Prot. 10/147: 10948.

158) MarSchall다(2004) 참조.

159) 1992년 연금개혁과 관련, 1989년 CDU/CSU 귄더(Günther) 의원의 의회 논쟁(Sten. Prot. 11/174: 13106f.) 참조.

160) FDP 바벨(Babel) 의원(Sten. Prot. 13/198: 17857.) 참조.

161) Sten. Prot. 13/198: 17874.

162) Sten. Prot. 13/198: 17856. 참조.

163) Sten. Prot. 13/198: 17880. 참조.

164) Dreßler(Sten. Prot. 13/198: 17685) 참조.

165) Sten. Prot. 14/147: 14428.

166) SPD Lotz 의원, Sten. Prot. 14/147: 14406.

168) Sten. Prot. 14/147: 14422. 참조.

168) Sten. Prot. 14/147: 14411, 14421, 14433.

169) Sten. Prot. 7/77: 4927f. 참조.

170) Sten. Prot. 7/77: 6980f. 참조.

171) Sten. Prot. 8/151: 12080.

172) Sten. Prot. 8/144: 12110.

173) Sten. Prot. 10/157: 11805, 11794, 11814f. 참조.

174) Sten. Prot. 10/157: 11786.

175) 낙태법 개정에 관해서는 의회논쟁 Sten. Prot. 12/99 참조.

176) 하지만, 2003년 예산위기가 인식되면서, 적녹연정은 자녀출산 후 첫 번째 6개월 동안 보육수당자격에 대해 새로운 자산조사 실시를 제안했다는 점에 주목해야 한다. 이러한 조치는 '극빈층'에 제한된 재정을 집중할 필요성에 의해 정당화되었다.

177) CDA(1977: 2); Handelingen Tweede Kamer(1978/1979: 276); 350; CDA(1982: 76; 1993: 14, 19; 1994: 19) 참조.

178) CDA(1986: 28; 2002: 4); VVD in: Handelingen Tweede Kamer(1985/1986: 4339, 4362); Lucardie(1993: 50).

179) 기민당 계열의 정당들이 1977년 선거동맹을 수립했지만, 1980년까지 CDA와 공식적으로 통합하지는 않았다.

180) 〈청사진81〉에 대한 의회 논쟁을 통해 기민당의 케인스주의 친화적 분파와 좀 더 자유주의적인 분파 간 광범위한 갈등이 드러난다(Braun 1989: 267f.; Knoester 1989: 147ff.; Kroeger and Stam 1998: 110).

181) 1993년 이 입장은 여전히 당 내부에서 격렬하게 논쟁 중이었지만(Handelingen Tweede Kamer 1992/1993: 43-3136), 1994년이 되자 노동당은 근로의 장애요인을 줄이기 위해 복지수당 절감을 수용했다(PvdA 1994: 10, 54).

182) 다소 자유당의 입장을 향해 변화하는 기민당의 특성화에 대해서는 Hanley(2003: 243) 참조.

183) 2000년부터 2006년까지 오스트리아 사민당의 변화는, 특히 연금정책에서, 사민당의 근본에 관한 몇 가지 재설정을 제시한다. 하지만 이것은 구조적 변화가 아니라 단지 소득비례연금체계 내 재분배적 요소를 좀 더 강화하자는 제안이었다.

184) 알다시피 공동체주의의 접근법은 넓은 스펙트럼을 가지고 있다. 간략한 개괄적인 설명은 Levitas(1998: 89-111) 참조. 공동체주의자 간 '가족' 개념의 논쟁은 Frazer(1999: 173-202) 참조.

185) Misner(2003)의 역사주의적 주장을 참조.

Aspalter, Christian. 2001. Important of Christian and Social Democratic Movement in Welfare Politics: With Spectial Reference to Germany, Austria and Sweden, New York: Nova Science Publishers.

Bartels, Larry M. 2008. Unequal Democracy: The Political Economy of the New Gilded Age, Princeton: Princeton University Press; 래리 M. 바텔스, 위선주 옮김. 2012. 『불평등 민주주의: 자유에 가려진 진실』, 파주: 21세기북스.

Boix, Carles. 1998. Political Parties, Growth, and Equality: Conservative and Social Democratic Strategies in the World Economy, New York: Cambridge University Press.

Esping-Andersen, Gøsta. 1990. The Three Worlds of Welfare Capitalism, Princeton: Princeton University Press; G. 에스핑앤더슨. 박시종 옮김. 2007, 『복지자본주의의 세 가지 세계』, 서울: 성균관대출판부.

_____. 1996. "Welfare States without Work: the Impasse of Labour Shedding and Familialism in Continetal European Social Policy", Gøsta Esping-Andersen. ed. Welfare States in Transition: National Adaptations in Golobal Economy, London: Sage Publications, 66-87; 애스핑 앤더슨, 고스타. "유럽대륙의 사회정책: 일자리없는 복지국가", 고스타 애스핑 앤더슨 편. 한국사회복지학연구회 역. 1999, 『변화하는 복지국가』, 서울: 인간과복지, 123-156.

Hibbs Jr., Douglas A. 1977. "Political Parties and Macroeconomic Policy", The American Political Science Review, No.4 Vol.71, 1467-1487.

Korpi, Walter. 1983. The Democratic Class Struggle. London: Routledge and Kegan Paul.

Lipset, Seymour M. and Rokkan, Stein. 1967. "Claeavage Structure, Party Systems and Voter Alignments: An Introduction", Seymour M. Lipset and Stein Rokkan eds. Party Systems and Voter Alignments, New York:

Macmillan, 1-64; 세이무어 마틴 립셋, 스테인 로칸, 김수진 역. "균열구조, 정당체계, 그리고 유권자 편성: 서설", 김수진 외 편역. 1994, 『비교정치론강의3』, 서울: 한울, 184-246.

Schmidt, Manfred G. 1982. "The Role of the Parties in Shaping Macroeconomic Policy." Francis G. Castles, ed. The Impact of Parties: Politics and Policies in Democratic Capitalist States, London: Sage Publications, 97-176.

Wilensky, Harold L. 1981. "Leftism, Cathorilicism, and Democratic Corporatism: The Role of Political Parties in Recent Welfare State Development." Peter Flora and Arnold J. Heidenheimer, eds. The Development of Welfare States in Europe and America, 345-382. New Brunswick: Transaction Publishers.

이 책은 질라이프 카이저와 그의 동료들이 2008년에 출간한 Party Politics and Social Welfare: Comparing Christian and Social Democracy in Austria, Germany and the Netherlands(Oxford: Oxford University Press)를 완역한 것이다.

서구 복지국가 발전의 동학에 대한 연구는 다양한 이론과 방법론을 통해 전개되었다. 무엇보다 탈상품화(decommodofication)와 계층화(stratification)를 기준으로 사회민주주의, 자유주의, 그리고 보수주의(조합주의)형으로 나누어 복지국가 레짐(regimes)의 유형적 특성을 이해하는 데 크게 기여한 에스핑-앤더슨의 저작(Esping-Andersen 1990)을 들 수 있겠다. 그런데 에스핑-앤더슨의 복지국가 유형론으로는 오늘날의 복지국가체제의 변화와 그 과정을 제대로 이해하는 데 한계가 있다는 문제의식이 바로 이 책의 출발점이다. 즉 어떤 고정화된 그리고, 마치 정당체제론의 고전인 립셋과 로칸의 서구 정당체제에 대한 결빙테제(Lipset and Rokkan 1967)를 연상시키는 에스핑-앤더슨의 복지국가 유형의 동결론으로는 실제 구체적인 정책과 노선에서 상당한 변화 과정을 보여왔던 서구 복지국가의 정치 현실을 제대로 분석하기 힘들다는 것이다. 필자들이 제시하는 전후 서구 복지국가의 변화를 위한 키워드는 바로 정당정치와 정당의 노선과 성격을 결정하는 관념(idea), 즉 사민주의(케인스주의, 완전고용, 적극적 노동시장 등)와 기민주의(선택의 자유, 가족의 가치, 보충성의 원리 등) 간 경쟁과 수렴이다.

사실 서구 복지국가 형성 과정에서 정당의 역할에 주목하는 것은 당연하다 못해 상식에 속하는 얘기다. 노동조합과 좌파정당이 분배와 권력 동원의 주체가 되어 자본주의의 불평등을 교정하려는 계급정치 혹은 민주적 계급투쟁으로 복지국가를 이해하는 권력자원론(power resources, Korpi 1983)은 그 한계점에 대한 다양한 지적에도 불구하고 여전히 복지국가 연구자라면 한 번씩은 거론하는 방법론이자 인식틀이다.

하지만 서구 복지국가를 만드는 데 기여한 정당이 좌파정당에만 국한되지는 않는다. 기독교민주당 계열의 중도우파 정당들도 자본주의 시장체제에 대한 나름의 문제의식을 가지고 있었고, 이에 대한 자신들의 복지국가 프로그램을 추진했다. 이는 유럽 복지국가 형성 과정에서 중요한 한 축으로 자리 잡았다(Wilensky 1981; Schmidt 1982; Aspalter 2001). 한편 정치구조와 정당체제의 시각에서 보면 복지국가의 발전에 영향을 미칠 수 있는 노동정당의 역량은 우파 정당의 권력구조에 의해 제한된다(Esping-Andersen 1990, 17)고도 볼 수도 있다. 이렇게 좌파정당이든 우파정당이든 서구 복지국가의 형성 및 정책 결정 과정에서 서로 다른 성격의 복지국가체제를 낳게 한 하나의 결정적인 정치 주체로 했다고 보는 견해들이 이른바 '정당중요성(parties matter)' 이론 혹은 가설로 제시된 바 있다.

요컨대 정당중요성 이론이란 입헌민주주의 국가에서 정책의 선택과 그 정책 결과는 정부를 구성하는 정당의 성격과 노선에 따른 것으로, 사민당 정부의 정책선택과 그 결과는 자유주의 혹은 보수주의 정부의 그것과 다르고 그 결과 역시 상이하다는 비교적 명쾌한 주장이라고 할 수 있다. 대표적으로는 힙스 모델을 들 수 있는데, 힙스는 경기순환 관리(management of business cycle)에 대한 정당선호, 그리고 인플레이션과 실업의 균형 차이를 낳는 결정요인을 연계시키면서, 사민당은 완전고용을 이루기 위해 재정확대정책을 선호하는 반면, 보수당은 실업이 증가하더라도 적정 통화량을 공급하고 균형예산을 운영함으로써 인플레이션에 대처했음을 실증적으로 분석했다(Hibbs 1977). 이러한 시각이 비단 유럽 복지국가 연구에서만 적용되었던 것은 아니다. 엄격한 자산조사와 미진한 공적 사회보험체계를 특징으로 하는 자유주의 복지국가의 대표적인 사례이자, 우리나라와 같이 대통령제를 채택하고 강력한 양당체제를 가지고 있는 미국의 불평등연구에서도 개진된 바 있다(Bartels 2008). 그럼 제3의 길 혹은 사민당의 보수화가 운위되고 있는 오늘날에도 이 정당중요성 이론은 여전히 유효할까?

이 책의 필자들은 전후 자본주의 황금기를 지나 오늘에 이르기까지 복지국가의 정책결정 과정에서 정당의 중요성을 인정하지만, 정당 간 선명한 강령 및 정책 경쟁이라는 시각에서는 이를 제대로 이해할 수 없다고 본다. 특히 이 책에서 비교대상으로 삼고 있는 오스트리아, 독일, 네덜란드는 국가가 주도하는 사회보험 중심의 '남성부양자-여성돌보미 모델'을 기반으로 기독교민주주의의 '보충성 원리'가 가족주의를 제도화해 온 역사적이고 제도적인 특징을 보수주의(조합주의) 복지국가들인데, 이러한 특징들이 기민당의 주도로만 이루어진 것은 아니라는 것이다. 독일은 기민련과 사민당 모두 탈상품화에 역행하는 노동시장으로의 재상품화의 경향을 가속화한 반면, 가족 관련 수당의 확대를 통해 전통적인 남성부양자 모델에서 탈피했다. 오스트리아는 전후 이른바 오스트로 케인스주의를 사민당은 물론 보수당인 국민당도 받아들였지만 1980년대부터는 사회정책에 시장의 효율성 원칙을 사민당도 일정 부분 수용하게 되었다. 네덜란드는 노동당의 노동시장 정책과 기민당의 가족정책이 일과 보육의 양립이라는 관점에서 서로 수렴되었다.

한편 에스핑-앤더슨은 네덜란드를 소득보장체계가 북유럽의 보편주의에 더 가깝다고 평가하며 대륙유럽에서 부분적으로 예외적인 국가로 분류한 바 있다(Esping-Andersen; 1996: 84). 하지만 필자들은 이러한 프로그램의 확장이 근본적으로 '강력한 남성부양자' 정책을 대체하지는 못했다고 판단한다. 이를 통해 이들이 유럽의 대륙형 복지국가를 구분하는 준거점을 명확하게 알 수 있다. 즉 사민당과 기민당이 힘의 균형에 바탕한 경쟁과 수렴과정이 바로 그 평가기준이며, 서장에서도 밝혔듯이 프랑스나 이탈리아 등이 비교대상에서 제외된 이유이기도 하다.

물론 사민당과 기민당의 복지국가 노선을 대립적인 관계로 설정하는 정당중요성론의 유효성에 대한 반론이 이 필자들에 의해 처음 제기된 것은 아니다. 예를 들어 스페인 출신의 정치경제학자인 보익스는 1980년대 이후 신자유주의 세계화의 영향으로 사민당도 경제성장을 위한 공급측면의 경제정책에 경도되면서 힙스 모델은 적실성을 상실했다고 본다. 그렇다고 정당 간의 차이가 소멸했다고 보지는 않는데, 그 이유는 동일한 정책 패러다임 속에서도 구체적 정책의 차이가 존재하기 때문이라는 것이다. 즉 사민당은 공공부문의 일자리와 교육훈련 프로그램에 치중하는 반면, 보수당은 사적 자본의 투자와 감세 등에 정책초점을 맞춤으로써, 그 결과 역시, 성장뿐만 아니라, 고용(실업)문제에서 상이하게 나타난다는 점(Boix 1998)을 강조했다.

이러한 주장과 비교해보면, 이 책의 필자들이 정당중요성론을 비판하는 지점과 대안적 방법론이 더욱 뚜렷하게 드러난다. 바로 정당경쟁과 수렴 과정의 기저에는 정당을 지배하고 있는 관념, 즉 해석양식(interpretative patterns) 간의 경쟁과 수렴 과정이 있었다는 것이다. 요컨대 사민당의 전통적인 케인스주의와 기민당의 보충성의 원리가 사회보장정책 및 노동시장 정책, 그리고 무엇보다 가족정책을 중심으로 서로 수렴되면서 전체적으로는 '자유주의적 공동체주의'로 합의되는 과정에 있다고 결론짓고 있다. 물론 이러한 결론에 대해서는 논쟁의 여지가 많은 것이 사실이지만, 특히 한국의 주류 언론을 통해 재생산되고 있는 유럽복지국가의 보수화 혹은 시장화는 이념적으로나 구체적인 정책실현 과정에서나 훨씬 복잡하고 다양한 경로로 진행되고 있다는 점을 합리적 핵심으로 삼을 수 있을 것 같다.

정당정치에서 관념의 역할, 그리고 공공정책의 최종적 해석자로서의 정당의 역할은 기존의 정당중요성 모델의 부정이라기보다는 또 다른 해석이라고 평가할 수도 있겠다. 필자들은 이러한 과정을 크게 전후와 1970년대 이후, 그리고 2000년대 전반기까지 노동시장, 사회보장, 가족정책 등의 분야별로 비교적 소상하게 서술하며 밝히고 있는데, 이론을 통한 분석보다는 심층적인 서술 방식(deep description)이 이 책이 가지고 있는 강점이라고 여겨진다.

그럼 이 책이 한국에 주는 함의는 무엇일까? 복지국가에 대한 비전은 이념과 정책 패러다임, 그리고 구체적인 정책의 그물망이라고 할 수 있다. 그리고 정당정치가 복지정치의 중심으로 작동하기 위해서는 정당의 정책구현 역량과 경쟁성이 담보되어야 한다. 우리나라 정치에서도 복지와 복지국가는 이미 매우 중요한 정치의제가 되었고, 대부분의 정당들이 나름대로의 정책 프로그램을 가지고 복지경쟁에 나서고 있다. 그러나 굳이 서구 정당과 비교해보지 않더라도, 정당 간 경쟁적 정책 프로그램과 정책 실현을 위한 자원 동원 능력이 있는지는 의문의 여기가 많다.

한국의 경우 진보정당이라고 하더라도 사회정책의 지향성은 유럽의 기민당보다 더 보수적이라고들 말한다. 한 국가의 복지체제 성격은 그 사회를 주도하는 정당이념과 정책의 수준을 넘어설 수 없다는 점을 염두에 둔다면, 우리나라의 대부분의 정당이 내세우고 있는 정당혁신과 정당개혁은 그 조직적 수준과 함께 정책역량 측면에서도 요구될 수밖에 없다. 이것이 서구 복지국가의 정당 간 복지정치와 우리나라와의 근본적인 차이라고 할 수 있다.

정치는 갈등과 경쟁, 그리고 합의의 변증법적 과정이다. 그리고 그 기본적인 전제는 정당 간 차별성의 존재다. 이러한 인식은 어쩌면 이 책의 필자들이 드러내고 있는 유럽 복지국가 정당정치의 현실과 동떨어져 보일 수 있지만, 어떤 복지국가인가라는 정치적 지향과 어떻게 그러한 복지국가를 이룰 것인가 하는 정책과 정책이념들이 이제 본격적으로 제기되고 형성되기 시작한 시점에서는 유럽의 정당 간 복지정치 역사가 우리에게 주는 또 다른 중요한 함의라고 여겨진다.

아무쪼록 이 책이 유럽 복지국가 정치에 대한 폭넓은 이해는 물론, 한국의 정당정치에서 복지의제가 갖는 중요성이 다시 한 번 환기시키고, 복지정치가 활발하게 전개되는 데 조금이나마 자극이 된다면 더 바랄 것이 없겠다.

　이 책을 번역하는 과정에서 많은 도움을 준 황규성 박사와 약속한 시간을 훨씬 넘겼음에도 너른 아량으로 이해해준 출판부에 고마움을 전한다.

2014년 10월

강병익

■ 참고문헌

1차문헌

네덜란드는 정당 프로그램과 의회 논쟁을 담은 문헌이고, 오스트리아와 독일
은 의회속기록(Sten. Prot.).

CDA (1977), Programma CDA Tweede-Kamerverkiezingen 1977: Niet bij brood alleen,
　　Den Haag: CDA.
CDA (1980), Grundsatzprogramm der niederländischen christdemokratischen Partei
　　CDA, Den Haag: CDA.
CDA (1982), Om een zinvol bestaan. CDA-Verkiezingsprogram; geaktualiseerde versie,
　　Den Haag: CDA.
CDA (1984), Appèl en Weerklank. Van Verzorgingsstaat naar Verzorgingsmaatschappij,
　　Den Haag: CDA.
CDA (1986), Programma CDA Tweede-Kamerverkiezingen: Samen werken voor
　　morgen, Den Haag: CDA.
CDA (1989), Verantwoord voortbouwen. Program van Aktie '89-'93, Den Haag: CDA.
CDA (1993), Program van Uitgangspunten, Den Haag: CDA.
CDA (1994), Wat echt telt: werk, veiligheid, milieu. Landelijk verkiezingsprogramma
　　CDA 1994-1998, Den Haag: CDA.
CDA (1995), Nieuwe wegen, vaste waarden. Aanzet tot een strategisch beraad binnen
　　het CDA, Den Haag: CDA.
CDA (1997), De verzwegen keuze van Nederland. Naar een Christen-Democratisch
　　familie- en gezinsbeleid, Gravenhage: Wetenschappelijk Instituut voor het CDA.
CDA (1998), Samen leven doe je niet alleen. Concept-Verkiezingsprogramma CDA
　　1998-2002, Den Haag: CDA.
CDA (2002), Betrokken samenleving, betrouwbare overheid, CDA-Verkiezingsprogram
　　2002-2006, Den Haag: CDA.
CDU (1947), Ahlener Wirtschaftsprogramm, in: Wilhelm Mommsen (ed.) (1960),
　　Deutsche Parteiprogramme. Deutsches Handbuch der Politik Band 1. Müchen:
　　Olzog Verlag, 3rd edition, pp. 576-582.
CDU (1953), Hamburger Programm für den zweiten Bundestag, in: Wilhelm
　　Mommsen (ed.) (1960), *Deutsche Parteiprogramme. Deutsches Handbuch der
　　Politik Band 1*. München: Olzog Verlag, 3rd edition, pp. 582-596.

CDU (1978), Freiheit, Solidarität, Gerechtigkeit. Grundsatzprogramm der Christlich-Demokratischen Union Deutschlands. Reprinted in: Bayerische Landeszentrale für politische Bildungsarbeit(ed.), 1979: Programme der politischen Parteien in der Bundesrepublik Deutschland. Band 1. München: Bayerische Landeszentrale für politische Bildungsarbeit, pp. 127-171.

CDU (1980), Für Frieden und Freiheit in der Bundesrepublik Deutschland und in der Welt. Wahlprogramm der CDU/CSU für die Bundestagswahl 1980. Reprinted in: Bayerische Landeszentrale für politische Bildungsarbeit (ed.), 1983: Programme der politischen Parteien in der Bundesrepublik Deutschland. Ergänzungsband zur Bundestagswahl 1983. München: Bayerische Landeszentrale für politische Bildungsarbeit, pp. 45-58.

CDU (1983), Arbeit, Frieden, Zukunft. Das Wahlprogram der CDU/CSU. Reprinted in: Bayerische Landeszentrale für politische Bildungsarbeit (ed.), 1983: Programme der politischen Parteien in der Bundesrepublik Deutschland. Ergänzungsband zur Bundestagswahl 1983. München: Bayerische Landeszentrale für politische Bildungsarbeit, pp. 64-81.

CDU (1986), Das Wahlprogramm von CDU und CSU für die Bundestagswahl 1987. Reprinted in Bayerische Landeszentrale für politische Bildungsarbeit(ed.), Programme der politischen Parteien in der Bundesrepublik Deutschland. Ergänzungsband zur Bundestagswahl 1987. München: Bayerische Landeszentrale für politische Bildungsarbeit, pp. 13-41.

CDU(1994a), Wir sichern Deutschlands Zukunft-Regierungsprogramm von CDU und CSU. Bonn: CDU-Bundesgeschäftsstelle.

CDU (1994b), Freiheit in Verantwortung-Grundsatzprogramm der Christlich-Demokratischen Union Deutschlands. Bonn: CDU-Bundesgeschäftsstelle.

CDU (1998), Wahlplattform 1998-2002. Bonn: CDU-Bundesgeschäftsstelle.

CDU (2002), Leistung und Sicherheit. Regierungsprogramm 2002-2006. Zeit für Taten. Berlin: CDU-Bundesgeschäftsstelle.

FNV (1992), De FNV en de overlegeconomie, Amsterdam: FNV.

FNV/CNV/MHP(1992), Een hete herfst. Die acties van FNV, CNV en MHP tegen de WAO-en ziektewetplannen van het kabinet Lubbers/Kok in 1991, Groningen: FNV/CNV/MHP.

Handelingen Tweede Kamer (1975/1976), Algemene Politieke en financiele beschouwingen over de rijksbegroting 1976, 07./08./09./10.1975.

Handelingen Tweede Kamer (1978/1979), Rijksbegroting 1979, 05./10./12.10.1978.

Handelingen Tweede Kamer (1985/1986), Sociale Zekerheid(Stelselherziening), 09./10./16.04.1986, Bd.1519.

Handelingen Tweede Kamer (1989/1990), Ouderschapsverlof, 27./28.03.1990, Bd. 1850.

Handelingen Tweede Kamer (1992/1993), WAO, 27./28.01.1993, Bd. 2080.

Handelingen Tweede Kamer (1994/1995a), Algemene Bijstandswet, 03.11.1994, Bd. 2225.

Handelingen Tweede Kamer (1994/1995b), Algemene Politieke Beschouwingen, 21./22.09.1994.

Handelingen Tweede Kamer (1994/1995c), Algemene financiele beschouwingen/ Financien, 11./12./13.10.1994.

Handelingen Tweede Kamer (2000/2001), Arbeid en Zorg, 13./14./15.03.2001.

Handelingen Tweede Kamer (2003/2004), Kinderopvang, 21./22./28.04.2004.

ÖVP (1972), Das 'Salzburger Programm' der Österreichischen Volkspartei, beschlossen vom Bundesparteitag der ÖVP am 1.12.1972. Reprinted in: Albert Kadan and Anton Pelinka(eds), 1972: Die Grundsatzprogramme der österreichischen Parteien. Dokumentation und Analyse. St. Pölten: Niederösterreichisches Pressehaus, pp. 190-212.

ÖVP (1975), Herausforderung '75. Das Wahlprogramm der ÖVP. Argumente für die Nationalratswahl.

ÖVP (1978a), Neue Wege für Österreich. Für eine sichere und glückliche Zukunft der Familien.

ÖVP (1978b), Sichere Einkommen für alle.

ÖVP (1979), Für einen neuen Frühling in Österreich.

ÖVP (1983), Jetzt mit Mock. Mein Programm für Österreich.

ÖVP (1986), Österreich zuerst. Das Mock-Programm für eine wende zum Besseren.

ÖVP (1990), Den Aufschwung wählen! Mit uns ist er sicher.

ÖVP (1994), Die Erhard-Busek-Pläne für Österreich. Für unsere Heimat. Für unsere Wirtschaft. Für unsere Sicherheit.

ÖVP (1995a), Das Grundsatzprogramm der ÖVP. Unser Selbstverständnis. Unsere Positionen. Wien, 4th edition(1999).

ÖVP (1995b), Der Schüssel-Ditz-Kurs. 1. Für eine sichere Zukunft. 2. Entschlossen sparen. 3. Mutig Reformieren.

ÖVP (1999), Der bessere Weg. Das Programm für den Start ins 21. Jahrhundert.

ÖVP (2002), Eine kluge Entscheidung. Das Österreich-Programm der Volkspartei. Unsere Ziele für Österreich. Wien.

PvdA (1971), Verkiezingsprogramma 1971-1975, Amsterdam: PvdA.

PvdA (1977a), Voorwaarts, en niet vergeten. Verkiezingsprogramma van de Partij van de Arbeid voor de Tweede Kamerverkiezingen op 25 mai 1977, Amsterdam: PvdA.

PvdA (1977b), Beginsel Programma, Amsterdam: PvdA.

PvdA (1981), PvdA-Verkiezingsprogram 1981-1985, Amsterdam: 1981.

PvdA (1982), Eerlijk Delen. Verkiezingsprogramma van de PvdA, Amsterdam: PvdA.

PvdA (1986), De toekomst is van iedereen. PvdA verkiezingsprogramma '86-'90, Amsterdam: PvdA.

PvdA (1987), Schuivende Panelen. Continuiteit en vernieuwing in de sociaal-democratie, Amsterdam: PvdA.

PvdA (1989), Kiezen voor Kwaliteit. Verkiezingsprogramma, Amsterdam: PvdA.

PvdA (1994a), Wat mensen bindt. Verkiezingsprogramma Tweede Kamer 1994-1998, Amsterdam: PvdA.

PvdA (1994b), Moderne Gezinnen. Of het afscheid van de standaardlevensloop, redactie Ruud Vreeman; René Cuperus, Amsterdam: PvdA.

PvdA (1998), Een wereld te winnen. Verkiezingsprogramma Tweede Kamer 1998-2002, Amsterdam: PvdA.

PvdA (2002), Samen voor de toekomst: Idealen en ambities 2010. Verkiezingsprogramma 2002-2006, Den Haag: PvdA.

PvdA (2003), PvdA Manifst 2003-2007, Amsterdam: PvdA.

SPD (1891), Erfurter Programm. Reprinted in: Wilhelm Mommsen (ed.) (1960), *Deutsche Parteiprogramme. Deutsches Handbuch der Politik Band 1.* München: Olzog Verlag, 3rd edition, pp. 349-353.

SPD (1975), Ökonomisch-politischer Orientierungsrahmen für die Jahre 1975 bis 1985. Beschlossen auf dem Mannheimer Parteitag der SPD am 14. November 1975, Reprinted in: Bayerische Landeszentrale für politische Bildungsarbeit(ed.), 1979: Programme der politischen Parteien in der Bundesrepublik Deutschland. Band 2. München: Bayerische Landeszentrale für politische Bildungsarbeit, pp. 338-402.

SPD (1976), Weiterarbeiten am Modell Deutschland. Regierungsprogramm 1976-1980, Beschluß des Außerordentlichen Parteitags in Dortmund, 18./19. Juni 1976. Bonn: Vorstand der SPD.

SPD (1983), SPD-Wahlprogramm 1983, Entwurf, Beschluss des Parteivorstandes vom 17. Dezermber 1982, Reprinted in: Bayerische Landeszentrale für politische Bildungsarbeit (ed.), 1983: Programme der politischen Parteien in der Bundesrepublik Deutschland. Ergänzungsband zur Bundestagswahl 1983. München: Bayerische Landeszentrale für politische Bildungsarbeit, pp. 94-113.

SPD (1986), Zukunft für alle- Arbeiten für soziale Gerechtigkeit und Frieden. Regierungsprogramm 1987-1990 der Sozialdemokratischen Partei Deutschlands, Vorlage für den außerordentlichen Parteitag am 25.10.1986 in Offenburg, Reprinted in Bayerische Landeszentrale für politische Bildungsarbeit(ed.) Programme der politischen Parteien in der Bundesrepublik Deutschland. Ergänzungsband zur Bundestagswahl 1987. München: Bayerische Landeszentrale für politische Bildungsarbeit, pp. 12-33.

SPD (1988), Die Zukunft sozial gestalten- Sozialpolitisches Programm der SPD. Beschluß zur Sozialpolitik, Parteitag in Münster 30.8.-2.9.1988, Politik-Informationsdienst der SPD, Nr. 8, September 1988.

SPD (1989), Grundsatzprogramm der Sozialdemokratischen Partei Deutschlands. Beschlossen vom Programmparteitag am 20. Dezember 1989 in Berlin. Bonn: Pareivorstand der SPD.

SPD (1994), Das Regierungsprogramm der SPD. Reformen für Deutschland. Bonn: Parteivorstand.

SPD (1998), Innovation und Gerechtigkeit - SPD-Programm für die Bundestagswahl 1998. Antrag 4 (in der Fassung der Antragskommission). Bonn: Parteivorstand.

SPD (2002), Erneuerung und Zusammenhalt - Wir in Deutschland. Regierungsprogramm 2002-2006. Berlin: Parteivorstand.

SPÖ(1926), Das Linzer Programm. Programm der Sozialdemokratischen Partei Österreichs beschlossen vom Parteitag zu Linz am 3. November 1926, in: Albrecht K. Konecny (ed.) (1993): Modelle für die Zukunft. Die österreichische Sozialdemokratie und ihre Programme. Wien: Löcker Verlag, pp. 58-78.

SPÖ(1975), Sicherheit und eine gute Zukunft für Österreich. Die SPÖ wirbt um Erneuerung des Vertrauens. Plattform für die Nationalratswahl am 5. Oktober 1975.

SPÖ(1978), Das neue Parteiprogramm der Sozialistischen Partei Österreichs, beschlossen vom Bundesparteitag der SPÖ am 20.5.1978. Reprinted in: Albert Kadan and Anton Pelinka (eds.), 1979: Die Grundsatzprogramme der österreichischen Parteien. Dokumentation und Analyse. St. Pölten: Niederösterreichisches Pressehau, pp. 141-189.

SPÖ(1979), Der Österreichische Weg in die 80er Jahre. Die Wahlplattform der SPÖ.

SPÖ(1981), österreich muß vorne bleiben. Das Wirtschaftsprogramm der SPÖ. Beschlossen am 26. ordentlichen Bundesparteitag der SPÖ in Graz am 24. Mai 1981.

SPÖ(1983), Für Österreich und seine Menschen. Wahlprogramm der SPÖ. Beschlossen vom Bundesparteivorstand der SPÖ am 14. Jänner 1983.

SPÖ(1986a), Vor uns liegt das neue Österreich. Das Vranitzky-Programm.

SPÖ(1986b), Perspektiven '90. Entwurf. Erstellt von der Perspektiven '90-Kommission des Bundesparteivorstandes der SPÖ. Wien.

SPÖ(1989), Sozialdemokratie 2000. Vorschläge zur Diskussion über die Zukunft Österreichs. Beschlossen am 31. ordentlichen Bundesparteitag der SPÖ am 20. Oktober 1989 in Graz.

SPÖ(1990), Das Österreich von morgen. Wie die SPÖ in den nächsten vier Jahren Österreich erneuern will.

SPÖ(1994), Es geht um viel. Es geht um Österreich. Das Wahlprogramm der Sozialdemokratischen Partei Österreichs.

SPÖ(1995), Für Österreich. Das Kanzlerprogramm. Wien.

SPÖ(1998), Das Grundsatzprogramm. Wien.

SPÖ(1999), Der richtige Weg für Österreich. Das Wahlprogramm der SPÖ für die Nationalratswahlen.

SPÖ(2002), Faire Chancen für alle! 26 Projekte für die Zukunft Österreichs. Programm der Sozialdemokratischen Partei Österreichs Österreich für die Jahre 2003 bis 2006.

Zentrum (1918), Richtlinien für die Parteiarbeit, in: Wilhelm Mommsen (ed.) (1960), *Deutsche Parteiprogramme. Deutsches Handbuch der Politik Band 1*. München: Olzog Verlag, pp. 249-252.

2차문헌

Aarts, Leo J. M. and de Jong, Philip R. (1996a), 'The Dutch Disability Program and How It Grew', in Leo J. M. Aarts, Richard van Burkhauser and Philip R. de Jong (eds.) (1996a), *Curing the Dutch Disease. An International Perspective on Disability Policy Reform*, Aldershot: Avebury, pp. 21-46.

Aarts, Leo J. M. and de Jong, Philip R. (1996b), 'Evaluating the 1987 and 1993 Social Welfare Reforms: From Disappointment to Potential Success', in Leo J. M. Aarts, Richard van Burkhauser and Philip R. de Jong (eds.), *Curing the Dutch Disease. An International Perspective on Disability Policy Reform*, Aldershot: Avebury, pp. 47-70.

Aarts, Leo J. M., van Burkhauser, Richard and de Jong, Philip R. (eds.) (1996), *Curing the Dutch Disease. An International Perspective on Disability Policy Reform*, Aldershoet: Avebury.

Abelshauser, Werner (1983), *Die Wirtschaftsgeschichte der Bundesrepublik Deutschland 1945-1980*, Frankfurt a.M.: Suhrkamp.

Abrate, Graziano (2004), 'The Netherlands', in Luigi Bernardi and Paola Profeta (eds.) *Tax Systems and Tax Reform in Europe*, London: Routledge, pp. 241-269.

Aiginger, Karl (1999), 'The Privatization Experiment in Austria', *Austrian Economic Quarterly*, 4, pp. 261-270.

Akkermans, Tinie (1999), *Redelijk bewogen. De koers van de FNV 1976-1999; Van maatschappijkritiek naar zaakwaarneming*, Utrecht: Stichting FNV Pers.

Alber, Jens (1984), 'Versorgungsklassen im Wohlfahrtsstaat', *Kölner Zeitschrift für Soziologie und Sozialpsychologie*, 36 (1), pp. 225-251.

Alber, Jens (1989), *Der Sozialstaat in der Bundesrepublik 1950-1983*, Frankfurt/M.: Campus.

Alber, Jens (1998), 'Recent developments in continental European welfare states: Do Austria, Germany and the Netherlands prove to be birds of a feather?' Contribution to the 14th World Congress of Sociology, Montreal.

Alber, Jens (2001), 'Recent Developments of the German Welfare State: Basic Continuity or Paradigm Shift?' ZeS-Arbeitspapier, Bremen: Zentrum für Sozialpolitik der Universität Bremen.

Alemann, Ulrich von (1992), 'Parteien und Gesellschaft in der Bundesrepublik', in Alf Mintzel and Heinrich Oberreuter (eds.), *Parteien in der Bundesrepublik Deutschland*, Opladen: Leske & Budrich, pp. 89-130.

Amenta, Erwin (2003), 'What We Know about the Development of Social Policy: Comparative and Historical Research in Comparative and Historical Perspective', in James Mahoney and Dietrich Rueschemeyer (eds.), *Comparative Historical Analysis in the Social Sciences*, Cambridge: Cambridge University Press, pp. 91-130.

Andeweg, Rudy B. (1989), 'Institutional Conservatism in the Netherlands: Proposals for and Resistance to Change', *West European Politics*, 12 (1), pp. 42-60.

Andeweg, Rudy B. (1999), 'Parties, Pillars and the Politics of Accommodation. Weak or Weakening Linkages? The Case of Dutch Consociationalism', in Kurt R. Luther, and Kris Deschouwer (eds.), *Party Elites in Divided Societies: Political Parties in Consociational Democracy*, London: Routledge, pp. 108-133.

Andeweg, Rudy B. and Irwin, Galen A. (1993), *Dutch Government and Politics*, Houndmills: Macmillan.

Andreß, Hans-Jürgen and Heien, Thorsten (2001), 'Zerfällt der wohlfahrtsstaatliche Konsens? Einstellungen zum Wohlfahrtsstaat im zeitlichen Wandel', *Sozialer Fortschritt*, 50 (7), pp. 169-175.

Bäcker, Gerhard, Bispinck, Reinhard, Hofemann, Klaus and Naegele, Gerhard (2000), *Sozialpolitik und soziale Lage in Deutschland*, Bd. 2: Gesundheit und Gesundheitssystem, Familie, Alter, Soziale Dienste, Wiesbaden: Westdeutscher Verlag.

Badelt, Christoph and Österle, August (2001), *Grundzüge der Soziapolitik*. Spezieller Teil: Sozialpolitik in Österreich, 2. Überarbeitete Aufl. Wien: Manz.

Bahle, Thomas (2002), 'Staat, Kirche und Familienpolitik in westeuropäischen Ländern. Ein historisch-soziologischer Vergleich', in Michael Minkenberg Michael and Ulrich Willems (eds.), *Politik und Religion*. Sonderheft 33 der Politischen Vierteljahresschrift, Opladen: Westdeutscher Verlag, pp. 391-411.

Beck, Ulrich (1992), *The Risk Society*, London: Sage.

Becker, Uwe (1999/2000), 'Realität und Mythos der niederländischen Beschäftigungsentwicklung', in Hans-Wolfgang Platzer (ed.) *Arbeitsmarkt- und Beschäftigungspolitik in der EU*, Baden-Baden: Nomos Verlagsgesellschaft, pp. 112-130.

Becker, Uwe (2000a), 'Welfare State Development and Employment in the Netherlands in Comparative Perspective', *Journal of European Social Policy*, 10 (3), pp. 219-239.

Becker, Uwe (2000b), 'Successful Adaption by Consensus? Employment Development, Power Relations and Hegemony in the Dutch Delta Model', Paper Presented at the Workshop RC 36/2 on 'Power in the New Millenium: Neocorporatism or Neo-Liberalism?' of the IPSA World Congress in Quebec, 1-5 August.

Becker, Uwe (2001), 'A "Dutch Model": Employment Growth by Corporatist Consensus and Wage Restraint? A Critical Account of an Idyllic View', *New Political Economy*, 6 (1), pp. 19-43.

Becker, Uwe and van Kersbergen, Kees (1986), 'Der christliche Wohlfahrtsstaat der Niederlande. Ein kritischer Beitrag zur vergleichenden Politikforschung', *Politische Vierteljahresschrift*, 27 (1), pp. 61-77.

Becker, Winfried (2003), 'From Political Catholicism to Christian Democracy. The Development of Christian Parties in Modern Germany', in Thomas Kselman and Joseph A. Buttigieg (eds.), *European Christian Democracy- Historical Legacies and Comparative Perspectives*, Notre Dame: University of Notre Dame Press, pp. 93-120.

Béland, Daniel (2005), 'Ideas and Social Policy: An Institutionalist Perspective', *Social Policy and Administration*, 39, pp. 1-18.

Belke, Ansgar and Schneider, Friedrich (2004), 'Privatization in Austria: Some Theoretical Reasons and First Results about the Privatization Proceeds', CESIFO Working Paper No. 1123, www.cesifo.de, 2005년 8월 23일 검색.

Berchtold, Klaus (1967), 'Grundlinien der Entwicklung der politischen Parteien in Österreich seit 1867', in Klaus Berchtold (ed.), *Österreichische Parteiprogramme 1868-1966*, München: R. Oldenbourg, pp. 11-105.

Berman, Sheri (1998), *The Social Democratic Moment: Ideas and Politics in the Making of Interwar Europe*, Cambridge, MA: Harvard University Press.

Beyme, Klaus von (1994), 'Verfehlte Vereinigung- verpasste Reformen? Zur Problematik der Evaluation der Vereinigungspolitik in Deutschland seit 1989', *Journal für Sozialforschung*, 34 (3), pp. 249-269.

Bieback, Karl-Jürgen (1997), 'Der Umbau der Arbeitsförderung', *Kritische Justiz*, 30 (1), pp. 15-29.

Binder, Dieter A. (2001), 'Von der "Rettung des christlichen Abendlandes" und "Europa in uns". Die Österreichische Volkspartei nach 1945', in Michael Gehler, Wolfram Kaiser and Helmut Wohnout (eds.), *Christdemokratie in Europa im 20. Jahrhundert*, Wien: Böhlau, pp. 399-424.

Blair, Tony and Schröder, Gerhard (1999), 'Europe: the Third Way/Die Neue Mitte'. London and Berlin.

Bleses, Peter (2003a), 'Der Umbau geht weiter: Lohnarbeit und Familie in der rot-grünen Sozialpolitik', in Martin Seeleib-Kaiser (ed.), *Europäische Wohlfahrtsstaaten zwischen Lohnarbeit und Familie*, Special Issue of the Zeitschrift für Sozialreform, Wiesbaden: Chmielorz, pp. 557- 583.

Bleses, Peter (2003b), 'Wenig Neues in der Familienpolitik', in Antonia Gohr and Martin Seeleib-Kaiser (eds.), pp. 189-209.

Bleses, Peter and Rose, Edgar (1998), *Deutungswandel der Sozialpolitik. Die Arbeitsmarkt- und Familienpolitik im parlamentarischen Diskurs*, Schriften des Zentrums für Sozialpolitik, Bd. 8, Frankfurt/M.: Campus.

Bleses, Peter and Seeleib-Kaiser, Martin (2004), *The Dual Transformation of the German Welfare State*, Basingstoke: Palgrave Macmillan.

Blumer, Herbert (1971), 'Social Problems as Collective Behavior', *Social Problems*, 18, pp. 298-306.

Blyth, Mark (2001), 'The Transformation of the Swedish Model. Economic Ideas, Distributional Conflict, and Institutional Change', *World Politics*, 54, pp. 1-26.

BMAS (1994), *Sozialbericht 1993*. Reihe: Bericht und Dokumentationen, Bonn: BMAS.

BMAS (2002), *Sozialbericht 2001*, Bonn: BMAS.

BMAS (2005), *Statistisches Taschenbuch 2005*. Arbeits- und Sozialstatistik, Berlin: BMAS.

BMFSFJ (1998), *Zehnter Kinder- und Jugendbericht*. Deutscher Bundestag, 13. Wahlperiode, BT-Drs. 13/11368.

BMFSFJ (2002), *Elfter Kinder- und Jugendbericht*. Deutscher Bundestag, 14. Wahlperiode, BT-Drs. 14/8181.

BMFSFJ (2004), *A bis Z zum Kindertagesbetreuungsausbaugesetz*, Berlin: BMFSFJ.

BMFSFJ (2006a), *Kindertagesbetreuung für Kinder unter drei Jahren. Bericht der Bundesregierung über den Stand des Ausbaus für ein bedarfsgerechtes Angebot für Kinder unter drei Jahren*, Berlin: BMFSFJ.

BMFSFJ (2006b), *Das Elterngeld von A -Z*, Berlin: BMFSFJ.

BMGS (2003a), *Statistisches Taschenbuch 2003. Arbeits- und Sozialstatistik*, Berlin: BMGS.

BMGS (2003b), *Geringfügige Beschäftigung und Beschäftigung in der Gleitzone*, Berlin: BMGS.

BMGS (2003c); Bericht der Kommission für Nachhaltigkeit in der Finanzierung der sozialen Sicherungssysteme, Berlin: BMGS.

BMWA (2003), *Wirschaftsbericht 2003: Brücken in den Arbeitsmarkt*, Bonn: BMWA.

Boix, Carles (1998), *Political Parties, Growth and Equality*, Cambridge: Cambridge University Press.

Bonoli, Giuliano (2002), 'The Politics of New Social Risk Coverage', paper prepared for the Annual Meeting of the American Political Science Association, Boston.

Bonoli, Giuliano (2004), 'Social Democratic party policies in Europe: towards a Third Way?' in Guilian Bonoli and Martin Powell (eds.), *Social Democratic Party Policies in Contemporary Europe*, London: Routledge, pp. 197-213.

Bonoli, Giuliano and Powell, Martin (eds.) (2004), *Social Democratic Party Policies in Contemporary Europe*, London: Routledge.

Bowles, Paul and Wagman, Barnet (1997), 'Globalization and the Welfare State: Four Hypotheses and some Empirical Evidence', *Eastern Economic Journal*, 23 (3), pp. 317-336.

Brady, David, Beckfield, Jason and Seeleib-Kaiser, Martin (2005), 'Economic globalization and the welfare state in affluent democracies, 1975-2001', *American Sociological Review*, 70 (6), pp. 921-948.

Braun, Dietmar (1989), *Grenzen politischer Regulierung. Der Weg in die Massenarbeitslosigkeit am Beispiel der Niederlande*, Wiesbaden: Deutscher Universitätsverlag.

Bruckmüller, Ernst (1995), 'Die ständische Tradition. ÖVP und Neokorporatismus', in Robert Kriechbaumer and Franz Schausberger (eds.), *Volkspartei- Anspruch und Realität: zur Geschichte der ÖVP seit 1945*, Wien: Böhlau, pp. 281-316.

Budge, Ian, Klingemann, Hans-Dieter, Volkens, Andrea; Bara, Judith and Tanenbaum, Eric (2001), *Mapping Policy Preferences. Estimates for Parties, Electors, and Governments 1945-1998*, Oxford: Oxford University Press.

Buhr, Petra (2003), 'Wege aus der Armut durch Wege in eine neue Armutspolitik?' in Antonia Gohr and Martin Seeleib-Kaiser (eds.), pp. 147-166.

Bundesarbeiterkammer (2005), 'Wirtschafts- und Sozialstatistisches Taschenbuch 2005', Wien, www.arbeiterkammer.at/taschenbuch/tbi2005/, 2005년 5월 6일 검색.

Bundespressedienst (ed.) (1987), 'Arbeitsübereinkommen zwischen der Sozialistischen Partei Österreichs und der Österreichischen Volkspartei über die Bildung einer gemeinsamen Bundesregierung für die Dauer der XVII. Gesetzgebungsperiode des Nationalrates', Wien.

Bundesregierung (2002), *Rentenversicherungsbericht 2002*, BT.-Drs. 15/110.

Busek, Erhard (1992), 'Die Österreichische Volkspartei', in Wolfgang Manti (ed.): Politik in Österreich. Die Zweite Republik: Bestand und Wandel, Wien: Bohlau, pp. 349-367.

Bussemaker, Jet (1997), 'Mogelijkheden en beperkingen van nationale verzorgingsstaaten: De herstructurering van de sociale zekerheid', in Will Hout and Monika Sie Dhian Ho (eds.), *Anpassing onder druk? Nederland en de gevolgen van de internationalisering*, Assen: Van Gorcum, pp. 100-115.

Butschek, Felix (2002), 'Die Geschichte eines Scheiterns: Budgetpolitik der Großen Koalition 1987 bis 2000', in Gunther Chaloupek, Alois Guger, Ewald Nowotny and Gerhard Schwödiauer (eds.), *Ökonomie in Theorie und Praxis*. Festschrift für Helmut Frisch, Berlin: Springer, pp. 47-64.

Butschek, Felix (2004), *Vom Staatsvertrag zur Europäischen Union. Österreichische Wirtschaftsgeschichte von 1955 bis zur Gegenwart*, Wien: Böhlau Verlag.

Cameron, David R. (1978), 'The Expansion of the Public Economy: A Comparative Analysis', *APSR*, 72, pp. 1243-1261.

Campbell, David J. F. (2002), 'Zur Demokratiequalität von politischem Wechsel, Wettbewerb und politischem System in Österreich', in David J. F. Campbell and Christian Schaller (eds.), *Demokratiequalität in Österreich. Zustand und Entwicklungsperspektiven*, Opladen: Leske & Budrich, pp. 19-46.

Castles, Francis G. (2001), 'Reflections on the Methodology of Comparative Type Construction: Three or Real Worlds?' *Acta Politica*, 36, pp. 140-154.

Castles, Francis G. and Mitchell, Deborah (1993), 'Worlds of Welfare and Families of Nations', in Francis G. Castles (ed.), Families of Nations. *Patterns of Public Policy in Western Democracies*, Aldershot: Ashgate, pp. 93-128.

Cerny, Josef (1997), 'Die Sozialpolitik der "Ära Kreisky" 1970-1983', in Werner Gatty, Gerhard Schmid, Maria Steiner and Doris Wiesinger (eds.), *Die Ära Kreisky. Österreich im Wandel 1970-1983*, Innsbruck: Studienverlag, pp. 107-115.

Cerny, Philip G. (2000), 'Restructuring the Political Arena: Globalization and the Paradoxes of the Competition State', in Randall D. Germain (ed.), *Globalization and its Critics. Perspectives from Political Economy*, Houndmills: Macmillan, pp. 117-138.

Clasen, Jochen (1994), *Paying the Jobless. A Comparison of Unemployment Benefit Policies in Great Britain and Germany*, Aldershot: Avebury.

Clasen, Jochen and Siegel, Nico (2007), *Exploring the Dynamics of Reform: The Dependent Variable Problem in Comparative Welfare State Analysis*, Cheltenham, UK and Northhamptom, MA, USA: Edward Elgar.

Clayton, Richard and Pontusson, Jonas (1998), 'Welfare-State Retrenchment Revisited:

Entitlement Cuts, Public Sector Restructuring, and Inegalitarian Trends in Advance Capitalist Societies', *World Politics*, 51 (1), pp. 67-98.

Clerkx, Lily E. and van Ijzendoorn, Marinus H. (1992), 'Child Care in a Dutch Context: On the History, Current Status, and Evaluation of Nonmaternal Child Care in the Netherlands', in Michael E. Lamb and Kathleen J. Sternberg (eds.), *Child Care in Context. Cross-Cultural Perspectives*, Hillsdale, N.J.: Lawrence Erlbaum Associates, pp. 55-79.

Cox, Robert Henry (1993), *The Development of the Dutch Welfare State. From Workers' Insurance to Universal Entitlement*, Pittsburgh: University of Pittsburgh Press.

Cox, Robert Henry (2001a), 'The Social Construction of an Imperative. Why Welfare Reform Happened in Denmark and the Netherlands but not in Germany', *World Politics*, 53 (3), pp. 463-498.

Cox, Robert Henry (2001b), 'Explaining the Paradox of the Polder Model: Warts and All', in Frank Hendriks and Theo A. J. Toonen (eds.), *Polder Politics. The Re-Invention of Consensus Democracy in the Netherlands*, Aldershot: Ashgate, pp. 241-254.

CPB (1997), *Macroeconomische verkenningen*, Den Haag: CPB.

Crouch, Colin (1993), *Industrial Relations and European State Traditions*, Oxford: Oxford University Press.

Crouch, Colin (1997), 'The Terms of the Neo-Liberal Consensus', in: *The Political Quarterly*, 68, pp. 352-360.

Cuperus, René(2001), 'Paars in internationaal perspectief. Over afnemende vrijheidsgraden van de politiek', in Frans Becker, Wim van Hennekeler, Monika Sie Dhian Ho and Bart Tromp (eds.), *Zeven jaar paars. Het tweeentwintigste jaarboek voor het democratisch socialisme*, Amsterdam: Uitgeverij De Arbeidspers Wiardi Beckmann Stichting, pp. 197-227.

Czada, Roland (1998), 'Vereinigungskrise und Standortdebatte: Der Beitrag der Wiedervereinigung zur Krise des westdeutschen Modells', *Leviathan*, 26 (1), pp. 24-59.

Daalder, Hans (1987), 'The Dutch party system: From Segmentation to Polarization-and Then?' in Hans Daalder (ed.), *Party Systems in Denmark, Austria, Switzerland, the Netherlands, and Belgium*, London: Frances Pinter, pp. 193-284.

De Bruyn-Hundt, Marga (1988): *Vrouwen op de arbeidsmarkt. De Nederlandse situatie in de jaren tachtig en negentig*, Amsterdam: Het Spectrum.

De Kam, Flip (1993): 'Tax Policies in the 1980s and 1990s: the Case of the Netherlands', in Anthonie Knoester (ed.): *Taxation in the United States and Europe. Theory and Practice*, Houndmills: Macmillan Press, pp. 355-377.

De Vries, Johan H. (1977), *De Nederlandse economie tijdens de 20ste eeuw; een verkenning van het meest kenmerkende*, Bussum: Fibula van Dishoeck.

Delsen, Lei (2000), *Exit Poldermodel? Sociaal-economische ontwikkelingen in Nederland*, Assen: Van Gorcum.

Den Dulk, Laura, van Doorne-Huiskes, Anneke and Schippers, Joop (1999), *Work-*

Family Arrangements in Europe, Amsterdam: Thela Thesis.

Deutsche Bundesbank (2002), 'Öffentliche Finanzen', *Monatsbericht*, February: pp. 50-63.

Deutscher Städtetag (2001), 'Städte fordern strukturelle Veränderungen in der Arbeitsmarkt- und Sozialpolitik', Press Release, 28 August 2001, http://www.staedtetag.de.

Deutsches Jugendinstitut, Dortmunder Arbeitsstelle Kinder- und Jugendhilfestatistik (2005), *Kindertagesbetreuung im Spiegel der Statistik*. Online Publication BMFSFJ, http://www.bmfsfj.de/Publikationen/zahlenspiegel2005/vorwort.html.

Döhler, Marian and Manow, Philip (1997), *Strukturbildung von Politikfeldern*, Opladen: Leske & Budrich.

Dörfler, Sonja (2002), 'Familienpolitische Maßnahmen zum Leistungsausgleich für Kinderbetreuung- Ein Europavergleich', Working Paper 22-2002 des Österreichischen Instituts für Familienforschung, www.oif.ac.at/aktuell/wp_22_kinderbetreuung.pdf, 2004년 3월 5일 검색.

Dünn, Sylvia and Fasshauser, Stephan (2001), 'Die Rentenreform 2000/2001: Ein Rückblick', *Deutsche Rentenversicherung*, 56 (5), pp. 266-275.

Dutch Ministry of Finance (2005), *The Netherlands: Corporate Income Tax Reform 2007*, Den Haag.

Dyson, Kenneth (2003), 'The Europeanization of German Governance', in Stephen Padgett, William E. Paterson and Gordon Smith (eds.), *Developments in German Politics 3*, Basingstoke: Palgrave/Macmillan, pp. 161-183.

Edelman, Murray (1964), *The Symbolic Uses of Politics*, Urbana: University of Illinois Press.

Eder, Hans (1992), *Vom 'österreichischen Weg' zur 'Sanierungspartnerschaft'. Die SPÖ und die Wirtschaftspolitik der Bundesregierung in den Achtziger Jahren*, Salzburg: Diss.

EIRonline (2003), '*Collectively agreed childcare provision under pressure*', http://www.eurofound.europa.eu/eiro/2003/07 /feature/nl0307105 f.htm.

Engelkes, Yvette and Neubauer, Erika (1993), 'Niederlande', in Erika Neubauer, Christiane Dienel and Marlene Lohkamp-Himmighofen (eds.), *Zwlf Wege der Familienpolitik in der Europäischen Gemeinschaft. Eigenstandige Systeme und vergleichbare Qualitäten?* Stuttgart: Verlag W. Kohlhammer, pp. 291-326.

Esping-Andersen, Gøsta (1985), *Politics against Markets*, Princeton: Princeton University Press.

Esping-Andersen, Gøsta (1990), *The Three Worlds of Welfare Capitalism*, Princeton: Princeton University Press.

Esping-Andersen, Gøsta (ed.) (1996), *Welfare States in Transition- National Adaptations in Global Economies*, London: Sage Publications.

Esping-Andersen, Gøsta (1999), *Social Foundations of Postindustrial Economies*, Oxford: Oxford University Press.

Esping-Andersen, Gøsta (2002a), 'Towards the Good Society, Once Again?' in Gøsta Esping-Andersen, Duncan Gallie, Anton Hemerijck and John Myles, *Why We*

Need a New Welfare State, Oxford: Oxford University Press, pp. 3-25.

Esping-Andersen, Gøsta (2002b), 'A Child-Centred Social Investment Strategy' in Gøsta Esping-Andersen, Duncan Gallie, Anton Hemerijck and John Myles, *Why We Need a New Welfare State*, Oxford: Oxford Uuniversity Press, pp. 25-67.

Estevez-Abe, Margarita; Iversen, Torben; Soskice, David (2001), 'Social Protection and the Formation of Skills: A Reinterpretation of the Welfare State', in Peter Hall and David Soskice (eds.), *Varieties of Capitalism*, Oxford: Oxford University Press, pp. 145-183.

Ettmayer, Wendelin (1978), 'Die Grundsatzdiskussion in der österreichischen Volkspartei', *Österreichische Zeitschrift für Politikwissenschaft*, 7 (2), pp. 173-184.

Etzioni, Amitai (1993), *The Spirit of Community*, New York: Simon & Schuster.

Eurobarometer (2004), 'The Future of Pension Systems. Special Eurobarometer 161/ Wave', 65.1- European Opinion Research Group EEIG, http://ec.europa.eu/public_opinion/archives/ebs/ebs_161_pensions.pdf, 2005년 8월 16일 검색.

European Centre of Enterprises with Public Participation and of Enterprises of General Economic Interest (CEEP) (2000), 'Die Entwicklung der öffentlichen Unternehmen und der Unternehmen von allgemeinem wirtschaftlichem Interesse in Europa seit 1996. Ihr wirtschaftlicher Einfluss in der Europäischen Union', Statistische Jahrbücher des CEP, www.ceep.org/en/documents/ceep_statistics. htm, 2005년 7월 15일 검색.

Falkner, Gerda (1998), *EU Social Policy in the 1990s: Towards a Corporatist Policy Community*, London: Routledge.

Falkner, Gerda (2002), 'Austria's Welfare State: Withering Away in the Union', in Anton Pelinka and Günter Bischof (eds.), *Austria in the EU: A Five-Year Assessment*, New Brunswick: Transaction Publishers, 161-179.

Feigl-Heihs, Monika (2004), 'Why do Social Democratic parties change employment policy positions? A comparison of Austria, Germany and the United Kingdom', in Giuliano Bonoli and Martin Powell (eds.), *Social Democratic Party Policies in Contemporary Europe*, London: Routledge, pp. 161-179.

Ferrera, Maurizio and Gualmini, Elisabetta (2000), 'Reforms Guided by Consensus: The Welfare State in the Italian Transition', in Maurizio Ferrera and Martin Rhodes (eds.), *Recasting European Welfare States*, London: Frank Cass, pp. 187-208.

Ferrera, Maurizio, Hemerijck, Anton and Rhodes, Martin (2000), *The Future of Social Europe: Recasting Work and Welfare in the New Economy*, Oeiras: Celta.

Fink, Marcel (2000), 'Atypische Beschäftigung und deren politische Steuerung im international en Vergleich', *Österreichische Zeitschrift für Politikwissenschaft*, 29 (4), pp. 399-415.

Fischer, Christian (1997), *Glaubwürdigkeit in der Währungspolitik. Die Strategie der einseitig festen Wechselkursanbindung in Österreich, den Niederlanden und Belgien*, Marburg: Metropolis.

Fischer, Heinz (1997), 'Das Parlament', in Herbert Dachs, Peter Gerlich, Herbert Gottweis, Franz Horner, Helmut Kramer, Volkmar Lauber, Wolfgang C. Müller and Emmerich Tálos (eds.), *Handbuch des politischen Systems Österreichs. Die Zweite Republik*, 3. Erweiterte und völlig neu bearbeitete Aufl. Wien: Manz, pp. 99-121.

Fix, Birgit (2001), *Religion und Familienpolitik. Deutschland, Belgien, Österreich und die Niederlande im Vergleich*, Wiesbaden: Westdeutscher Verlag.

Fleckenstein, Timo (2007), *Institutions, Ideas and Learning in Welfare State Change: The Case of Labour Market Reforms in Germany*, DPhil., St. Antony's College, University of Oxford.

Flora, Peter (1986), 'Introduction', in Peter Flora (ed.), *Growth to limits: The Western European Welfare States since World War II*, Vol. 2. Berlin: Walter de Gruyter, pp. xi-xxxvi.

Flora, Peter and Heidenheimer, A. (1982), *The Development of Welfare States in Europe and North America*, New Brunswick: Transaction Books.

Frazer, Elizabeth (1999), *The Problems of Communitarian Politics: Unity and Conflict*, Oxford: Oxford University Press.

Frerich, Johannes and Frey, Martin (1996), *Handbuch der Geschichte der Sozialpolitik in Deutschland- Band 3: Sozialpolitik in der Bundesrepublik Deutschland bis zur Herstellung der Deutschen Einheit*, 2nd edition, München: Oldenbourg Verlag.

Frowen, Stephen F. and Pringle, Robert (eds.) (1998), *Inside the Bundesbank*, Basingstoke: Macmillan.

Fuchs, Dieter and Roller, Edeltraud (2002), 'Demokratie und Sozialstaat', Statistisches Bundesamt (ed.), *Datenreport 2002 -Zahlen und Fakten über die Bundesrepublik Deutschland*, Bonn: Bundeszentrale für politische Bildung, pp. 607-615.

Ganglbauer, Stephan (1995), *Wahl-Gewinne, Profil-Verluste. Integrations- und Mobilisierungsfähigkeit der SPÖ in der 2. Republik*, Wien: Edition Praesens.

Garrett, Geoffrey (1998), *Partisan Politics in the Global Economy*, Cambridge: Cambridge University Press.

Gatter, Jutta and Hartmann, Brigitte (1995), 'Betriebliche Verrentungspraktiken zwischen arbeitsmarkt- und rentenpolitischen Interessen', *Mitteilungen aus Arbeitsmarkt- und Berufsforschung*, pp. 412-424.

Gehler, Michael and Kaiser, Wolfram (eds.) (2004), *Christian Democracy in Europe since 1945*, Vol. 2, London: Routledge.

Gerhards, Jürgen (1995), 'Kultursoziologie und die Theorie rationalen Handelns: Die rationale Verwendung von politischen Deutungsmustern', *Journal für Sozialforschung*, 35, pp. 219-234.

Gerlach, Irene (2000), 'Politikgestaltung durch das Bundesverfassungsgericht am Beispiel der Familienpolitik', *Aus Politik und Zeitgeschichte*, B 3-4, pp. 21-31.

Gerlich, Peter (1983), 'Österreichs Parteien: Rahmenbedingungen und Fragestellungen', in Peter Gerlich and Wolfgang C. Müller (eds), *Zwischen Koalition und Konkurrenz. Österreichs Parteien seit 1945*, Wien: Braumüller, pp. 3-14.

Gerlich, Peter (1985), 'Sozialpartnerschaft und Regierungssystem', in Peter Gerlich, Edgar Grande and Wolfgang C. Müller (eds.), *Sozialpartnerschaft in der Krise*.

Leistungen und Grenzen des Neokorporatismus in Österreich, Wien: Böhlau, pp. 109-133.

Gerlich, Peter (1987), 'Consociationalism to Competition. The Austrian Party System since 1945', in Hans Daalder (ed.), *Party Systems in Denmark, Austria, Switzerland, the Netherlands, and Belgium*, London: Frances Pinter, pp. 61-106.

Giese, Dieter (1986), '25 Jahre Bundessozialhilfegesetz. Entstehung- ZieleEntwicklung', *Zeitschrift für Sozialhilfe und Sozialgesetzbuch 25* (1986), part I, pp. 249-258; part II, pp. 305-314; part III, pp. 374-382.

Giddens, Anthony (1994), *Beyond Left and Right*, Cambridge: Polity Press.

Giddens, Anthony (1998), *The Third Way: The Renewal of Social Democracy*, Cambridge: Polity Press.

Gilbert, Neil (2002), *Transformation of the Welfare State: The Silent Surrender of Public Responsibility*, Oxford: Oxford University Press.

Gisser, Richard, Holzer, Werner, Münz, Rainer and Nebenführ, Eva (1995), *Familie und Familienpolitik in Österreich. Wissen, Einstellungen, offene Wünsche, internationaler Vergleich*, Wien: Institut für Demographie.

Gohr, Antonia and Seeleib-Kaiser, Martin (eds) (2003), *Sozial- und Wirtschaftspolitik unter Rot-Grün*, Wiesbaden: Westdeutscher Verlag.

Goodin, Robert E., Headey, Bruce, Muffels, Ruud, and Dirven, Henk-Jan (1999), *The Real Worlds of Welfare Capitalism*, Cambridge: Cambridge University Press.

Goldstein, Judith and Keohane, Robert O. (1993), 'Ideas and Foreign Policy: An Analytical Framework', in Judith Goldstein and Robert O. Keohane (eds.), *Ideas and Foreign Policy: Beliefs, Institutions, and Political Change*, Ithaca/London: Cornell University Press.

Götting, Ulrike (1992), 'Die Politik der Kindererziehungszeiten- Eine Fallstudie', *ZeS-Arbeitspapier Nr.2/92*, Bremen: Zentrum für Sozialpolitik der Universität Bremen.

Gottweis, Herbert (1983), 'Zur Entwicklung der ÖVP: Zwischen Interessenpolitik und Massenintegration', in Peter Gerlich and Wolfgang C. Müller (eds.), *Zwischen Koalition und Konkurrenz. Österreichs Parteien seit 1945*, Wien: Wilhelm Braumüller Universitäts- und Verlagsbuchhandlung, pp. 53-68.

Götz, Marion (1995), 'Änderungen im Arbeitsförderungsgesetz', *Nachrichtendienst des Deutschen Vereins für öffentliche und private Fürsorge*, 75 (1), pp. 11-14.

Grattan, Sarah (2000), 'Women, work, and family: Ireland and the Netherlands', in Astrid Pfenning and Thomas Bahle (eds.), *Families and Family Policies in Europe. Comparative Perspective*, Frankfurt/M.: Peter Lang, pp. 181-199.

Green-Pedersen, Christoffer (2001), 'The Puzzle of Dutch Welfare-State Retrenchment: The Importance of Dutch Politics', *West European Politics*, 24 (3), pp. 135-150.

Green-Pedersen, Christoffer (2002), *The Politics of Justification. Party Competition and Welfare-State. Retrenchment in Denmark and the Netherlands from 1982 to 1998*, Amsterdam: Amsterdam University Press.

Green-Pedersen, Christoffer and van Kersbergen, Kees (2002), 'The Politics of the Third Way: The Transformation of Social Democracy in Denmark and the

Netherlands', *Party Politics*, 8 (5), pp. 507-524.

Green-Pedersen, Christoffer, van Kersbergen, Kees and Hemerijck, Anton (2001), 'Neo-Liberalism, the Third Way or what? European Social Policy and the Welfare State at the Beginning of the New Millenium', *Journal of European Public Policy*, 8 (2), pp. 307-325.

Grosser, Dieter (1998), *Das Wagnis der Währungs-, Wirtschafts- und Sozialunion. Politische Zwänge im Konflikt mit ökonomischen Regeln*, Stuttgart: DVA.

Guger, Alois (1998), 'Economic Policy and Social Democracy: The Austrian Experience', *Oxford Review of Economic Policy*, 14 (1), pp. 40-58.

Guger, Alois (2001), 'The Austrian Experience', in Andrew Glyn (ed.), *Social Democracy in Neoliberal Times: The Left and Economic Policy since 1980*, Oxford: Oxford University Press, pp. 53-79.

Hackenberg, Helga (2001), *Niederländische Sozialhilfe- und Arbeitsmarktpolitik. Mythos - Modell - Mimesis*, Wiesbaden: Deutscher Universitätsverlag.

Hacking, Ian (1999), *The Social Construction of What?* Cambridge: Harvard University Press.

Hall, Peter A. and Soskice, David (2001), 'An Introduction to Varieties of Capitalism', in Peter A. Hall and David Soskice (eds.), *Varieties of Capitalism: The Institutional Foundations of Comparative Advantage*, Oxford: Oxford University Press, pp. 1-68.

Hammer, Elisabeth and Österle, August (2001), 'Neoliberale Gouvernementalität im österreichischen Wohlfahrtsstaat. Von der Reform der Pflegevorsorge 1993 zum Kinderbetreuungsgeld 2002', *Kurswechsel*, 16 (4), pp. 60-69.

Hanley, David (2003), 'Die Zukunft der europäischen Christdemokratie', in Michael Minkenberg and Ulrich Willems (eds.), *Politik und Religion*. PVS-Sonderheft 33/2002. Wiesbaden: Westdeutscher Verlag, pp. 231-255.

Hartwich, Hans-Hermann (1998), *Die Europäisierung des deutschen Wirtschaftssystems. Fundamente, Realitäten, Perspektiven*, Opladen: Leske & Budrich.

Hartz Kommission (2002) [Kommission Moderne Dienstleistungen am Arbeitsmarkt] Bericht der Kommission zum Abbau der Arbeitslosigkeit und zur Umstrukturierung der Bundesanstalt für Arbeit, Berlin.

Hay, Colin and Marsh, David (2000), 'Introduction: Demystifying Globalization', in Colin Hay and David Marsh (eds.), *Demystifying Globalization*, Houndmills: Macmillan Press.

Heinelt, Huber and Weck, Michael (1998), *Arbeitsmarktpolitik- Vom Vereinigungskonsens zur Standortdebatte*, Opladen: Leske & Budrich.

Heinisch, Reinhard (2003), 'Success in Opposition- Failure in Government: Explaining the Performance of Right-Wing Populist Parties in Public Office', *West European Politics*, 26 (3), pp. 91-130.

Hemerijck, Anton C. (1995), 'Corporatist Immobility in the Netherlands', in Colin Crouch and Franz Traxler (eds.), *Organized Industrial Relations in Europe. What Future?* Aldershot: Avebury, pp. 183-226.

Hemerijck, Anton C. and Kloostermann, Robert C. (1995), 'Der postindustrielle Umbau des korporatistischen Sozialstaats in den Niederlanden', *Jahrbuch Arbeit und Technik*, Bonn: Verlag neue Gesellschaft, pp. 287-296.

Hemerijck, Anton, Unger, Brigitte and Visser, Jelle (2000), 'How Small Countries Negotiate Change. Twenty-Five Years of Policy Adjustment in Austria, the Netherlands, and Belgium', in Fritz W. Scharpf and Vivien A. Schmidt (eds.), *Welfare and Work in the Open Economy*, Volume II. Diverse Responses to Common Challenges, Oxford: Oxford University Press, pp. 175-263.

Hemerijck, Anton C. and Visser, Jelle (1999), 'The Dutch Model: An Obvious Candidate for the "Third Way"?' *Archives européennes de sociologie*, 40 (1), pp. 103-121.

Hendriks, Frank (2001), 'Polder Politics in the Netherlands: The Vicious State Revisited', in Frank Hendriks and Theo A. J. Toonen (eds.), *Polder Politics. The Re-Invention of Consensus Democracy in the Netherlands*, Aldershot: Ashgate, pp. 21-40.

Hennis, Wilhelm (1998), *Auf dem Weg in den Parteienstaat*, Stuttgart: Reclam.

Hering, Martin (2002), 'The Politics of Privatizing Public Pensions: Lessons from a Frozen Welfare State', paper presented at the Annual Meeting of the American Political Science Association, Boston.

Hibbs, Douglas (1977), 'Political Parties and Macroeconomic Policy', *APSR*, 71, pp. 1467-1487.

Hilgartner, Stephen and Bosk, Charles L. (1988), 'The Rise and Fall of Social Problems: A Public Arenas Model', *American Journal of Sociology*, 94, pp. 53-78.

Hillebrand, Ron and Irwin, Galen A. (1999), 'Changing Strategies: The Dilemma of the Dutch Labour Party', in Wolfgang C. Müller and Kaare Strom (eds.), *Policy, Office or Votes?* Cambridge: Cambridge University Press, pp. 112-140.

Hinrichs, Jutta (2002a), *Die Verschuldung des Bundes 1962-2001*, Arbeitspapier Nr. 77 der Konrad-Adenauer-Stiftung, Sankt Augustin.

Hinrichs, Jutta (2002b), *Deutschlands wirtschaftliche Entwicklung im EUVergleich 1962-2001*, Arbeitspapier Nr. 78 der Konrad-Adenauer-Stiftung, Sankt Augustin.

Hinrichs, Karl (1993), *Public Pensions and Demographic Change: Generational Equity in the United States and Germany*, ZeS-Arbeitspapier Nr. 16, Bremen: Zentrum für Sozialpolitik der Universität Bremen.

Hinrichs, Karl (1998), *Reforming the Public Pension Scheme in Germany: The End of the Traditional Consensus?*, ZeS-Arbeitspapier Nr. 11, Bremen: Zentrum für Sozialpolitik der Universität Bremen.

Hinrichs, Karl (2001), 'Auf dem Weg zur Alterssicherungspolitik-Reformperspektiven in der gesetzlichen Rentenversicherung', in Stephan Leibfried and Uwe Wagschal (eds.), *Der deutsche Sozialstaat: Blianzen, Reformen, Perspektiven*, Frankfurt a.M.: Campus, pp. 276-305.

Hockerts, Hans Günter (1980), *Sozialpolitische Entscheidungen im Nachkriegsdeutschland Alliierte und deutsche Sozialversicherungspolitik 1945 bis 1957*, Stuttgart: Klett.

Hockerts, Hans Günter (ed.) (1998), *Drei Wege deutscher Sozialstaatlichkeit. NS-Diktatur,*

Bundesrepublik und DDR im Vergleich, München: Oldenbourg.

Hofmeister, Herbert (1981), 'Landesbericht Österreich', in Peter A. Köhler and Hans F. Zacher (eds.), *Ein Jahrhundert Sozialversicherung in der Bundesrepublik Deutschland, Frankreich, Großbritannien, Österreich und der Schweiz*, Berlin: Duncker & Humblot, pp. 445-730.

Homeyer, Immo von (1998), 'Die Ära Kohl im Spiegel der Statistik', in Göttrik Wewer (ed.), *Bilanz der Ära Kohl*, Opladen: Leske und Budrich, pp. 323-355.

Horner, Franz (1997), 'Programme- Ideologien: Dissens oder Konsens', in Herbert Dachs, Peter Gerlich, Herbert Gottweis, Franz Horner, Helmut Kramer, Volkmar Lauber, Wolfgang C. Müller and Emmerich Tálos (eds.), *Handbuch des politischen Systems Österreichs. Die Zweite Republik*, 3. Erweiterte und völlig neu bearbeitete Aufl., Wien: Manz, pp. 235-247.

Huber, Evelyne and Stephens, John D. (2001), *Development and Crisis of the Welfare State. Parties and Policies in Global Markets*, Chicago: Chicago University Press.

Huber, Evelyne, Ragin, Charles, Stephens, John D., Brady, David and Beckfield, Jason (2004), *Comparative Welfare States Data Set*, Northwestern University, University of North Carolina, Duke University and Indiana University.

Hübner, Kurt (2004), 'Policy Failure: The Economic Record of the Red-Green Coalition in Germany', in W. Reutter (ed.), *Germany on the Road to 'Normalcy': Policies and Politics of the Red-Green Federal Government (1998-2002)*, New York: Palgrave, pp. 107-122.

IFES (Institut für empirische Sozialforschung) (2003), Einstellung zum Sozialstaat. Hauptergebnisse der Studie, http://www.ifes.at/upload/1065184605_web.pdf, 2005년 8월 16일 검색.

Immergut, Ellen M. (1992), *Health Politics: Interests and Institutions in Western Europe*, Cambridge: Cambridge University Press.

International Monetary Fund (IMF) (1997), *International Financial Statistics. Yearbook 1997*, Washington, D.C.: IMF.

International Monetary Fund (IMF) (2004), *International Financial Statistics. Yearbook 2004*, Washington, D.C.: IMF.

Ismayr, Wolfgang (1992), *Der deutsche Bundestag. Funktionen, Willensbildung, Reformansätze*, Opladen: Leske & Budrich.

Jesse, Eckhard (1992), 'Parteien in Deutschland- Ein Abriß der historischen Entwicklung', in Alf Mintzel and Heinrich Oberreuter (eds.), *Parteien in der Bundesrepublik Deutschland*, Opladen: Leske & Budrich, pp. 41-88.

Jessop, Bob (2002), 'Liberalism, Neoliberalism, and Urban Governance: A State Theoretical Perspective', in N. Brenne and N. Theodore (eds.), *Spaces of Neoliberalism*. Malden, MA: Blackwell, pp. 105-125.

Jochem, Sven (1999), *Sozialpolitik in der Ära Kohl: Die Politik des Sozialversicherungsstaates*, ZeS-Arbeitspapier 12, Bremen: Zentrum für Sozialpolitik der Universität Bremen.

Jones, Erik (1998), 'The Netherlands: Top of the Class', in Erik Jones, Jeffy Frieden and

Francisco Torres (eds.), *Joining Europe's Monetary Club. The Challenges for Smaller Member States*, Houndmills: Macmillan, pp. 149-170.

Kadan, Albert and Pelinka, Anton (1979), *Die Grundsatzprogramme der österreichischen Parteien. Dokumente und Analyse*. St. Pölten: Niederösterreichisches Pressehaus.

Kalyvas, Stathis N. (1996), *The Rise of Christian Democracy in Europe*, Ithaca: Cornell University Press.

Katzenstein, Peter J. (1984), *Corporatism and Change. Austria, Switzerland, and the Politics of Industry*, Ithaca: Cornell University Press.

Katzenstein, Peter J. (1985), *Small States in World Markets. Industrial Policy in Europe*, Ithaca: Cornell University Press.

Katzenstein, Peter (1987), *Policy and Politics in West Germany. The Growth of a Semisovereign State*, Philadelphia: Temple University Press.

Kaufmann, Franz-Xaver (1997), *Herausforderungen des Sozialstaats*, Frankfurt/M.: Suhrkamp.

Keman, Hans (1996), 'The Low Countries. Confrontation and Coalition in Segmented Societes', in Josep M. Colomer (ed.), *Political Institutions in Europe*, London: Routledge, pp. 211-253.

King, Desmond (1999), *In The Name of Liberalism. Illiberal Social Policy in the United States and Britain*, Oxford: Oxford University Press.

Kingdon, John W. (1995), *Agendas, Alternatives, and Public Policies*, 2nd edition, New York: Harper Collins.

Kirchheimer, Otto (1965), 'Der Wandel des westeuropäischen Parteiensystems', *Politische Vierteljahresschrift*, 6, pp. 20-41.

Kirchner, Emil J. (ed.) (1988), *Liberal Parties in Western Europe*, Cambridge: Cambridge University Press.

Kitschelt, Herbert (1994), *The Transformation of European Social Democracy*, Cambridge: Cambridge University Press.

Kitschelt, Herbert (2001), 'Partisan Competition and Welfare State Retrenchment: When Do Politicians Choose Unpopular Policies?' in Paul Pierson (ed.), *The New Politics of the Welfare State*, Oxford: Oxford University Press, pp. 265-305.

Kittel, Bernhard and Obinger, Herbert (2003), 'Political Parties, Institutions, and the Dynamics of Social Expenditure in Times of Austerity', *Journal of European Public Policy* 10 (1), pp. 20-45.

Kittel, Bernhard and Tálos, Emmerich (1999), 'Interessenvermittlung und politischer Entscheidungsprozess: Sozialpartnerschaft in den 1990er Jahren', in Ferdinand Karlhofer and Emmerich Tálos (eds), *Zukunft der Sozialpartnerschaft. Vernäderungsdynamik und Reformbedarf*, Wien: SignumVerlag, pp. 95-136.

Klamer, Arjo (1990), *Verzuilde Dromen. 40 jaar SER*, Amsterdam: Uitgeverij Balans.

Kleinfeld, Ralf(l990), *Mesokorporatismus in den Niederlanden*, Frankfurt a.M.: Peter Lang.

Kleinfeld, Ralf(l998), 'Was können die Deutschen vom niederländischen Poldermodell lernen?', in Peter Scherrer, Rolf Simons and Klaus Westermann (eds.), *Von den*

Nachbarn lernen. Wirtschafls- und Beschäftigungspolitik in Europa, Marburg: Schüren, pp. 121-145.

Kleinfeld, Ralf (2000), 'Das niederlandische Modell- Grundzüge und Perspektiven einer Modernisierung des Sozialstaats', in *Enquete-Kommission 'Zukunft der Erwerbsarbeit' des Landtages NRW: Strategien zur Belebung des Arbeitsmarktes*, Düsseldorf, pp. 213-375.

Kleinfeld, Ralf(2001), 'Verbände, Konkordanzdemokratie und Versäulung', in Werner Reutter and Peter Rüttgers (eds.), *Verbände und Verbandssysteme in Europa*, Opladen: Leske & Budrich, pp. 287-312.

Klingemann, Hans-Dieter, Hofferbert, Richard I. and Budge, Ian (1994), *Parties, Policies, and Democracy*, Boulder: Westview Press.

Knijn, Trudie (2004), 'Mutterschaft oder Erwerbstätigkeit als Basis für soziale Staatsbürgerschaft: Zur Re-Kommodifizierung von alleinerziehenden Münttern in den Niederlanden', in Sigrid Leitner, Ilona Ostner and Margit Schratzenstaller (eds.), *Wohlfahrtsstaat und Geschlechterverhältnisse im Umbruch. Was kommt nach dem Ernährermodell?* Wiesbaden: VS Verlag, pp. 331-355.

Knoester, A. (1989), *Economische politiek in Nederland*, Leiden, Antwerpen: Stenfert B.V.

Kohl, Jürgen (2001), 'Die deutsche Rentenreform im europäischen Kontext', *Zeitschrift für Sozialreform*, 47, pp. 619-643.

Kohl, Jürgen (2002), 'Einstellungen der Bürger zur sozialen Sicherung, insbesondere zur Alterssicherung', *Deutsche Rentenversicherung*, 9-10, pp. 477-493.

Kolbe, Wiebke (2002), *Elternschaft im Wohlfahrtsstaat. Schweden und die Bundesrepublik im Vergleich 1945-2000*, Frankfurt a.M.: Campus.

Konecny, Albrecht K. (ed.) (1993), *Modelle für die Zukunft. Die österreichische Sozialdemokratie und ihre Programme*, Wien: Löcker Verlag.

Konrad, Michaela and Rauch, Thomas (1993), 'Der öffentliche Sektor', in Ewald Nowotny and Helene Schuberth (eds.), *Österreichs Wirtschaft im Wandel. Entwicklungstendenzen 1970-2010*. Wien: Service-Fachverlag, pp. 141-161.

Koole, Ruud (1995), *Politieke partijen in Nederland*, Utrecht: Het Spectrum.

Koole, Ruud and Daalder, Hans (2002), 'The Consociational Democracy Model and the Netherlands: Ambivalent Allies? *Acta Politica*, 37 (1/2), pp. 23-43.

Korpi, Walter and Palme, Joakim (2003), 'New Politics and Class Politics in the Context of Austerity and Globalization: Welfare State Regress in 18 Countries, 1975-1995', *American Political Science Review*, 97 (3), pp. 425-446.

Kötter, Ute (1998), 'Soziale Sicherheit in den Niederlanden. Ein Kaleidoskop öffentlicher und privater Sicherungsformen', *Soziale Sicherheit*, 10, pp. 339-348.

Kremers, Jeroen J. M. (2002), 'Pension Reform. Issues in the Netherlands', in M. Feldstein and H. Siebert (eds.), *Social Security Pension Reform in Europe*, Chicago: University of Chicago Press, pp. 291-316.

Kresbach, Andreas (1999), 'Steuerliche Berücksichtigung der familiären Unterhaltsleistungen', in Bundesministerium für Umwelt, Jugend und Familie (ed.), *Zur Situation von Familie und Familienpolitik in Österreich. 4.*

Österreichischer Familienbericht: Familie -Zwischen Anspruch und Alltag. Wien, pp. 450-460.

Kriechbaumer, Robert (1990), 'Parteiprogramme im Widerstreit der Interessen. Die Programmdiskussion und die Programme von ÖVP und SPÖ1945-1986'. in Andreas Khol, Günther Ofner and Alfred Stirnemann (eds.), *Österreichisches Jahrbuch für Politik,* Sonderband 3, Wien: Verlag für Geschichte und Politik.

Kriechbaumer, Robert (1995), 'Programme und Programmdiskussionen' in Robert Kriechbaumer and Franz Schausberger (eds.), *Volkspartei- Anspruch und Realität: zur Geschichte der ÖVP seit 1945.* Wien: Böhlau, pp. 103-136.

Kroeger, Pieter Gerrit and Starm, Jaap (1998), *De rogge staat er dun bij. Macht en verval van het CDA 1974-1998,* Amsterdam: Uitgeverij Balans.

Kropp, Sabine (2003), '"Deparlamentarisierung" als Regierungsstil?', in Antonia Gohr and Seeleib-Kaiser (eds.), pp. 329-344.

Kselman, Thomas and Buttigieg, Joseph A. (eds.) (2003), *European Christian Democracy-Historical Legacies and Comparative Perspectives,* Notre Dame: University of Notre Dame Press.

Kurzer, Paulette (1993), *Business and Banking: Political Change and Economic Integration in Western Europe,* Ithaca: Cornell University Press.

Lampert, Heinz (1989), '20 Jahre Arbeitsförderungsgesetz', *Mitteilung für Arbeitsmarkt- und Berufsforschung,* 2, pp. 173-186.

Lamping, Wolfram and Rüb, Friedbert W. (2001), 'From the Conservative Welfare State to "Something Uncertain Else": The New German Pension Politics', Centre for Social and Public Policy, Discussion Paper No. 12, Hannover: Universität Hannover.

Lamping, Wolfram and Vergunst, Noel P. (2000), *Corporatism, Veto Points, and Welfare State Reform in Germany and the Netherlands. Institutions, Interests and Policies,* paper for presentation at the IPSA World Congress in Quebec, 1-5 August 2000.

Lantzsch, Jana (2003), 'Die Abkehr vom politischen Ziel Vollbeschäftigung', *Zeitschrift für Soziologie,* 32, pp. 226-236.

Lappenküper, Ulrich (2004), 'Between Concentration Movement and People's Party: The Christian Democratic Union in Germany', in Michael Gehler and Wolfram Kaiser (eds.), *Christian Democracy in Europe since 1945,* Vol. 2. London: Routledge, pp. 25-37. ·

Lash, Scott and Urry, John (1987), *The End of Organized Capitalism,* Cambridge: Polity Press.

Lauber, Volkmar (1992), 'Changing Priorities in Austrian Economic Policy', in Kurt Richard Luther and Wolfgang C. Müller (eds.), *Politics in Austria. Still a Case of Consociationalism?* London: Routledge, pp. 147-172.

Lauber, Volkmar (1996), 'Economic Policy', in Volkmar Lauber (ed.), *Contemporary Austrian Politics,* Boulder: Westview Press, pp. 125-150.

Lauber, Volkmar (1997), 'Wirtschafts- und Finanzpolitik', in Herbert Dachs, Peter Gerlich, Herbert Gottweis, Franz Horner, Helmut Kramer, Volkmar Lauber,

Wolfgang C. Müller and Emmerich Tálos (eds.), *Handbuch des politischen Systems Österreichs. Die Zweite Republik*, 3. Erweiterte und völlig neu bearbeitete Aufl. Wien: Manz, pp. 545-556.

Levitas, Ruth (1998), *The Inclusive Society? Social Exclusion and New Labour*, Houndmills: Macmillan Press.

Lehmbruch, Gerhard (1967), *Proporzdemokratie. Politisches System und politische Kultur in der Schweiz und in Österreich*. Tübingen: J.C.B. Mohr.

Lehmbruch, Gerhard (1979), 'Consociational Democracy, Class Conflict and the New Corporatism', in Phillippe C. Schmitter and Gerhard Lehmbruch (eds.), *Trends Towards Corporatist Intermediation*, Beverly Hills: Sage, pp. 53-62.

Leibfried, Stephan and Pierson, Paul (eds.) (1995), *European Social Policy: Between Fragmentation and Integration*, Washington, D.C.: Brookings.

Leibfried, Stephan and Pierson, Paul (2000), 'Social Policy: Left to Courts and Markets?' in Helen Wallace and William Wallace (eds.), *Policy-Making in the European Union*, Oxford: Oxford University Press, 4th edition, pp. 267-292.

Leijnse, Frans (1994), 'De CDA-isering van de PvdA. Een kritiek op het regeerakkoord', *Socialisme en Democratie*, 10, pp. 442-454.

Lepszy, Norbert (2003), 'Das politische System der Niederlande', in Wolfgang Ismayr (ed.), *Die politischen Systeme Westeuropas*, Opladen: Leske & Budrich, pp. 349-387.

Lepszy, Norbert and Koecke, Christian (2000), 'Der niederländische Christlich-Demokratische Appell (CDA)', in Hans-Joachim Veen (ed.), *Christlich-demokratische und konservative Parteien in Westeuropa*, Paderborn: Ferdinand Schöningh, pp. 119-259.

Leser, Norbert (2002), *Spezialdemokratie Österreich. Analysen und Perspektiven*. Wien: Almathea.

Levy, Jonah D. (1999), 'Vice into Virtue? Progressive Politics and Welfare Reform in Continental Europe', *Politics and Society*, 27, (2), pp. 239-273.

Lewis, Jane (1992), 'Gender and the Development of Welfare Regimes', *Journal of European Social Policy*, 2 (3), pp. 159-173.

Lewis, Jane and Ostner, Ilona (1994), *Gender and the Evolution of European Social Policies*, ZeS-Arbeitspapier Nr. 4/94, Bremen: Zentrum für Sozialpolitik der Universität Bremen.

Lewis, Jane and Surender, Rebecca (eds.) (2004), *Welfare State Change. Towards a Third Way?* Oxford: Oxford University Press.

Lhotta, Roland (2003), 'Das Bundesverfassungsgericht und die "Generationengerechtigkeit"', in Antonia Gohr and Martin Seeleib-Kaiser (eds.), pp. 307-327.

Liebhart, Karin; Petö, Andrea; Schiffbänker, Annemarie; Stoilova, Rumiana (2003), 'Familienpolitische Maßnahmen in Österreich, Bulgarien und Ungarn', *Österreichische Zeitschrift für Politikwissenschaft*, 32 (4), pp. 417-427.

Lijphart, Arend (1968), *The Politics of Accomodation: Pluralism and Democracy in the*

Netherlands, Berkeley: University of California Press.

Lijphart, Arend (1977), *Democracy in Plural Societies*, New Haven: Yale University Press.

Lucardie, Paul (1993), 'De ideologie van het CDA: een conservatief democratisch appèl?' in Kees van Kersbergen et al. (eds.), *Geloven in macht. De christendemocratie in Nederland*, Den Haag: Het Spinhuis, pp. 39-58.

Luther, Kurt Richard (1992), 'Consociationalism, Parties and the Party System', *West European Politics*, 15 (4), pp. 45-98.

Luther, Kurt Richard (1997), 'Die Freiheitlichen (F)', in Herbert Dachs, Peter Gerlich, Herbert Gottweis, Franz Horner, Helmut Kramer, Volkmar Lauber, Wolfgang. C. Müller and Emmerich Tálos (eds.), *Handbuch des politischen Systems Österreichs. Die Zweite Republik, 3.* Erweiterte und völlig neu bearbeitete Aufl. Wien: Manz, pp. 286-303.

Luther, Kurt Richard (2005), *Die Freiheitliche Partei Österreichs (FPÖ) und das Bündnis Zukunft Österreichs (BZÖ)*, Keele European Parties Research Unit (KEPRU) Working Paper 22, http://www.keele.ac.uk/depts/spire/Working_ Papers/ KEPRU/Luther%20KEPRU%20WP%2022%20FINAL.pdf, 2005년 9월 11일 검색.

Maes, Ivo and Verdun, Amy (2005), 'Small States and the Creation of EMU: Belgium and the Netherlands, Pace-setters and Gate-keepers', *JCMS*, 43 (2), pp. 327-348.

Mair, Peter (1994), 'The Correlates of Consensus Democracy and the Puzzle of Dutch Politics', *West European Politics*, 17 (4), pp. 97-123.

Mairhuber, Ingrid (1999), 'Geschlechterpolitik im Sozialstaat Österreich seit Anfang der 80er Jahre', *Österreichische Zeitschrift für Politikwissenschaft*, 28 (1), pp. 35-47.

Majone, Giandomenico (1989), *Evidence, Argument, and Persuasion in the Policy Process*, New Haven: Yale University Press.

Mannheim, Karl (1964), *Wissenssoziologie*. Auswahl aus dem Werk, eingeleitet und herausgegeben von Kurt H. Wolff Berlin, Neuwied: Luchterhand.

Markovits, Andrew S. (1982), *The Political Economy of West Germany-Modell Deutschland*, New York: Praeger.

Marschallek, Christian (2004), 'Die "schlichte Notwendigkeit" private Altersvorsorge. Zur Wissenssoziologie der deutschen Rentenpolitik', *Zeitschrift Österreich Soziologie*, 33, pp. 285-302.

Marshall, T. H. (1963), *Sociology at the Crossroads and Other Essays*, London: Heinemann.

Marterbauer, Markus (1998), 'Post-Keynesian Economic Policy in Austria and Sweden. The Employment Record in a Changing International Environment', WIFO Working Papers, No. 107.

Mayring, Philipp (2000), 'Qualitative Inhaltsanalyse', *Forum Qualitative Sozialforschung*, 1 (2), www.qualitative-research.net/fgs-texte/2-00/2-00mayring -d.pdf, 2005년 6월 10일 검색.

Merkel, Wolfgang (2001), 'The Third Ways of Social Democracy', René Cuperus, Karl Duffek and Johannes Kandel (eds.), *Multiple Third Ways. European Social*

Democracy facing the Twin Revolution of Globalisation and the Knowledge Society. Amsterdam, Berlin and Vienna: Wiardi Beckman Stichting, FriedrichEbert Stiftung, Renner Institut, pp. 27-62.

Mesch, Michael (1991), *Wirtschaftspolitik und Sozialpartnerschaft in den Niederlanden 1976-1991*, Wien: Wirtschaftswissenschaftliche Abteilung der Kammer für Arbeiter und Angestellte für Wien.

Meth-Cohn, Delia and Müller, Wolfgang C. (1994), 'Looking Reality in the Eye: The Politics of Privatization in Austria', in Vincent Wright (ed.), *Privatization in Western Europe. Pressures, Problems and Paradoxes*, London: Pinter, pp. 160-179.

Meyer, Thomas (1999), 'The Third Way of the Crossroads', *Internationale Politik und Gesellschaft*, 3, pp. 294-304.

Meyer, Traute (1998), 'Retrenchment, Reproduction, Modernisation: Pension Politics and the Decline of the German Breadwinner Model', *Journal of European Social Policy*, 8 (3), pp. 195-211.

Michels, A. (1993), *Nederlandse Politieke Partijen en hun kiezers (1970-1989)*, Enschede: Universiteit Twente.

Mintzel, Alf and Oberreuter, Heinrich (eds.) (1992), *Parteien in der Bundesrepublik Deutschland*, Opladen: Leske & Budrich.

Misner, Paul (2003), 'Christian Democratic Social Policy: Precedents for Third Way Thinking', in Thomas Kselman and Joseph A. Buttigeg (eds.), *European Christian Democracy: Historical Legacies and Comparative Perspectives*, Notre Dame: University of Notre Dame Press, pp. 68-92.

Moeller, Robert G. (1993), *Protecting Motherhood Women and the Family in the Politics of Postwar West Germany*, Berkeley: University of California Press.

Mommsen, Wilhelm (ed.) (1960), *Deutsche Parteiprogramme. Deutsches Handbuch der Politik Band 1*, 3rd edition, München: Olzog Verlag.

Moschonas, Gerassimos (2002), *In the Name of Social Democracy. The Great Transformation: 1945 to the Present*, London: Verso.

Müller, Wolfgang C. (1992), 'Austrian Governmental Institutions: Do They Matter?' *West European Politics*, 15, pp. 99-131.

Müller, Wolfgang C. (1997), 'Die Österreichische Volkspartei', in Herbert Dachs, Peter Gerlich, Herbert Gottweis, Franz Horner, Helmut Kramer, Volkmar Lauber, Wolfgang C. Müller and Emmerich Tálos (eds.), *Handbuch des politischen Systems Österreichs. Die Zweite Republik.* 3. Erweiterte und völlig neu bearbeitete Aufl. Wien: Manz, pp. 265-285.

Müller, Wolfgang C. (2004), 'The Parliamentary Elections in Austria, November 2002', *Electoral Studies*, 23 (2), pp. 346-353.

Müller, Wolfgang C. and Fallend, Franz (2004), 'Changing Patterns of Party Competition in Austria: From Multipolar to Bipolar System', *West European Politics*, 27 (5), pp. 801-835.

Müller, Wolfgang C. and Jenny, Marcello (2004), '"Business as usual" mit getauschten Rollen oder Konflikt- statt Konsensdemokratie? Parlamentarische Beziehungen unter der ÖVP-FPÖ-Koalition', *Österreichische Zeitschrift für Politikwissenschaft*, 33 (3), pp. 309-326.

Müller, Wolfgang C., Philipp, Wilfried and Jenny Marcello (1995), 'Ideologie und Strategie der österreichischen Parteien: Eine Analyse der Wahlprogramme 1949-1994', in Wolfgang C. Müller, Fritz Plasser and Peter A. Ulram (eds.), *Wählerverhalten und Parteienwettbewerb. Analysen zur Nationalratswahl 1994*, Wien: Signum-Verlag, pp. 119-166.

Müller, Wolfgang C. and Steininger, Barbara (1994), 'Christian Democracy in Austria: The Austrian People's Party', in David Hanley (eds.), *Christian Democracy in Europe. A Comparative Perspective*, London: Pinter, pp. 87-100.

Münch, Ursula (1990), *Familienpolitik in der Bundesrepublik Deutschland. Maßnahmen, Defizite, Organisation familienpolitischer Staatätigkeit*, Freiburg i.Br.: Lambertus.

Münz, Rainer and Neyer, Gerda (1986), 'Frauenarbeit und Mutterschutz in Österreich. Ein historischer Überblick', in Rainer Münz, Gerda Neyer and Monika Pelz (eds.), *Frauenarbeit, Karenzurlaub und berufliche Wiedereingliederung, Veröffentlichung des Österreichischen Instituts für Arbeitsmarktpolitik. Heft XXX*. Linz, pp. 13-76.

Neidhardt, Friedhelm (1978), 'The Federal Republic of Germany', in Sheila B. Kamerman and Alfred J. Kahn (eds.), *Family Policy: Government and Families in Fourteen Countries*, New York: Columbia University Press, pp. 217-238.

Neubauer, Erika, Dienel, Christiane and Lohkamp-Himmighofen, Marlene (eds.) (1993), *Zwölf Wege der Familienpolitik in der Europäischen Gemeinschaft. Eigenständige Systeme und vergleichbare Qualitäten?* Stuttgart: Verlag W. Kohlhammer.

Neyer, Jürgen and Seeleib-Kaiser, Martin (1995), *Bringing the Economy Back In: Economic Globalization and the Re-Commodification of the Workforce*, ZeS-Arbeitspapier Nr. 16/95, Bremen: Zentrum für Sozialpolitik der Universität Bremen.

Nick, Reiner and Pelinka, Anton (1996), *Österreichs politische Landschaft*, 2., aktualisierte Aufl. Innsbruck: Haymon.

Nieborg, Sima (1997), 'The Part-Time Employment Patterns in the Netherlands: A Reaction to a Lack of an Explicit Family Policy', in Ulla Björnberg and Jürgen Sass (eds.), *Families with Small Children in Eastern and Western Europe*, Aldershot: Ashgate, pp. 173-180.

Niphuis-Nell, Marry and Brouwer, Ina (1995), 'Policies combining and redistributing paid and unpaid work: The case of the Netherlands', in Tineke Willemsen, Gerard Prinking and Ria Vogels (eds.), *Work and Family in Europe: The Role of Policies*, Tilburg: Tilburg University Press, pp. 129-150.

Nonhoff, Martin (2004), *Politischer Diskurs und Hegemonie- Soziale Marktwirtschaft als hegemoniales Projekt*, PhD Dissertation, Friedrich-Alexander University, Erlangen-Nuremberg.

Nowotny, Ewald (1999), 'Standort Österreich', Digitale Bibliothek der Friedrich- Ebert-

Stiftung, Bonn: PES-Library, www.fes.de/fulltext/stabsabteilung/00478toc.htm, 2006년 4월 7일 검색.

Nullmeier, Frank (2001), 'Politikwissenschaft auf dem Weg zur Diskursanalyse?' in Reiner Keller, Andreas Hirseland, Werner Schneider and Willy Viehöver (eds), *Handbuch Sozialwissenschaftliche Diskursanalyse*, Band 1: Theorien und Methoden, Opladen: Leske & Budrich, pp. 285-311.

Nullmeier, Frank (2003), 'Alterssicherungspolitik im Zeichen der "Riester-Rente"', in Antonia Gohr and Martin Seeleib-Kaiser (eds.), *Sozial- und Wirtschaftspolitik unter Rot-Grün*, Wiesbaden: Westdeutscher Verlag, pp. 167-187.

Nullmeier, Frank and Rüb, Friedbert W. (1993), *Die Transformation der Sozialpolitik-Vom Sozialstaat zum Sicherungsstaat*, Frankfurt a.M.: Campus.

Obinger, Herbert (2001), *Vetospieler und Staatstätigkeit in Österreich. Sozial- und wirtschaftspolitische Reformchancen für die neue Mitte-Rechts-Regierung*. ZeS-Arbeitspapier Nr. 5, Bremen: Zentrum für Sozialpolitik der Universität Bremen.

Obinger, Herbert (2002a), 'Föderalismus und wohlfahrtsstaatliche Entwicklung. Österreich und die Schweiz im Vergleich', *Politische Vierteljahresschrift*, 43 (2), pp. 235-271.

Obinger, Herbert (2002b), 'Veto Players, Political Parties and Welfare State Retrenchment in Austria', *International Journal of Political Economy*, 32 (2), pp. 44-66.

Obinger, Herbert (2006), '"Wir sind Voesterreicher". Bilanz der ÖVP/FPÖ-privatisierungspolitik', in Emmerich Tálos (ed.), *Umbau in Schwarz-Blau (-Orange)*, Wien and Hamburg: LIT, pp. 154-169.

Obinger, Herbert, Leibfried Stephan, Bogedan, Claudia, Gindulis, Edith, Moser, Julia and Starke, Peter (2004), *Beyond Resilience: Welfare State Changes in Austria, Denmark, New Zealand and Switzerland*, TranState Working Paper No. 5. Bremen: Bremen University.

Obinger, Herbert and Tálos, Emmerich (2006), *Sozialstaat Österreich zwischen Kontinuität und Umbau. Bilanz der ÖVP/FPÖ/BZÖ-Koalition*, Wiesbaden: Verlag für Sozialwissenschaften.

OECD (1999), *Country Note: Early Childhood Education and Care Policy in the Netherlands*, Paris: OECD.

OECD (2003a), *OECD Economic Surveys 2002-2003: Austria*, Paris: OECD.

OECD (2003b) *OECD Economic Surveys 2001-2002: Germany*, Paris: OECD.

OECD (2004), *Social Expenditure Database*, Paris: OECD.

OECD (2005), *Statistical Compendium*, edition 01#2005; CD-Rom, Paris: OECD.

Orthofer, Maria (2002), 'Familienpolitische Leistungen in Österreich. Das Online-Familienhandbuch', www.familienhandbuch.de/cmain/f_Programme/a_Leistungen_fuer_Familien/s_ 403.html, 2004년 3월 12일 검색.

Oschmiansky, Frank (2003), 'Faule Arbeitslose? Zur Debatte über Arbeitsunwilligkeit und Leistungsmissbrauch', *Aus Politik und Zeitgeschichte*, 6-7, pp. 10-16.

Österreichischer Familienbund (ed.) (1968), 'Familienpolitik in Österreich.

Grundsätzliches/ Bestandsaufnahme. Der Weg der Beihilfengesetzgebung. *19.* *Sonderheft der Österreichischen Zeitschrift für Familienpolitik.* 17 (70), Wien.

Panitch, Leo (1979), 'The Development of Corporatism in Liberal Democracies', in Phillippe C. Schmitter and Gerhard Lehmbruch (eds.), *Trends Towards Corporatist Intermediation,* Beverly Hills: Sage, pp. 119-146.

Passweg, Miron (2001), 'Privatisierung in Österreich. Bleibt die ÖIAG als Kernaktionär für österreichische Schlüsselunternehmen erhalten?', *Wirtschaft und Arbeit,* 55 (10), http://www.arbeit-wirtschaft.at/aw_l0_01/index.html, 2005년 3월 10일 검색.

Pasture, Patrick (1996), 'The Unattainable Unity in the Netherlands', in Patrick Pasture, Johan Verberckmoes and Hans de Witte (eds.), *The Lost Perspective: Trade Unions Between Ideology and Social Action in the New Europe,* Vol. 1, Aldershot: Avebury, 136-179.

Pelinka, Anton (1985), 'MRP und ÖVP: Vorbild auf Zeit', in Rudolf Altmüller, Helmut Konrad, Anton Pelinka, Gilbert Ravy and Gerald Stieg, (eds.), *Festschrift. Mélanges Felix Kreissler,* Wien: Europaverlag, pp. 139-148.

Pelinka, Anton (1988), 'Das politische System', in Peter Dusek, Anton Pelinka and Erika Weinzierl (eds.), *Zeitgeschichte im Aufriss. Österreich seit 1918.* Wien: TR-Verlagsunion, pp. 301-346.

Pelinka, Anton (2003), 'Das politische System Österreichs', in Wolfgang Ismayr (ed.), *Die politischen Systeme Westeuropas,* 3. Aktualisierte und überarbeitete Aufl. Opladen: Leske & Budrich, pp. 521-552.

Pelinka, Anton and Rosenberger, Sieglinde (2000), *Österreichische Politik. Grundlagen-Strukturen- Trends,* Wien: WUV.

Pennings, Frans (2002), *Dutch Social Security Law in an International Context,* Den Haag: Kluwer Law International.

Pfau-Effinger, Birgit (2000), *Kultur und Frauenerwerbstätigkeit in Europa. Theorie und Empirie des internationalen Vergleichs,* Leske und Budrich, Opladen.

Pierson, Paul (2001), 'Coping with Permanent Austerity: Welfare State Restructuring in Affluent Democracies', in Paul Pierson (ed.), *The New Politics of the Welfare State,* Oxford: Oxford University Press, pp. 410-456.

Plasser, Fritz and Ulram, Peter A. (2002), *Das österreichische Politikverständnis. Von der Konsens- zur Konfliktkultur,* Wien: Universitätsverlag.

Poguntke, Thomas (1999), 'Das Parteiensystem der Bundesrepublik Deutschland: Von Krise zu Krise?' in Thomas Ellwein and Everhard Holtmann (eds.), *50 Jahre Bundesrepublik Deutschland Rahmenbedingungen, Entwicklungen, Perspektiven,* PVS-Sonderheft 30/1999, Wiesbaden: Westdeutscher Verlag, pp. 429-439.

Pratscher, Kurt (1992), 'Sozialhilfe: Staat- Markt- Familie', in Emmerich Tálos (ed.), *Der geforderte Wohlfahrtsstaat. Traditionen-Herausforderungen-Perspektiven,* Wien: Löcker Verlag. S. pp. 61-95.

Putnam, Robert D. (2000), *Bowling Alone,* New York: Simon & Schuster.

Reidegeld, Eckart (1993), 'Der Krieg als Entwicklungsbedingung staatlicher

Sozialpolitik', in Rüdiger Voigt (ed.), *Abschied vom Staat- Rückkehr zum Staat?* Baden-Baden: *Nomos*, pp. 307-329.

Reidegeld, Eckhart (1996), *Staatliche Sozialpolitik in Deutschland- Historische Entwicklung und theoretische Analyse von den Ursprüngen his 1918*, Opladen: Westdeutscher Verlag.

Remsperger, Hermann (2000), 'Perspektiven der Alterssicherung in Deutschland', in Stephan Leibfried and Uwe Wagschal (eds.), *Der deutsche Sozialstaat. Bilanzen, Reformen, Perspektiven*, Frankfurt a.M.: Campus, pp. 418-426.

Restle, Diether and Rockstroh Matthias (1994), 'Arbeitslosigkeit wirksam bekümpfen, *Bundesarbeitsblatt*, 10, pp. 15-20.

Reutter, Werner (2004), 'The Red-Green Government, the Third Way, and the Alliance for Jobs, Training and Competitiveness', in W. Reutter (ed.), *Germany on the Road to 'Normalcy': Policies and Politics of the Red-Green Federal Government (1998-2002)*, New York: Palgrave, pp. 91-106.

Rhodes, Martin (1996), 'Globalization and West European Welfare States: A Critical Review of Recent Debates', *Journal of European Social Policy*, 6 (4), pp. 305-327.

Rhodes, Martin (2001), 'Globalization, Welfare States and Employment: Is there a European "Third Way"?' in Nancy Bermeo (ed.), *Unemployment in the New Europe*, Cambridge: Cambridge University Press, pp. 87-118.

Rochon, Thomas R. (1999), *The Netherlands: Negotiating Sovereignty in an Interdependent World*, Boulder: Westview Press.

Rodrik, Dani (1997), *Has Globalization Gone Too Far*, Washington, D.C.: Institute for International Economics.

Roebroek, Joop (1993), 'De confessionele verzorgingstaat', in Kees van Kersbergen, Paul Lucardie and Hans-Martien ten Napel (eds.), *Geloven in macht. De christen-democratie in Nederland*, Amsterdam: Het Spithuis, pp. 165-186.

Roebroek, Joop and Berben, Theo (1987), 'Netherlands', in Peter Flora (ed.), *Growth to Limits. The Western European Welfare States Since World War II*, Vol. 4, Berlin: de Gruyter, pp. 673-515.

Roes, Theo (2004), *The Social State of the Netherlands*, Den Haag: SCP.

Rogowski, Ronald (1990), *Commerce and Coalitions: How Trade Affects Domestic Political Alignments*, Princeton: Princeton University Press.

Roller, Edeltraud (1999a), 'Staatsbezug und Individualismus: Dimensionen des sozialkulturellen Wertwandels', in Thomas Ellwein and Everhard Holtman (eds.), *50 Jahre Bundesrepublik Deutschland- Rahmenbedingungen, Entwicklungen, Perspektiven*, PVS-Sonderheft 30/1999, Wiesbaden: Westdeutscher Verlag, pp. 229-246.

Roller, Edeltraud (1999b), 'Shrinking the Welfare State: Citizens' Attitudes towards Cuts in Social Spending in Germany in the 1990s', *German Politics*, 8 (1), pp. 21-39.

Roller, Edeltraud (2002a), 'Erosion des sozialstaatlichen Konsenses und die Entstehung einer neuen Konfliktlinie in Deutschland?', *Aus Politik und Zeitgeschichte* 29/30, pp. 13-19.

Rosenbaum, Heidi (1982), *Formen der Familie*, Frankfurt a.M.: Suhrkamp.

Rosenberger, Sieglinde (1990), 'Frauen- und Familienpolitik: Eine Politik der Gegensätze?' *Österreichische Zeitschrift für Politikwissenschaft*, 19 (2), pp. 179-191.

Rosenberger, Sieglinde Katharina (1999), 'Politik mit Familie: Debatten und Maßnahmen, Konflikt und Konsens', in Bundesministerium für Umwelt, Jugend und Familie (ed.), *Zur Situation von Familie und Familienpolitik in Österreich. 4. Österreichischer Familienbericht: Familie- Zwischen Anspruch und Alltag*, Wien, pp. 754-777.

Rosenberger, Sieglinde and Schallert, Daniela (2000), 'Politik mit Familie- Familienpolitik', *SWS-Rundschau*, 40 (3), pp. 249-261.

Rosenberger, Sieglinde and Schmid, Gabriele (2003), 'Treffsicher. Sozialpolitik zwischen 2000 und 2002', in Sieglinde Rosenberger and Emmerich Tálos (eds.), *Sozialstaat. Probleme, Herausforderungen, Perspektiven*, Wien: Mandelbaum, pp. 96-120.

Rösslhumer, Maria (1999), *Die FPÖ und die Frauen*, Wien: Döcker Verlag.

Rudzio, Wolfgang (1971), 'Entscheidungszentrum Koalitionsausschuss: Zur Realverfassung Österreichs unter der Graßen Koalition', *Politische Vierteljahresschrift*, 12 (1), pp. 87-118.

Rueda, David (2005), 'Insider-Outsider Politics in Industrialized Democracies: The Challenge to Social Democratic Parties', *American Political Science Review*, 99, pp. 61-74.

Sassoon, Donald (1996), *One Hundred Years of Socialism- The West European Left in the Twentieth Century*, New York: New Press.

Scharpf, Fritz W. (1987), *Sozialdemokratische Krisenpolitik in Europa*, 2. Aufl. Frankfurt a.M.: Campus.

Scharpf, Fritz W. (1991), *Crisis and Choice in European Social Democracy*, Ithaca: Cornell University Press.

Schattovits, Helmuth (1999), 'Familienpolitik- als eigenständiger Politikbereich begründet', in Bundesministerium für Umwelt, Jugend und Familie (ed.), *Zur Situation von Familie und Familienpolitik in Österreich. 4. Österreichischer Familienbericht: Familie- Zwischen Anspruch und Alltag*, Wien. S. pp. 414-589.

Schmähl, Winfried (1990), *Reformen der Rentenversicherung: Gründe, Strategien und Wirkungen- Das Beispiel der Rentenreform 1992*, ZeS-Arbeitspapier Nr. 2, Bremen: Zentrum für Sozialpolitik der Universität Bremen.

Schmähl, Winfried (1999), 'Rentenversicherung in der Bewährung: Von der Nachkriegszeit bis an die Schwelle zum neuen Jahrhundert', in Max Kaase and Günther Schmid (eds.), *Eine lernende Demokratie -50 Jahre Bundesrepublik Deutschland*, WZB-Jahrbuch 1999, Berlin: Edition Sigma, pp. 397-423.

Schmähl, Winfried (2002a), 'Aufgabenadäquate Finanzierung der Sozialversicherungen und der Umfang der "Falschfinanzierung" in Deutschland', in Winfried Boecken, Franz Ruland and Heinz-Dietrich Steinmeyer (eds.), *Sozialrecht und Sozialpolitik in Deutschland und Europa*, Neuwied: Luchterhand, pp. 605-620.

Schmähl, Winfried (2002b), *The '2001 Pension Reform' in Germany- A Paradigm Shift and its Effects*, ZeS-Arbeitspapier Nr. 11, Bremen: Zentrum für Sozialpolitik der Universität Bremen.

Schmid, Gabriele (2004), 'Vier Jahre schwarz-blaue Sozialpolitik. Ein Schaustück in zwei Akten', *Arbeit & Wirtschaft*, 58 (9), http://www.arbeit-wirtschaft.at/aw_09 2004/index.html, 2005년 8월 10일 검색.

Schmid, Günther, Reissert, Bernd and Bruche, Gert (1987), *Arbeitslosenversicherung und aktive Arbeitsmarktpolitik. Finanzierungssysteme im internationalen Vergleich*, Berlin: Edition Sigma.

Schmid, Günther and Wiebe, Nicola (1999), 'Die Politik der Vollbeschäftigung im Wandel. Von der passiven zur interaktiven Arbeitsmarktpolitik', in Max Kaase and Günther Schmid (eds.), *Eine lernende Demokratie –50 Jahre Bundesrepublik Deutschland*, Berlin: Sigma, pp. 357-396.

Schmid, Josef (1998), 'Mehrfache Desillusionierung und Ambivalenz. Eine sozialpolitische Bilanz', in Göttrik Wewer (ed.), *Bilanz der Ära Kohl*, Opladen: Leske & Budrich, pp. 89-111.

Schmidt, Manfred G. (1982), *Wohlfahrtsstaatliche Politik unter bürgerlichen und sozialdemokratischen Regierungen*, Frankfurt a.M.: Campus.

Schmidt, Manfred G. (1985), 'Allerweltspartein in Westeuropa? Ein Beitrag zu Kirchheimers These vom Wandel des westeuropäischen Parteiensystems', *Leviathan*, 13, pp. 376-397.

Schmidt, Manfred G. (1994), 'The Domestic Political Economy- Germany in the Post-1989 Period', paper prepared for delivery at the IPSA Round Table, Kyoto.

Schmidt, Manfred G. (1998), *Sozialpolitik in Deutschland Historische Entwicklung und internationaler Vergleich*, 2. Aufl. Opladen: Leske & Budrich.

Schmidt, Manfred G. (2001), *Parteien und Staatstätigkeit*, ZeS-Arbeitspapier Nr. 2, Bremen: Universität Bremen.

Schmitter, Phillippe C. (1979), 'Modes of Interest Intermediation and Models of Societal Change in Western Europe', in Phillippe C. Schmitter and Gerhard Lehmbruch (eds.), *Trends Towards Corporatist Intermediation*, Beverly Hills: Sage.

Schneider, Heinrich (1979), 'Das neue Parteiprogramm der SPÖ-eine kritische Analyse', *Österreichisches Jahrbuch für Politik 1978*. Kircheim: Oldenbourg, pp. 103-130.

Scholz, Rupert (1999), 'Das Bundesverfassungsgericht: Hüter der Verfassung oder Ersatzgesetzgeber?' *Aus Politik und Zeitgeschichte* 16, pp. 3-8.

Schröder, Markus (1997), 'Österreich: Zwischen Transformation und Kontinuität', in Hans-Jürgen Bieling and Frank Deppe (eds.), *Arbeitslosigkeit und Wohlfahrtsstaat in Westeuropa: neun Länder im Vergleich*, Opladen: Leske & Budrich, pp. 121-154.

Schulze, Martin (1995), 'Nachbarfamilien- Familienbeobachtung, Familienentwicklung und Familienpolitik in den Niederlanden', in Bernhard Nauck and Corinna Onnen-Isemann (eds.), *Familie im Brennpunkt von Wissenschaft und Forschung*, Neuwied: Luchterhand, pp. 73-90.

SCP (1980), *Sociaal en Cultureel Rapport 1980*, Den Haag: SCP.

SCP (1993), *Sociaal en Cultureel Rapport 1992*, Rijswijk: SCP.

SCP (1996), *Sociaal en Cultureel Rapport 1996*, Den Haag: SCP.

SCP (1998), *Sociaal en Cultureel Rapport 1998. 25 jaar sociale verandering*, Rijswijk and Den Haag: Sociaal en Cultureel Planbureau.

Scruggs, Lyle (2004), *Welfare State Entitlements Data Set: A Comparative Institutional Analysis of Eighteen Welfare States*, Version xx.

Seeleib-Kaiser, Martin (1996), 'Historische Entwicklung und Struktur der Sozialhilfe- und Arbeitsmarktpolitik in Japan und der Bundesrepublik Deutschland', in Dietrich Thränhardt (ed.), *Japan und Deutschland in der Welt nach dem Kalten Krieg*, Studien der Politikwissenschaft Bd. 85, Münster: LitVerlag, pp. 117-164.

Seeleib-Kaiser, Martin (2001), *Globalisierung und Sozialpolitik. Ein Vergleich der Diskurse und Wohlfahrtssysteme in Deutschland, Japan und den USA*, Frankfurt/M.: Campus.

Seeleib-Kaiser, Martin (2002), 'Neubeginn oder Ende der Sozialdemokratie? Eine Untersuchung zur programmatischen Reform sozialdemokratischer Parteien und ihrer Auswirkung auf die Parteiendifferenzthese', *Politische Vierteljahresschrift* 43 (2002), pp. 478-496.

Seeleib-Kaiser, Martin and Fleckenstein, Timo (2007), 'Discourse, Learning and Welfare State Change', *Social Policy and Administration*, 41, pp. 427-448.

Seeleib-Kaiser, Martin, van Dyk, Silke and Roggenkamp, Martin (2005), 'What Do Parties Want? An Analysis of Programmatic Social Policy Aims in Austria, Germany and the Netherlands', *European Journal of Social Security*, 7 (2), pp. 115-137.

Seils, Eric (2004), *Finanzpolitik und Arbeitsmarkt in den Niederlanden. Haushaltsinstitutionen, Koalitionsverträge und die Beschäftigungswirkung von Abgaben*, Wiesbaden: Verlag für Sozialwissenschaften.

Sengenberger, Werner (1984), 'West German Employment Policy: Restoring Worker Competition', *Industrial Relations*, 23, pp. 323-343.

Shalev, Michael (1983), 'The Social Democratic Model and Beyond: Two "Generations" of Comparative Research on the Welfare State', *Comparative Social Research*, 6, pp. 315-351.

Siaroff, Alan (2003), 'Two-and-a-Half-Party Systems and the Comparative Role of the "Half"', *Party Politics*, 9 (3), pp. 267-290.

Sickinger, Hubert (2001), 'Zwischen Kontinuität und Bruch: Koalitionsregierungen in Österreich', in Gerhard Hirscher and Karl-Rudolf Korte (eds.), *Aufstieg und Fall von Regierungen. Machterwerb und Machterosionen in westlichen Demokratien*, München: Olzog, pp. 406-445.

Siegel, Nico A. and Jochem, Sven (2003), 'Konzertierung und Wohlfahrtsstaat', in Sven Jochem and Nico A. Siegel (eds.) (2003a), *Konzertierung, Verhandlungsdemokratie und Reformpolitik im Wohlfahrtsstaat. Das Modell Deutschland im Vergleich*, Opladen: Leske & Budrich, pp. 331-360.

Simonian, Haig (2007), 'Familiar Faces Take Senior Roles in Austria's Uneasy Coalition',

Financial Times, 15 February 2007, p. 8.

Slaats, Mike and Willems, Tim (2003), 'Aanpassing Zalm-norm en poldermodel noodzakelijk', *Tijdschrift voor het Economisch Onderwijs* 2003, pp. 344-347.

Smith, Gordon (1988), 'Between Left and Right: the Ambivalence of European Liberalism', in Emil J. Kirchner (ed.) (1988), *Liberal Parties in Western Europe*, Cambridge: Cambridge University Press, pp. 16-28.

Sommer, Jörg (2003), *The Open Method of Coordination: Some Remarks Regarding Old-age Security within an Enlarged European Union*, ZeS-Arbeitspapier Nr. 2, Bremen: Zentrum für Sozialpolitik der Universität Bremen.

Sontheimer, Kurt (1984), *Grundzüge des politischen Systems der Bundesrepublik Deutschland*, 9th edition, Munich: Piper.

Spieker, Paul (1991), 'The Principle of Subsidiarity and the Social Policy of the European Community', *Journal of European Social Policy*, 1 (1), pp. 3-14.

Spies, Henk and van Berkel, Rik (2001), 'Workfare in the Netherlands: Young Unemployed People and the Jobseekers's Employment Act', in Ivar Lodemel and Heather Trickey (eds.), *"An Offer You Can't Refuse": Workfare in International Perspective*, Bristol: Policy Press, pp. 105-132.

Standing, Guy (1995), 'Labour Insecurity through Market Regulation: Legacy of the 1980s, Challenge for the 1990s', in Katherine McFate, Roger Lawson and William Julius Wilson (eds.), *Poverty, Insecurity, and the Future of Social Policy: Western States in the New World Order*, New York: Sage, pp. 153-196.

Steffen, Johannes (2003), *Sozialpolitische Chronik. Die wesentlichen Änderungen in der Arbeitslosen-, Renten-, Kranken- und Pflegeversicherung sowie bei der Sozialhilfe (HLU) -von den siebziger Jahren bis heute*, Bremen: Arbeitnehmerkammer.

Steininger, Rudolf(1975), *Polarisierung und Integration. Eine vergleichende Untersuchung der Versäulung der Gesellschaft in den Niederlanden und in Österreich*, Meisenheim am Glan: Verlag Anton Hain.

Steinmo, Sven, Thelen, Kathleen and Longstreth, Frank (eds.) (1992), *Structuring Politics. Historical Institutionalism in Comparative Perspective*, Cambridge: Cambridge University Press.

Stjernø, Steinar (2004), *Solidarity in Europe- The History of an Idea*, Cambridge: Cambridge University Press.

Stotsky, Janet G. (1997), 'How Tax Systems Treat Men and Women Differently', *Finance and Development*, 34, pp. 30-33.

Sturm, Roland (1998), 'Die Wende im Stolperschritt- eine finanzpolitische Bilanz', in Göttrik Wewer (ed.), *Bilanz der Ära Kohl*, Opladen: Leske+Budrich, pp. 183-200.

SVR (2001), *Für Stetigkeit- Gegen Aktionismus. Jahresgutachten 2001/02*, Stuttgart: Metzler-Poeschel.

SZW (1995), *Tussen sociale will en werkelijkheid Een geschiedenis van het beleid van het ministerie van Sociale Zaken*, 's-Gravenhage: VUGA.

Tálos, Emmerich (1981), *Staatliche Sozialpolitik in Österreich. Rekonstruktion und Analyse*, Wien: Verlag für Gesellschaftskritik.

Tálos, Emmerich (1985), 'Sozialpartnerschaft: Zur Entwicklung und Entwicklungsdynamik kooperativ-konzertierter Politik in Österreich', in Peter Gerlich, Edgar Grande and Wolfgang C. Müller (eds.), *Sozialpartnerschaft in der Krise. Leistungen und Grenzen des Neokorporatismus in Österreich*, Wien: Bohlau, pp. 41-83.

Tálos, Emmerich (1987), 'Arbeitslosigkeit und beschäftigungspolitische Steuerung. Problemwahrnehmung/Problemartikulation, Zielsetzungen, Strategien und Maßnahmen in Österreich seit Mitte der siebziger Jahre', in Emmerich Tláos and Margot Wiederschwinger (eds.), *Arbeitslosigkeit. Österreichs Vollbeschäftigungspolitik am Ende?*, Wien: Verlag für Gesellschaftskritik, pp. 91-166.

Tálos, Emmerich (1993), 'Entwicklung, Kontinuität und Wandel der Sozialpartnerschaft. Eine Einleitung', in Emmerich Tálos (ed.), *Sozialpartnerschaft. Kontinuität und Wandel eines Modells*, Wien: Verlag für Gesellschaftskritik, pp. 11-34.

Tálos, Emmerich (1997), 'Sozialpolitik', in Herbert Dachs, Peter Gerlich, Herbert Gottweis, Franz Horner, Helmut Kramer, Volkmar Lauber, Wolfgang C. Müller and Emmerich Tálos (eds.), *Handbuch des politischen Systems Österreichs. Die Zweite Republik*, 3. Erweiterte und vällig neu bearbeitete Aufl. Wien: Manz, pp. 567-577.

Tálos, Emmerich (1999), 'Atypische Beschäftigung in Österreich', in Emmerich Tálos (ed.), *Atypische Beschäftigung. Internationale Trends und sozialstaatliche Regelungen*, Wien: Manz, pp. 252-284.

Tálos, Emmerich (2001), 'Sozialpolitik zwischen konservativer Tradition und neoliberaler Orientierung. Eine Einjahresbilanz der ÖVP/FPÖ-Regierung', *Kurswechsel* 16 (1), pp. 17-29.

Tálos, Emmerich (2002), *Soziale Sicherung in Österreich: Zwischen Kontinuität und radikaler Neujustierung?*, ZeS-Arbeitspapier Nr. 7, Bremen.

Tálos, Emmerich (2003), 'Sozialstaat Österreich: Probleme und Herausforderungen', in Sieglinde Rosenberger and Emmerich Tálos (eds.), *Sozialstaat. Probleme, Herausforderungen, Perspektiven*, Wien: Mandelbaum, pp. 80-95.

Tálos, Emmerich (2004), 'Umbau des Sozialstaats? Österreich und Deutschland im Vergleich', *Politische Vierteljahresschrift*, 45 (2), pp. 212-235.

Tálos, Emmerich (2005), *Vom Siegeszug zum Rückzug. Sozialstaat Österreich 1945-2005*, Innsbruck: Studienverlag.

Tálos, Emmerich and Badelt, Christoph (1999), 'The Welfare State Between New Stimuli and New Pressures: Austrian Social Policy and the EU', *Journal of European Social Policy*, 9 (4), pp. 351-361.

Tálos, Emmerich and Falkner, Gerda (1992), 'Politik und Lebensbedingungen von Frauen. Ansätze von "Frauenpolitik" in Österreich', in Emmerich Tálos (ed.), *Der geforderte Wohlfahrtsstaat. Traditionen- Herausforderungen- Perspektiven*, Wien: Löcker Verlag, pp. 195-234.

Tálos, Emmerich and Fink, Marcel (2001), *Der österreichische Wohlfahrtsstaat: Entwicklung und Herausforderungen*, Wien: Institut für Staatswissenschaft.

Tálos, Emmerich and Fink, Marcel (2002), 'Der österreichische Wohlfahrtsstaat: Entwicklung und Herausforderungen', *Revue d'Allemagne*, 34 (2), pp. 215-236.

Tálos, Emmerich and Fink, Marcel (2003), 'Sozialpartnerschaft in Österreich: Das korporatistische Modell am Ende?' in Sven Jochem and Nico A. Siegel (eds.), *Konzertierung, Verhandlungsdemokratie und Reformpolitik im Wohlfahrtsstaat. Das Modell Deutschland im Vergleich*, Opladen: Leske & Budrich, pp. 194-231.

Tálos, Emmerich and Fink, Marcel (2005), 'The Welfare State in Austria', in B. Vivekanandan and Nimmi Kurian (eds.), *Welfare States and the Future*, Basingstoke: Palgrave Macmillian, pp. 131-150.

Tálos, Emmerich and Kittel, Bernhard (2001), *Gesetzgebung in Österreich. Netzwerke, Akteure und Interaktionen in politischen Entscheidungsprozessen*, Wien: Universitätsverlag.

Tálos, Emmerich and Kittel, Bernhard (2002), 'Austria in the 1990s: The Routine of Social Partnership in Question?' in Stefan Berger and Hugh Compston (eds.), *Policy Concertation and Social Partnership in Western Europe. Lessons for the 21st Century*, New York: Berghahn Books, pp. 35-50.

Tálos, Emmerich and Roßmann, Bruno (1992), 'Materielle Sicherung im Wohlfahrtsstaat', in Emmerich Tálos (ed.), *Der geforderte Wohlfahrtsstaat*, Wien: Löcker Verlag, pp. 17-59.

Tálos, Emmerich and Wörister, Karl (1998), 'Soziale Sicherung in Österreich', in Emmerich Tálos (ed.), *Soziale Sicherung im Wandel. Österreich und seine Nachbarstaaten. Ein Vergleich*, Wien: Böhlau Verlag, pp. 209-288.

Taylor-Gooby, Peter (ed.) (2005), *Ideas and Welfare State Reform in Western Europe*, Basingstoke: Palgrave.

Tazi-Preve, Irene M., Kytir, Josef, Lebhart, Gustav and Münz, Rainer (1999), *Bevölkerung in Österreich. Demographische Trends, politische Rahmenbedingungen, entwicklungspolitische Aspekte*, Schriften des Instituts für Demographie der Österreichischen Akademie der Wissenschaften Band 12. Wien. Schriftenreihe des Instituts für Demographie der Österreichischen Akademie der Wissenschaften.

Tennstedt, Forian (1981), *Sozialgeschichte der Sozialpolitik in Deutschland: Vom 18. Jahrhundert his zum ersten Weltkrieg*, Göttingen: Vandenhoeck-Rupprecht.

Thomas, John Clayton (1979), 'The Changing Nature of Partisan Divisions in the West: Trends in Domestic Policy Orientations in Ten Party Systems', *European Journal of Political Research*, 7, pp. 397-413.

Thomas, William Isaac (1951), *Social Behavior and Personality. Contributions of W.I. Thomas to Theory and Social Research*, edited by Edmund H. Volkart, New York: Social Science Research Council.

Thomassen, Jacques (2000), 'Politieke Veranderingen in Nederland', in Jacques Thomassen, Kees Aarts and Henk van der Kolk (eds.), *Politieke veranderingen in Nederland 1971-1998. Kiezers en smalle marges van de politiek*, Den Haag: Sdu Publishers, pp. 17-34.

Tichy, Gunther (1996), 'Austrokeynesianismus. Ein Konzept erfolgreicher

Wirtschaftspolitik?' in Reinhard Sieder, Heinz Steinert and Emmerich Tálos (eds.), *Österreich 1945-1995. Gesellschaft, Politik, Kultur. Österreichische Texte zur Gesellschaftskritik,* Band 60. Wien: Verlag für Gesellschaftskritik, pp. 213-222.

Toirkens, José(1988), *Schijn en werkelijkheidvan het bezuinigingsbeleid 1975-1986,* Deventer: Kluwer.

Tomandl, Theodor (2003), 'Die Pensionsreform 2003', in Politische Akademie der ÖVP (ed.), *Österreichisches Jahrbuch für Politik 2003.* Wien: Verlag für Geschichte und Politik, pp. 179-190.

Trampusch, Christine (2000), 'Das Coming Out der aktiven Arbeitsmarktpolitik in den Niederlanden. Stürzt sich das Poldermodell auf die Arbeitsmarktpolitik?' *Österreichische Zeitschrift für Politikwissenschaft,* 29 (3), pp. 315-328.

Trampusch, Christine (2004), *Sozialpolitik durch Tarifvertrag in den Niederlanden. Die Rolle der industriellen Beziehungen in der Liberalisierung des Wohlfahrtsstaates,.* MPIfG Discussion Paper 04/12. Cologne: Max-Planck Institute for the Study of Societies.

Trautmann, Günter (1999), 'Das politische System Italiens', in Wolfgang Ismayr (ed.) *Die politischen Systeme Westeuropas,* 2nd edition, Opladen: Leske & Budrich, pp. 519-562.

Traxler, Franz and Zeiner, Ernst (1997), 'Unternehmerverbände', in Herbert Dachs, Peter Gerlich, Herbert Gottweis, Franz Horner, Helmut Kramer, Volkmar Lauber, Wolfgang C. Müller, and Emmerich Tálos (eds.), *Handbuch des politischen Systems Österreichs. Die Zweite Republik,* 3. Erweiterte und vällig neu bearbeitete Aufl. Wien: Manz, pp. 371-388.

Truger, Achim (2001), 'Der deutsche Einstieg in die ökologische Steuerreform', in Achim Truger (ed.), *Rot-grüne Steuerreformen in Deutschland Eine Zwischenbilanz,* Marburg: Metropolis, pp. 135-169.

Tsebelis, George (2002), *Veto Players: How Political Institutions Work,* Princeton: Princeton University Press.

Tsoukalis, Loukas (2000), 'Economic and Monetary Union. Political Conviction and Economic Uncertainty', in Helen Wallace and William Wallace (eds.), *Policy-Making in the European Union,* Oxford: Oxford University Press, pp. 149-178.

Tweede Kamer (1994/1995), *Wetgevingsoverleg van de vaste· Commissie voor Sociale Zaken en Werkgelegenheid,* 31.10.1994, Bd. 2238.

Ucakar, Karl (1997), 'Die sozialdemokratische Partei Österreichs', in Herbert Dachs, Peter Gerlich, Herbert Gottweis, Franz Horner, Helmut Kramer, Volkmar Lauber, Wolfgang C. Müller, and Emmerich Tálos (eds.), *Handbuch des politischen Systems Österreichs. Die Zweite Republik,* 3. Erweiterte und vällig neu bearbeitete Aufl. Wien: Manz, pp. 248-264.

Unger, Brigitte (1999), 'Österreichs Wirtschaftspolitik: Vom Austro-Keynesianismus zum Austro-Neoliberalismus?', in Ferdinand Karlhofer and Emmerich Tálos (eds.), *Zukunft der Sozialpartnerschaft. Veränderungsdynamik und Reformbedarf,* Wien: Signum, pp. 165-190.

Unger, Brigitte (2001), 'Österreichs Beschäftigungs- und Sozialpolitik von 1970 bis 2000', *Zeitschrift für Sozialreform*, 47 (4), pp. 340-361.

Unger, Brigitte and Heitzmann, Karin (2003), 'The Adjustment Path of the Austrian Welfare State: Back to Bismarck?' *Journal of European Social Policy*, 13 (4), pp. 371-387.

Unger, Brigitte and van Waarden, Frans (1995), 'Introduction: An Interdisciplinary Approach to Convergence', in Brigitte Unger and Frans van Waarden (eds.), *Convergence or Diversity?* Aldershot: Avebury, pp. 1-35.

Unterhinninghofen, Hermann (2002), 'Rot-grünes Rentenprojekt. Umbau des Sozialsystems, Eigenvorsorge und Tarifpolitik', *Kritische Justiz*, 35, pp. 213-227.

van de Streek, Hillie (1997), 'Dutch Christian Democracy and Modern Secularised Culture', in Emiel Lamberts (ed.), *Christian Democracy in the European Union*, Leuven: Kadoc, pp. 388-411.

van de Wijngaert, Rob (1994), *Trade Unions and Collective Bargaining in the Netherlands*, Amsterdam: Thesis Publishers.

van der Veen, Romke and Trammel, Willem (1999), 'Managed Liberalisation of the Dutch Welfare State. A Review and Analysis of the Reform of the Dutch Social Security System 1985-1998', *Governance*, 12, pp. 289-310.

van Holstein, Nic (1999), *Gezinsbescherming in de Nederlandse Sociale Zekerheid*, http://nic.vanholstein.com/view/gezin.html, 2004년 3월 1일 검색.

van Kersbergen, Kees (1995a), 'De neergang van de Nederlandse christendemocratie in vergeleijkend perspectief', *DNPP Jaarboek*, pp. 92-112.

van Kersbergen, Kees (1995b), *Social Capitalism: A Study of Christian Democracy and the Welfare State*, London: Routledge.

van Kersbergen, Kees (1997), 'Christian Democracy in the Netherlands and its Influence on the Economic and Social Policy', in Emiel Lamberts (ed.), *Christian Democracy in the European Union 1945-1995*, Leuven: Leuven University Press, pp. 313-327.

van Kersbergen, Kees (2003), 'The Politics and Political Economy of Social Democracy', *Acta Politica*, 38, pp. 255-273

van Kersbergen, Kees and Hemerijck, Anton (2004), 'Christian Democracy, Social Democracy and the Continental 'Welfare without Work' Syndrome', in Nick Ellison, Linda Bauld and Martin Powell (eds), *Social Policy Review 16. Analysis and debate in social policy*, Bristol: Policy Press, pp. 167-186.

van Oorschot, Wim (1998), 'From Solidarity to Selectivity: the Reconstruction of the Dutch Social Security System 1980-2000', *Social Policy Review*, 10, pp. 183-202.

van Oorschot, Wim (2001), *Flexicurity for Dutch Workers. Trends, Policies and Outcomes*, Paper presented at the EU COST Action 13 Meeting, Ljubljana, 8-10 June.

van Oorschot, Wim (2002), 'Miracle or Nightmare? A Critical Review of Dutch Activation Policies and their Outcomes', *Journal of Social Policy*, 31 (2), pp. 399-420.

van Praag jr., Philip (1994), 'Conflict and Cohesion in the Dutch Labour Party', in

David S. Bell and Eric Shaw (eds.), *Conflict and Cohesion in Western European Social Democratic Parties*, London: Pinter Publishers, pp. 133-150.

Van Praag, Carlo and Uitterhoeve, Wilfried (1999), *25 Years of Social Change*, Den Haag: SCP.

van Waarden, Frans (2002), 'Dutch Consociationalism and Corporatism: a Case of Institutional Persistence', *Acta Politica*, 37 (112), pp. 44-67.

van Wijnbergen, Christa (2000), 'Co-Opting the Opposition: The Role of Party Competition and Coalition-Making in Curing the Dutch Welfare State', paper presented at the Second Graduate Student Training Retreat in Comparative Research, Yale University.

Visser, Jelle (1990), 'Continuity and Change in Dutch Industrial Relations', in Guido Baglioni and Colin Crouch (eds.), *European Industrial Relations. The Challenge of Flexibility*, London: Sage, pp. 199-242.

Visser, Jelle (1992), 'The Netherlands: The End of an Era and the End of a System', in Anthony Ferner and Richard Hyman (eds.), *Industrial Relations in the New Europe*, Oxford: Blackwell Publishers, pp. 323-356.

Visser, Jelle (2000), 'Netherlands', in Bernhard Ebbinghaus and Jelle Visser (eds.), *The Societies in Europe. Trade Unions in Western Europe since 1945*, New York: Grove's Dictionaries, pp. 429-502.

Visser, Jelle and Hemerijck, Anton (1998), *Ein holländisches Wunder? Reform des Sozialstaates und Beschäftigungswachstum in den Niederlanden*, Frankfurt/M.: Campus.

Vobruba, Georg (1991), *Jenseits der sozialen Fragen*, Frankfurt/M.: Suhrkamp.

von Bandemer, Stephan and Haberle, John (1998), 'Wirtschaftspolitik im Zeichen des Primats der Politik oder der Ökonomie?', in Göttrik Wewer (ed.), *Bilanz der Ära Kohl*, Opladen: Leske & Budrich, pp. 129-143.

Vorländer, Hans (1992), 'Die Freie Demokratische Partei', in Alf Mintzel and Heinrich Oberreuter (eds.) (1992), *Parteien in der Bundesrepublik Deutschland*, Opladen: Leske & Budrich, pp. 266-318.

Vorländer, Hans (2001), 'Dritter Weg und Kommunitarismus', *Aus Politik und Zeitgeschichte*, 16-17, pp. 16-23.

Walterskirchen, Ewald (1991), *Unemployment and Labour Market Flexibility, Austria*, Geneva: ILO Publications.

Walterskirchen, Ewald (1997), *Austria's Road to Full Employment*, WIFO Working Paper No. 89, Wien.

Walwei, Ulrich (2004), 'Sozialer Fortschritt geht über Wachstum und Wettbewerb', *IAB-Kurzbericht*, 13.

Wessels, Bernhard (1999), 'Die deutsche Variante des Korporatismus', in Max Kaase and Günther Schmid (eds.), *Eine lernende Demokratie- 50 Jahre Bundesrepublik Deutschland*, Berlin: Sigma, pp. 87-113.

Wessels, Bernhard (2004), 'The German Party System: Developments after Unification', in Werner Reutter (ed.), *Germany on the Road to 'Normalcy'. Policies and Politics of* the *Red-Green Federal Government (1998-2002)*, New York: Palgrave Macmillan, pp. 47-65.

Wilthagen, Ton (1998), *Flexicurity: A New Paradigm for Labour Market Policy Reform?* Discussion Paper FS I 98-202, Berlin: WZB.

Winckler, Georg (1988), 'Der Austrokeynesianismus und sein Ende', *Österreichische Zeitschrift für Politikwissenschaft*, 3, pp. 221-230.

Windmuller, J. (1969), *Labor Relations in the Netherlands*, Ithaca: Cornell University Press.

Wirth, Christian and Paul, Susanne (1998), 'Bedeutung der betrieblichen Altersversorgung und Reformmaßnahmen im Rahmen des RRG', *DangVers*, pp. 230-240.

Wohnout, Helmut (2001), 'Bürgerliche Regierungspartei und weltlicher Arm der katholischen Kirche. Die Christlichsozialen in Österreich 1918-1934', in Gehler, Michael, Kaiser, Wolfram and Wohnout, Helmut (eds.), *Christdemokratie in Europa im 20. Jahrhundert*, Wien: Böhlau, pp. 181-207.

Woldendorp, J. J. (1995), 'Neo-Corporatism as a Strategy for Conflict Regulation in the Netherlands 1970-1990', *Acta Politica*, 30 (2), pp. 121-152.

Wolinetz, Steven B. (1989), 'Socio-Economic Bargaining in the Netherlands: Redefining the Post-War Policy Coalition', *West-European Politics*, 12 (1), pp. 79-98.

Wolinetz, Steven (1993), 'Reconstructing Dutch Social Democracy', *West European Politics*, 16 (1), pp. 97-111.

Wollschläger, Frank (2001), 'Gesetz zur Reform der Renten wegen verminderter Erwerbsfähigkeit', *Deutsche Rentenversicherung*, 56 (2001), pp. 276-294.

Wörgötter, Andreas (1993), 'Der Wandel des wirtschaftspolitischen Leitbildes in Österreich seit den siebziger Jahren', in Günther Chaloupek and Michael Mesch (eds.), *Der Wandel des wirtschaftspolitischen Leitbildes seit den siebziger Jahren*, Wien, München, Zürich: Verlag Orac, pp. 79-98.

Wösendorfer, Johann (1980), *Arbeitsmarktpolitik. Beurteilungskriterien für das Arbeitsmarktförderungsgesetz*, Veröffentlichung des österreichischen Instituts für Arbeitsmarktpolitik. Heft XXVII. Linz.

Woyke, Wichard (1999), 'Das politische System Belgiens', in Wolfgang Ismayr (ed.) *Die politischen Systeme Westeuropas*, 2nd edition, Opladen: Leske & Budrich, pp. 365-388.

Wroblewski, Angela and Leitner, Andrea (2003), *Umbau von Arbeitsgesellschaften. Eine Chance zur geschlechtergerechten Verteilung von Arbeit, Zeit und Einkommen*, Wien: Projektbericht.

Zimmermann, Erwin (1986), *Neokorporative Politikformen in den Niederlanden. Jndustriepolitik, kollektive Arbeitsbeziehungen und hegemoniale Strukturen seit 1918*, Frankfurt/M.: Campus.

Zohlnhöfer, Reimut (1999), 'Institutions, the CDU and Policy Change: Explaining German Economic Policy in the 1980s', *German Politics*, 8 (3), pp. 141-160.

Zohlnhöfer, Reimut (2001), 'Parteien, Vetospieler und der Wettbewerb um

Wählerstimmen. Die Arbeitsmarkt- und Beschäftigungspolitik der Ära Kohl', *Politische Vierteljahresschrift*, 42, pp. 655-682.

Zohlnhöfer, Reimut (2003), 'Mehrfache Diskontinuitäten in der Finanzpolitik', in Antonia Gohr and Martin Seeleib-Kaiser (eds.), pp. 63-85.

Zohlnhöfer, Reimut and Ostheim, Tobias (2002), *Der Einfluß des Luxemburg- Prozesses auf die deutsche Arbeitsmarktpolitik*, ZeS-Arbeitspapier Nr. 9, Bremen: Zentrum für Sozialpolitik der Universität Bremen.

유럽 정당의 복지정치

초판 1쇄 인쇄 2014년 12월 26일
초판 1쇄 발행 2014년 12월 31일

지 은 이 　마르틴 질라이프–카이저 외
옮 긴 이 　강병익
펴 낸 이 　김준영
펴 낸 곳 　성균관대학교 출판부
출판부장 　박광민
편 　 집 　신철호 · 현상철 · 구남희
마 케 팅 　박인봉 · 박정수
관 　 리 　박종상 · 김지현
등 　 록 　1975년 5월 21일 제 1975-9호
주 　 소 　서울특별시 종로구 성균관로 25-2
대표전화 　02) 760-1252-4
팩시밀리 　02) 762-7452
홈페이지 　press.skkup.edu

ISBN 978-89-7986-063-7 93340